RE. DAS KAPITAL

POLITISCHE ÖKONOMIE IM 21. JAHRHUNDERT

HERAUSGEGEBEN VOM MATHIAS GREFFRATH

VERLAG ANTJE KUNSTMANN

Ein Teil der Essays aus diesem Buch lief im Deutschlandfunk als
Sendereihe bei »Essay und Diskurs« im November und Dezember 2016.

Deutschlandfunk

2. Auflage 2017
© Verlag Antje Kunstmann GmbH, München 2017
Umschlaggestaltung: Heidi Sorg und Christof Leistl
Typografie und Satz: frese-werkstatt.de
Druck und Bindung: Pustet, Regensburg
ISBN 978-3-95614-172-0

INHALT

VORBEMERKUNG 7

1. DER MEHRWERT DER GESCHICHTE 12

Mathias Greffrath über das Kapital als Gott der Moderne, das Verhältnis von Automation und Ausbeutung und den Nutzen der Marx-Lektüre.

2. GANZ AM ANFANG BEGINNEN 31

John Holloway entdeckt schon im ersten Satz des *Kapital* eine Theorie des Reichtums und der Revolution.

3. KAPITAL UND ANTHROPOZÄN 53

Elmar Altvater findet im Doppelcharakter der Arbeit den Konflikt zwischen Kapital und Natur.

4. WAS UNS MARX HEUTE NOCH ZU SAGEN HAT 73

Hans-Werner Sinn wirft einen ordoliberalen Blick auf Marx' makroökonomische Leistungen und die Stagnationstendenzen im Gegenwartskapitalismus.

5. EINE GENIALE PROGNOSE 95

Sahra Wagenknecht kritisiert die Konzentration wirtschaftlicher Macht im Lichte von Marx' Prognose über das Ende des Kapitalismus.

6. NIEMAND WIRD FREIWILLIG ARBEITER   111

Wolfgang Streeck blickt auf die gewaltsamen Anfänge des Kapitalismus in der »sogenannten ursprünglichen Akkumulation« und ihr Fortwirken bis heute.

7. DIALEKTIK UND ENTFREMDUNG – EIN GESPRÄCH   133

Michael Quante zieht einen Bogen von der Entfremdungskritik des jungen, romantischen Marx zur »Kritik der politischen Ökonomie«.

8. BEFREIT DIE MASCHINEN – DENN SIE BEFREIEN UNS   155

Paul Mason untersucht das Verhältnis von technischem Fortschritt, sinkender Profitrate und Avantgarden des Postkapitalismus.

9. MITEINANDER GEGENEINANDER ARBEITEN   171

Robert Misik rekonstruiert, wie das Kapital unsere schönste Eigenschaft, die Fähigkeit zur Kooperation, ausbeutet – und uns damit auf den Postkapitalismus vorbereitet.

10. DIE SCHWARZE MATERIE DES KAPITALS   187

David Harvey liest Krisenphänomene von Käuferstreik bis globaler Verschuldung als allgegenwärtige Dialektik von »Wert« und »Anti-Wert«.

11. DIE DREI ENDSPIELE DES KAPITALISMUS   213

Étienne Balibar analysiert, was Marx mit der »Expropriation der Expropriateure« gemeint hat – und was wir heute damit verbinden können.

DIE AUTOREN   236

VORBEMERKUNG

Kein sozialwissenschaftliches Werk hat in den letzten 150 Jahren eine so starke politische Wirkung gehabt wie *Das Kapital.* Die europäische Arbeiterbewegung, die bolschewistischen Revolutionäre, die Befreiungsbewegungen der Dritten Welt – sie alle beriefen sich auf Marx' *Kapital,* das nicht nur die Feinmechanik des Kapitalismus untersuchte, sondern sein Ende zu prophezeien schien. Kein wissenschaftliches Werk hat die intellektuellen Debatten des 20. Jahrhunderts so befeuert wie das »Kapital«, und keine Theorie hat die Sozialwissenschaften so bereichert wie der Historische Materialismus. Aber keine Theorie wurde vom akademischen mainstream der Wirtschaftswissenschaften im Westen so hartnäckig ignoriert. Heute, nach dem Ende der Systemkonkurrenz und unter dem Eindruck der multiplen Krise des globalisierten Kapitalismus denken nicht nur Marxisten über das mögliche Ende der kapitalistischen Produktionsweise nach. Grund genug, das Buch noch einmal zu lesen, das die Bewegungsgesetze der kapitalistischen Wirtschaft enthüllt, die weißen Flecken der ökonomischen Wissenschaft kritisiert und die Begriffe schärft, mit denen wir die Welt, in der wir leben, immer begreifen können.

Gilt das noch im Zeitalter des Turbokapitalismus? Die Autoren dieses Bandes – Soziologen, Ökonomen, Philosophen – sind, mit einer Ausnahme, wissenschaftlich wie politisch durch die Marx'sche Schule gegangen, aber keiner dieser Texte liefert eine Rundum-Interpretation aus einem Guss, eher schon werden offene Fragen und liegengebliebene Aufgaben – theoretische und politische – formuliert. Es sind Texte »auf mittlerer Flughöhe«: keine ausgepichte Marx-Philologie, aber auch keine pauschalen Würdigungen oder »Auch-Marx-hat-schon-gesagt«-Analysen von Gegenwartsproblemen, sondern eher tastende Versuche, jeweils ausgehend von einem Kapitel, oder einem Abschnitt, oder einem Satz des Werkes nach der Aktualität des *Kapital* zu fragen, nach der Brauchbarkeit seiner Kategorien: ein Symposium.

Die Auswahl der Autoren war, bei der (glücklicherweise) unübersehbaren Zahl von Autoren, Interpretationsschulen und Temperamenten, die sich mit Marx auseinandersetzen, naturgemäß subjektiv. Die Autoren waren frei in der Wahl ihres Anknüpfungspunktes innerhalb des Werkes. Das begründet die Unterschiede, aber auch die impliziten Querverweise in diesen Essays. Wenn die Leserin und der Leser – ob mit dem *Kapital* vertraut oder nicht – aus diesen Texten einen frischen Eindruck über die Reichweite, die Methode, die Absicht, die Grenzen und die Größe des Marx'schen Vorhabens gewinnt und neugierig auf mehr wird, steht dem nichts im Wege – außer die unübersehbare Menge an Literatur und die ungeheure Reichweite eines Werkes, das sich mit dem *Kapital* nicht erschöpft, aber dort seinen prägnantesten und folgenreichsten Ausdruck findet.[1]

MG

Die Idee für diese Hommage zum 150. Jahrestag des *Kapital* entstand in einem Gespräch mit Wolfgang Streeck und Barbara Schäfer, der Redakteurin der Reihe »Essay und Diskurs« im Deutschlandfunk, der neun der Texte im Winter 2016/7 sendete. Für diesen Band wurden sie von den Autoren überarbeitet.

---

1 *Das Kapital* und alle anderen Marx-Texte werden durchgehend nach der Ausgabe *Marx-Engels-Werke* (MEW) des Dietz-Verlags (Berlin) zitiert.

MATHIAS GREFFRATH ÜBER MEHRWERT

Lieber Freund,

Vorigen Mittwoch reiste ich von London ab, per steamer, und erreichte unter Sturm und Ungewitter Hamburg Freitag nachmittags, um dort das Manuskript des ersten Bandes Herrn Meißner zu überliefern. (...) Das ganze Werk erscheint in 3 Bänden. Der Titel ist: »Das Kapital. Kritik der Politischen Oekonomie«, Der erste Band umfaßt das Erste Buch: »Der Produktionsprozeß des Kapitals«. Es ist sicher das furchtbarste Missile, das den Bürgern (Grundeigentümer eingeschlossen) noch an den Kopf geschleudert worden ist. Es ist nun wichtig, daß Ihr in der Presse, d. h. den Blättern, die Euch zu Gebot stehn, aufmerksam macht auf das baldige Erscheinen.

Hannover, 17. April 1867. Tout á toi,

Marx an Johann Philipp Becker, Briefe 3 (MEW 31:541)

MATHIAS GREFFRATH
DER MEHRWERT DER GESCHICHTE

Die Weltwirtschaft hat sich von den Exzessen der Finanzspekulation noch nicht erholt; die Ökonomen reden von einer säkularen Stagnation, die den entwickelten Volkswirtschaften bevorstehe; die nächste technologische Revolution lässt eine gigantische neue Welle der Arbeitslosigkeit erwarten; Millionen von Menschen, die auf dem globalen Markt nicht nachgefragt werden, machen sich auf die Wanderschaft, und die Temperatur in der Atmosphäre steigt stetig. »Das kapitalistische System passt nicht mehr in diese Welt« – längst sagen das nicht nur übriggebliebene Linke.

Die kapitalistische Akkumulation, so heißt es im *Kapital* von Karl Marx, am Ende des Kapitels über die Mehrwertproduktion, »untergräbt die Springquellen alles Reichtums: die Erde und den Arbeiter« (MEW 23:530). – Klimakrise, Arbeitslosigkeit und Wachstumsschwäche scheinen Marxens Theorie zu bestätigen. Aber sind diese großflächigen Prognosen schon ein Grund, das Buch noch einmal zu lesen? Zumal die Lektüre mühsam ist und Monate verschlingt, vielleicht Jahre, wenn man nicht gar in den Debatten der marxistischen Schriftgelehrten versinkt, die ganze Bibliotheken über die Feindifferenzen der Wertformanalyse vollgeschrieben haben.

Wenn es also – 150 Jahre nach seinem Erscheinen – einen vitalen, aktuellen, nicht nur historischen Grund gibt, das *Kapital* zu lesen, dieses Buch, das den Anspruch erhebt, das »ökonomische Bewegungsgesetz der modernen Gesellschaft« (23:15) entdeckt zu haben –, dann müsste das Buch den Test bestehen, dass man mit der Marx'schen Brille immer noch etwas sehen kann, was man sonst nicht sieht, dann müssten die Marx'schen Begriffe die Wirklichkeit, in der wir heute leben, anders aufschließen als andere. Man prüft den Pudding, indem man ihn isst, pflegte der Fabrikant Friedrich Engels zu sagen. Fangen wir also an.

Der Gott der Moderne

Mit dem Anfang. Oder noch davor: mit dem Titel. *Das Kapital*, so heißt das Buch. *Das Kapital* – nicht: *Die Kapitalisten*, nicht: *Die Ausbeutung*, nicht: *Die Arbeit* oder *Der Weg zum Sozialismus* – obwohl alles das eine Rolle spielt. Sondern *Das Kapital*. Etwas salopp könnte man Marxens Hauptwerk, das er nach Jahrzehnten von Lektüre, Exzerpieren und Nachdenken im Londoner Exil, im Lesesaal des British Museum, nach unzähligen billigen Zigarren und immer abgelenkt durch Krankheit, Tagespublizistik und politische Tätigkeit, 1867 veröffentlicht, man könnte dieses Buch als einen Roman verstehen. Einen Roman, in dem ›das Kapital‹ der Held der Erzählung ist, das eigentliche Subjekt der Neuzeit, eine unsichtbare, insofern metaphysische, aber durchaus im Diesseits wirkende Macht. Der Gott der Moderne, der sich eine »Welt nach seinem eigenen Bilde schafft« (vgl. *Kommunistisches Manifest*, MEW4:466).

Der biblische Ton ist kein Zufall, wenn denn Gott die Kraft ist, die alles bewegt, der Geist, der alles durchformt, in alle Poren dieser Welt eindringen kann. In dieser Lesart des *Kapital* können wir – heute mehr noch als zu Marxens Zeiten – ein Bild unserer Gesellschaft erkennen. Erleben, erleiden und erfahren wir nicht Tag für Tag, wie Menschen nur als Faktor Arbeit in Frage kommen? Als flexible Ressource eingesetzt werden? Familien hinsichtlich ihrer Fähigkeit, ›Humankapital‹ aufzuziehen, betrachtet werden? Universitäten zu Produktionsstätten profitabler Qualifikationen geworden sind, Nationen zu Wirtschafts-›Standorten‹ und kulturelle Traditionen zum ›content‹ von Bewusstseinsindustrien? Kurz: Erleben wir nicht, dass für den Blick des Kapitals die Dinge und die Menschen dieser Welt nur vorkommen, soweit sie profitabel sind?

Aber zurück zum Buch: Diese Romanfigur, dieser Geist, der den Kapitalismus antreibt, taucht erst im 4. Kapitel des *Kapital* auf. Da wird das Kapital gezeugt und auch gleich geboren. Vorher, in den Kapiteln der akribischen Analyse der Ware und des Geldes, die so viel Schwierigkeiten machen, dass sie einen zum Aufgeben zwingen können – auf diesen 150 Seiten ist das Kapital noch nicht auf der Welt, da wird über die Voraussetzungen seiner Zeugung theoretisiert: die Ware, die Arbeit, den Tausch, das Geld. Und dann kommt, nicht ohne spannungstreibende Rhetorik, die Frage: Wie kommt es, dass eine Geldmenge, mit der ich auf den Markt gehe, wächst, wie kann der Gesamtwert einer Wirtschaft wachsen, wenn doch angeblich immer nur Äquivalente getauscht werden? Die Frage ist alles andere als trivial: Die klassischen Ökonomen zu Marxens Zeit haben sie jedenfalls nicht widerspruchsfrei gelöst.

Im vierten Kapitel entsteht also aus Geld: das Kapital. Und da alle großen Revolutionäre unseres Weltbildes, ob nun Darwin oder Freud auch große Schriftsteller sind, so gibt Marx dem abstrakten Kapital einen fassbaren Körper – den eines Geldbesitzers – und lässt den auf einer Straße irgendwo in England auf einen Arbeitskraftbesitzer treffen, worauf die beiden nach einer kurzen Verhandlung, so Marx, in »jene verborgne Stätte der Produktion« eilen, »an deren Schwelle zu lesen steht: No admittance except on business«. »[D]er eine«, so formuliert es der Balzac-Leser Marx, »bedeutungsvoll schmunzelnd und geschäftseifrig, der andre scheu, widerstrebsam, wie jemand, der seine eigne Haut zu Markt getragen hat ...« (23:191)

Das Geheimnis des Mehrwerts

Hinter dieser Tür enthüllt sich das Gesetz der »Plusmacherei«. Denn mit Dampf und Maschinen und Muskeln wird hier der Reichtum der Gesellschaft gemehrt, Mehrwert produziert. Möglich ist das, weil der Kapitalist seinem Gegenüber eine Ware abgekauft hat, die über die wundersame Eigenschaft verfügt, mehr Wert zu erzeugen, als zu ihrer Produktion erforderlich war. Seine Arbeitskraft. Wer Arbeitskraft erwirbt und mit Maschinen oder Rohstoff kombiniert, kann sein Geld vermehren. Und umgekehrt: Wer nur Arbeitskraft zum Verkaufen hat, fängt immer wieder von vorne an. Kapital, das ist also kein Ding und keine Substanz und kein Geld, sondern dieser Wertsteigerungsprozess in Räumen, die man nur ›on business‹ betritt. Dabei geht alles mit rechtlich korrekten und philosophisch unbedenklichen Dingen zu. Die Kapitalisten betrügen nicht, sie zahlen den Wert dessen, was sie gekauft haben: den Wert der Arbeitskraft. Dieser Wert, so sagten es die Klassiker der bürgerlichen Ökonomie, wird durch die Arbeitsmenge bestimmt, die erforderlich ist, um die Arbeitskraft herzustellen. Mit anderen Worten: die Arbeitsmenge, die in den normalen Lebenshaltungskosten steckt: Lebensmittel, Wohnung, Hygiene, Familienerhalt usw.

Der Gang durch die Fabriktür am Ende des 4. Kapitels des Buches, das ist die Urszene und die Urerfahrung für die Leser des *Kapital*, in den Zirkeln der inzwischen verblichenen Arbeiterbewegung oder den Basisgruppen in der Dritten Welt – und für die vielen, die *Das Kapital* nie gelesen haben. Die Erfahrung, dass man nichts anzubieten hat auf dem Markt außer *Muscle and Blood and Skin and Bones*, wie es in *Sixteen Tons* heißt, dem Lied über den Bergmann, der nach fünfzig Jahren aus der Grube kommt und genau so viel hat wie am Anfang. Das ist die eine Grunderfahrung des proletarischen Daseins. Und die andere: »Alle Räder stehen still, wenn Dein starker Arm es will« – die Parole zieht die politische Quintessenz aus der Marx'schen Bestimmung der lebendigen Arbeit: »Eine Maschine, die nicht im Arbeitsprozeß dient, ist nutzlos. Außerdem verfällt sie der zerstörenden Gewalt des natürlichen Stoffwechsels. Das Eisen verrostet, das Holz verfault. Garn, das nicht verwebt oder verstrickt wird, ist verdorbne Baumwolle. Die lebendige Arbeit muß diese Dinge ergreifen, sie von den Toten erwecken, sie aus nur möglichen in wirkliche und wirkende Gebrauchswerte verwandeln.« (23:198)

Arbeit schafft Gebrauchsdinge, und der Wert dieser Dinge bestimmt sich durch die Arbeit, die zu ihrer Herstellung erforderlich war. Diese Rückführung aller Wertschöpfung auf Arbeit stiftete das Identitätsgefühl der frühen Arbeiterbewegung, sie war der Grund für Klassenbewusstsein.

Politisch korrespondiert Marxens Wertbegriff dem der Arbeiterbewegung – aber die Arbeitswertlehre ist keine Erfindung von Marx. Ihre Ursprünge liegen in der revolutionären Phase der Bourgeoisie, als diese noch gegen die unproduktiven Feudalen den Wert der Arbeit hochhielten. John Locke hielt dafür, dass Eigentum nur durch Arbeit legitimierbar sei, und die Klassiker der Politischen Ökonomie, Adam Smith und David

Ricardo, vertraten, mit unterschiedlicher Begründung, die Theorie, dass der Wert von Waren durch die Menge bzw. die Zeit der in ihnen steckenden Arbeit bestimmt wird.

Etwa seit dem Erscheinen von *Das Kapital* aber wird der Mainstream der akademischen Ökonomie von einer Wert-Lehre dominiert, die den Preis von Waren durch das Spiel von Angebot und Nachfrage erklärt, also durch die Summierung von subjektiven Entscheidungen – aber nicht erklären kann (und sich auch gar nicht der Frage stellt), was den Wert ausmache, wenn Angebot und Nachfrage sich decken. Es ist eine Theorie, für die Wirtschaft wesentlich der Austausch auf dem Markt ist. Für Marx hingegen ist Wirtschaft der gesamte Kreislauf von Produktion, Austausch, Verteilung und Konsum. In Gang gesetzt wird er vom Produktionsprozess, in dem die Arbeit den Rohstoff verändert, ihm Mehrwert zusetzt. Und deshalb widerspricht diese Theorie auch der herrschenden Lehre von den Produktionsfaktoren Kapital, Boden und Arbeit, denen drei Einkommensquellen entsprächen: Profit, Grundrente und Lohn.

Nein, sagt Marx, alle Einkommensarten der Gesellschaft sind Fragmente des Mehrwerts, und diesen Mehrwert kann man nur erklären, wenn man begreift, dass der Gebrauchswert der lebendigen Arbeit im Kapitalismus ein doppelter ist: Sie stellt nützliche Dinge her, die konsumiert werden können, und sie schafft für den Kapitalisten: Mehrwert. Diese Rückführung aller Einkommen auf den Mehrwert der Arbeit, das, so schrieb Marx seinem Partner Engels kurz nach dem Erscheinen des *Kapital*, mache die »grundneuen Elemente des Buchs aus« (32:11).

Empörung und Theorie

Mit der Kategorie des Mehrwerts aber sind der Klassenkonflikt und der Arbeitskampf zwingend als ein Bewegungsgesetz des kapitalistischen Wirtschaftsprozesses gesetzt. Der Arbeiter wird so wenig wie möglich von seiner Zeit und seiner Haut verkaufen wollen; der Unternehmer muss bestrebt sein, den Arbeitstag auszudehnen. Nicht, oder nicht notwendigerweise, aus Gier, sondern aus Zwang. Denn die Konkurrenz auf dem Markt zwingt ihn, so rationell und so billig wie möglich zu produzieren. Und deshalb die Quelle seines Wertes so optimal wie möglich auszubeuten – wie eine Mine, die er gepachtet hat. So beginnt der Dauerkampf der Antagonisten (heute nennt man sie Sozialpartner), der Kampf um die Länge des Arbeitstages und die Intensität der Arbeit.

Empörung schlägt durch den bemüht kühlen, wissenschaftlichen Ton, wenn Marx die maßlose Ausdehnung des Arbeitstages im frühen, rohen Kapitalismus, in den Höllen der »absoluten Mehrwertproduktion« analysiert, mit den 18-stündigen Arbeitstagen von Eisenbahnarbeitern, den 14-Stunden-Schichten von neunjährigen Kindern, der frühen Sterblichkeit der Grobschmiede, oder, ganz konkret (und Marx ist sichtlich berührt) vom Tod »durch einfache Überarbeit« der Putzmacherin Mary Ann Walkley nach 26 Stunden Arbeit ohne Pause, weil sie die Prachtkleider für den Huldigungsball der Prinzessin von Wales fertigmachen musste. (23:269) Aufs Ganze gesehen aber bemüht sich Marx um die analytische Kälte des historisch denkenden Ökonomen, der im Kapitalisten nicht den Schurken, sondern den Funktionär eines zwangsläufig ablaufenden Prozesses sieht.

»Als Fanatiker der Verwertung des Werts«, so schreibt er am Ende der Darstellung der Formen des Mehrwerts, »zwingt [der Kapitalist] rücksichtslos die Menschheit zur Produktion um der Produktion willen«. Gezwungen von der Konkurrenz wird er so zum Träger »einer Entwicklung der gesellschaftlichen Produktivkräfte und zur Schöpfung von materiellen Produktionsbedingungen, welche allein die reale Basis einer höheren Gesellschaftsformation bilden können, deren Grundprinzip die volle und freie Entwicklung jedes Individuums ist.« (23:618)

Der Kapitalist ist also der stärkste Agent des Fortschritts, allerdings nicht ganz freiwillig. Der Staat unterbindet die schlimmsten Exzesse der absoluten Mehrwertproduktion mit Arbeitszeitregelungen. Diese wiederum nötigen die Kapitalisten zur Erfindung arbeitssparender Maschinen, zur Produktion auf immer größerer Stufenleiter. Die Fabrik bringt Arbeiter zusammen, die gründen Gewerkschaften, das treibt die Löhne hoch, und das wiederum initiiert die nächste Rationalisierungsstufe, durch die Tausende von Arbeitern freigesetzt werden – bis am Ende, im Maschinensystem, »die Maschine nicht den Arbeiter von der Arbeit befreit, sondern seine Arbeit von Inhalt« (23:446). Diese totale Entfremdung aber ist für Marx zugleich »Ausdruck für die fortschreitende Entwicklung der gesellschaftlichen Produktivkräfte« (25:222). Denn an deren Ende, das ist der kühne utopische Vorgriff, steht der hochaggregierte Maschinenpark der entwickelten Industriegesellschaft, in dem kein einzelner Lohn mehr die Leistung ausdrücken kann, weil niemand berechnen kann: wieviel Wert ›schöpft‹ der Ingenieur, wieviel sein Lehrer, wieviel sein Handlanger und wieviel dessen Frau in diesem großen Mechanismus.

Die Faszination bei der Lektüre des Marx'schen Buches entsteht nicht nur durch Materialfülle. Anders als in den Lehrbüchern der Mainstream-Ökonomie werden in seiner Darstellung der kapitalistische Mechanismus, die Geschichte der Technologie, die Veränderung der Arbeitsbedingungen, die sozialen Auseinandersetzungen und die Lebensverhältnisse zusammengedacht und in eine große, idealtypische Erzählung der kapitalistischen Dynamik gebracht. Es ist eine Erzählung, die im 4. Kapitel beginnt, mit eben dieser ironisch stilisierten Begegnung des Geldbesitzers mit dem Arbeitskraftbesitzer, und die danach ihren zwingenden Gang geht, bis zum vorläufigen Endpunkt der kapitalistischen Entwicklung: der Konzentration der Produktion in immer weniger großen Unternehmen, Monopolen, Oligopolen, und, auf der anderen Seite, wachsender Arbeitslosigkeit und Armut.

Es gibt keine Endkrise

Kein anderes Werk der ökonomischen Wissenschaft des 19. Jahrhunderts hat diese Kraft der Integration und der Prognose. Marx lässt seine Darstellung im dritten, erst nach seinem Tod von Friedrich Engels herausgegebenen Band des *Kapital* mit dem viel diskutierten »Gesetz vom tendenziellen Fall der Profitrate« enden – dem allmählichen Erlahmen der Kapitalproduktivität. Der Grundgedanke lautet: Wenn nur die Arbeit Wert produziert, aber der Anteil der Arbeit immer weiter zurückgeht gegenüber der Macht der Maschinen, dann entsteht immer weniger Mehrwert. Es ist ein Theorem, das in Teilen in der marxistischen Arbeiterbewegung lange den Glauben an einen automatischen Zusammenbruch der Produktionsweise genährt hat.

Bis jetzt allerdings hat sich das kapitalistische System immer wieder mit neuen Innovationsschüben verjüngt; aber der Preis der Rettungen wird immer höher, wenn – was wir gerade erleben – das Wachstum abflacht, keine neue Basis-Innovation in Sicht ist und die wachsende Zahl der Überflüssigen die Legitimität eines Systems untergräbt, das nicht mehr fähig ist, seine Arbeiter noch auszubeuten, sie, wie Marx im Kommunistischen Manifest schreibt, »ernähren muss, statt von ihnen ernährt zu werden« (*Manifest der Kommunistischen Partei*, in: MEW 4:461– 493, hier: 473).

Sehr knapp, mit ein paar Sätzen nur hat Marx am Ende des ersten Bandes des *Kapital* ein mögliches Ende dieser Geschichte skizziert: die Konzentration der Kapitale, die Monopolisierung, die Dynamik der Globalisierung lässt die Kluft zwischen obszönem Reichtum und Elend ins Unerträgliche wachsen; zunehmend fesselt das Privateigentum die Möglichkeiten, die in der Technik stecken, es kommt zu Revolutionen, die Produktivkräfte werden vergesellschaftet; nicht länger der chaotische Markt, sondern die vergesellschafteten Individuen entscheidet gemeinsam über die Verwendung des Mehrprodukts. Ein Datum ist dieser Prognose eines glücklichen Ausgangs nicht beigegeben, aber natürlich, da steckt ein Rest von geschichtsphilosophischer Gewissheit über das Ende der Geschichte auf diesen letzten paar Seiten einer Theorie, die in ihrer Gesamtgestalt keine fest definierten Grenzen, nur flexible Schranken der kapitalistischen Produktion kennt. Das Ganze ist flüchtig, wenn auch wortstark hingeworfen, ein schwaches Echo auf die Revolutionspassagen aus dem Manifest, eigentlich ein Fremdkörper in der strengen ökonomischen Theorie.

Dieser dogmatische Rest, man könnte auch sagen, dieser politische Überschuss hat die Rezeptionsgeschichte des Marx'schen *Kapital* lange bestimmt. In der Arbeiterbewegung, in der das Buch mehr zitiert und populär referiert als gelesen wurde, hat Marxens komplexes Werk nicht nur die Mechanismen der Ausbeutung erklärt und so das Klassenbewusstsein gestärkt, sondern auch die Erwartung des ›großen Kladderadatsch‹ genährt, eines automatischen Zusammenbruchs des Kapitalismus – und damit aktive Strategien zu seiner Transformation unterminiert. Die fragmentarischen Bemerkungen von Marx und Engels über die »Diktatur des Proletariats«, womit sie am ehesten wohl so etwas wie eine rätedemokratische Organisation der Gesellschaft meinten, sind nicht nur vom sowjetischen Kommunismus zur Rechtfertigung der Diktatur missbraucht worden. Und die martialisch klingende Parole von der proletarischen Diktatur hat die bürgerliche Wirtschaftswissenschaft in die dogmatische Ablehnung einer objektiven Theorie des Werts und in die Verkennung der grundlegenden Krisenhaftigkeit des Kapitalismus getrieben. Um die politischen Konsequenzen der Mehrwerttheorie zu bekämpfen, waren sie gezwungen, die Untersuchung des Produktionsprozesses – so wie die Geschichte der Arbeit und der Technologie – aus ihrem theoretischen Programm zu streichen. So verschwand aus ihren Modellbildern des Marktgeschehens der eigentliche Gegenstand einer ökonomischen Wissenschaft: die produzierende Gesellschaft. Ebenso wie der Blick auf die Mehrwertproduktion, die den Reichtum der Gesellschaft »nur entwickelt ... indem sie zugleich die Springquellen alles Reichtums untergräbt: die Erde und den Arbeiter« (23:530).

Das wurde vor 150 Jahren geschrieben. Heute sagen uns nicht nur unsere Gefühle, sondern auch die Zahlen: Wir nähern uns der Schranke, aber wo sie genau liegt, kann niemand sagen. Kann man also mit der Kategorie des Mehrwerts heute noch Politik machen?

Da kommt zunächst der Einwand: Der Mehrwert ist nicht messbar. Das stimmt. Und zugleich stimmt es nicht. Es stimmt: Die Arbeitswert- und Mehrwerttheorie eignet sich nicht zur Bestimmung individueller Preise – Marx selbst liefert die Gründe dafür –, wohl aber kann man mit ihr gesamtgesellschaftliche Tendenzen und Mechanismen erklären – so wie das Gravitationsgesetz gilt, auch wenn man mit ihm nicht den empirischen Fall eines einzelnen Blattes berechnen kann.

So erinnert die gegenwärtige ›säkulare Stagnation‹ der entwickelten Volkswirtschaften an das Marx'sche Gesetz vom tendenziellen Fall der Profitrate, und die Mechanismen, mit denen die Unternehmer auf schrumpfende Profite reagieren, sind dieselben wie in der Frühzeit der kapitalistischen Mehrwertproduktion: Verlängerung der Arbeitszeit, Schwächung der Gewerkschaften, Verdichtung der Arbeit, Absenkung der Einkommen.

Und wie steht es mit dem anderen Phänomen, das Ökonomen und Öffentlichkeit heute beschäftigt: die gewaltige Produktivitätssteigerung durch die Informationstechnologie, den Computer und das Internet? Die ›Wissensökonomie‹, von der heute so viel geschrieben und geredet wird?

»Die Bedeutung der Arbeit nimmt ab, die von Wissen nimmt zu«, »Wissen wirft längst höhere Investitionsrenditen ab als Kapital.« Das sind einige der Formeln, mit denen seit Ende des letzten Jahrhunderts die ›neue Ungleichheit‹ begründet wird, die horrenden Profite der IT-Branchen, der Druck auf die Löhne, die chronische ›Arbeitslosigkeit‹. Die Bedeutung von Kapital und Arbeit nähmen ab, Wissen sei der neue, alles bestimmende Produktionsfaktor.

Wissen als unabhängige Wertquelle? Marx hätte eine solche Sichtweise »Vulgärökonomie« genannt. Vulgär – damit meinte er nicht die grobe Gier, sondern Theorien, die sich vom Alltagswissen der wirtschaftlichen Akteure und den unmittelbar wahrnehmbaren Formen des Wirtschaftens nicht lösen, die nicht das Gesetz hinter den Dingen suchen. Wissenschaft, so spottet Marx, »wäre überflüssig, wenn die Erscheinungsformen und das Wesen der Dinge unmittelbar zusammenfielen«. (25:825)

Auf der Grundlage der Marx'schen Theorie vom Mehrwert, der durch (Mehr-)Arbeit entsteht, lässt sich die klassische Vorstellung der drei werthaltigen Produktionsfaktoren Kapital, Arbeit und Boden nicht aufrechterhalten. »Denn ›Geld‹ oder ›Kapital‹ ›arbeiten‹ nicht«, so fasst es der Ökonom Nils Fröhlich zusammen, der mit der angeblich überholten Arbeitswerttheorie das Sozialprodukt berechnet hat, »sie ›erwirtschaften‹ auch keine Rendite. Vielmehr stellen diese vermeintlich selbständigen, scheinbar durch Dinge verursachten Anteile der gesellschaftlichen Wertschöpfung nur unterschiedliche *Erscheinungsformen* des Mehrwerts, also menschlicher Mehrarbeit, dar.«[3]

Vulgärökonomisch in diesem Sinne wäre nicht nur die Theorie der drei Produktionsfaktoren, sondern auch die neueste über einen vierten

Faktor: das Wissen. Denn was geschieht in dieser Wissensökonomie anders, wenn auch auf unendlich größerem Maßstab, als was beim Übergang vom Handwerk zur Maschinenproduktion passierte. Wenn damals »Muskelentwicklung, Schärfe des Blicks, Virtuosität der Hand« (23:403) in die Maschine wanderten, so sind es jetzt die Arbeitsroutinen und der Erfahrungsschatz ganzer Berufe in die Algorithmen der Informationstechnik. In Generation erarbeitetes Expertenwissen wird in Software verwandelt, als »geistiges Eigentum« patentiert und erscheint so als Eigenschaft des Kapitals. So wie zu Beginn des neuzeitlichen Kapitalismus die Wälder, Weiden und Wege, die als Gemeinbesitz von allen genutzt wurden, von den Grundeigentumskapitalisten eingezäunt und privatisiert wurden, zieht das informationstechnologische Kapital heute Copyright-Zäune um den Gemeinbesitz an Produktionswissen und anwendbaren wissenschaftlichen Erkenntnissen.

Die ungeheuren Renditen von Microsoft, Amazon, Google und Facebook entstehen ja weniger dadurch, dass sie der Welt eine neue Dimension hinzufügen, als dass ihre Algorithmen das bestehende System von Produktion, Zirkulation und Kommunikation rationeller, schneller und billiger machen. »Business at the speed of thought« – so formulierte Bill Gates den utopischen Fluchtpunkt der Kapitalverwertung: Die Produktions-Software steigert die Produktivität, sprich den relativen Mehrwert der Arbeit. Das Internet als Logistikwerkzeug beschleunigt den Umschlag der Waren, als universale Kommunikationsmaschine horcht es Kunden aus und stupst Bedürfnisse an. Und wenn das alte Fabriksystem einerseits die Kooperationsdichte der Gesellschaft erhöhte, andererseits die Entfremdung der Arbeiter auf die Spitze trieb, ermöglicht das Internet einerseits universelle Kommunikation, andererseits neue Formen der Ausbeutung wie die *crowd work*, in der isolierte Individuen an ihren Rechnern Werbetextchen formulieren oder Roboter trainieren, keine Arbeitszeitbegrenzung kennen und dann auch noch unterschreiben müssen, dass sie nicht untereinander kommunizieren. Keine Gewerkschaft kann denen helfen, sie sind freie Verkäufer ihrer Arbeitskraft, schutzloser noch als der Tagelöhner, den Marxens Bilderbuch-Kapitalist am Ende des 4. Kapitels anstellt.

Angesichts dieser neuen Ausbeutungsformen, der Arbeitslosigkeit und der kommenden Automatisierungswelle schwillt die Diskussion über ein bedingungsloses Grundeinkommen an. Ein ›Existenzgeld‹ soll die Würde der Überflüssigen sichern. Es wäre die Würde der Almosenempfänger. Von »Menschen«, wie Marx schreibt, »die mit Vergnügen auf den Handel eingehen würden, wenn das Kapital sie zahlen wollte, ohne sie arbeiten zu lassen« (*Grundrisse*, MEW 42.375). Für ihn wäre das der Gipfel der Entfremdung gewesen: der Verzicht darauf, ein produktives, Reichtum schaffendes Mitglied der Gesellschaft zu sein und deshalb bei seiner Verwendung ein Wörtchen mitzureden.

Noch einmal gefragt: Was kann man mit dem Mehrwertbegriff anfangen, in dieser Situation, in der immer weniger Menschen für die Produktion des Notwendigen gebraucht werden, in der, wie Marx schrieb, das System nicht mehr darauf angewiesen, aber auch nicht mehr fähig ist, seine Arbeiter auszubeuten, sie »ernähren muss, statt von ihnen ernährt zu werden«?

Vielleicht, das wäre mein Vorschlag, muss man den Mehrwertbegriff historisieren. »*Wir* reklamieren den Inhalt der Geschichte.« So formulierte der jugendliche Friedrich Engels mit fanfaranartigem Kursiv-Wir einen den Anspruch aller Mitglieder der Gesellschaft auf das Mehrprodukt. (*Die Lage Englands*, MEW 1:545) Und er war nicht der einzige Bürger in der Geschichte, der so dachte. »An der Arbeit, die in unsichtbarer Verkettung alle leisten, sind alle berechtigt. (…) Wirtschaft ist nicht Privatsache.« Das schrieb nun nicht Dr. Marx aus London, sondern der AEG-Gründer Walter Rathenau[4], in seinen eigenen Worten ein Plutokrat. Reichtum einer Gesellschaft ist nicht die Summe der Einkommen und Vermögen.

Denn warum ist eine Nation reich?

Weil Bürger die Stadtfreiheit erkämpften; weil Seeleute neue Ideen mitbringen; weil Flüchtlingsfrauen härter arbeiten als andere; weil es eine Religion gibt, die Fleiß als gottgefällig ansieht; weil zehn begabte Feinmechaniker zehn andere anziehen; weil Manchester pfiffige Fabrikjungens und Schwaben pfiffige Ingenieurinnen hervorbringt – kurz, weil die ganze Geschichte eines Landes mitproduziert hat, weil die vollständige Liste der Mitwirkenden an neuen Geschäftsideen mindestens so lang ist wie der Abspann von hundert Hollywood-Filmen. Und heute, im Zeitalter der Globalisierung wird es noch ein wenig komplizierter, weil wir nicht nur unsere Turnschuhproduktion nach Guangdong verlegt haben. Die ökonomische Nation – sie reicht heute so weit, wie die Herkunft der von uns benutzten und die Lieferadressen der von uns produzierten Produkte, und eine Theorie des gesellschaftlichen Mehrwerts müsste heute weit in die Welt und weit in die Geschichte reichen.

»Wir reklamieren den Inhalt der Geschichte« – man könnte eine solche Sichtweise in Anlehnung an den Historischen Materialismus einen ›historischen Moralismus‹ nennen. Aber der ›globale Gesamtarbeiter‹, der diesen Mehrwert einklagen könnte, ist keine handliche Kategorie – und schon gar kein politisches Subjekt.

Hat also der Begriff des Mehrwerts – und hat die Arbeitswerttheorie, aus der er abgeleitet ist, also die Theorie der Bestimmung des Werts durch die Arbeitszeit – noch irgendeinen Nutzen über einen solchen historischen Moralismus hinaus? Über eine Kritik ohne starke Kräfte dahinter?

»Alle Ökonomie ist Ökonomie der Zeit« (*Grundrisse*, MEW 42:105), so heißt es bei Marx. Jede Gesellschaft muss ihre Arbeit auf die notwendigen Tätigkeiten aufteilen und einen Modus der Verwendung des Mehrprodukts finden. In allen Gesellschaften, bis heute, wurde dieses Mehrprodukt von den Eliten angeeignet. Im Kapitalismus nahm es die Form des Mehrwerts an, setzte die Akkumulation von Kapital in Gang und ließ die Produktivkräfte explodieren. Die Zeit, die für die Produktion des Notwendigen nötig war, schrumpfte so rasant, wie die Akkumulation sich beschleunigte. Das führte einerseits zu einer systemnotwendigen Steigerung der Produktion von neutral gesprochen: Überfluss, qualitativ gesprochen: viel Unsinn und darüber hinaus zu einem Überhang an unbeschäftigtem Kapital, das in die Privatisierung ehemals gesellschaftlichen Reichtums an Grundversorgung mit Bildung, Gesundheit und Sicherheit, in die Finanzspekulation und die ökologisch verheerende Ausquetschung der letzten Ressourcen an Rohstoffen drängt.

Und damit sind wir an die Grenzen der Mehrwertproduktion gekommen, jenseits derer, die »Springquellen des Reichtums« ruiniert werden. Es sei denn, wir schaffen einen Sprung in der gesellschaftlichen Evolution: hin zu einer Gesellschaft, die – so am Ende des dritten Bandes des *Kapital* – »ihren Stoffwechsel mit der Natur rationell regelt und unter ihre gemeinschaftliche Kontrolle bringt, statt von ihm als von einer blinden Macht beherrscht zu werden, ihn mit dem geringsten Kraftaufwand und unter den ihrer menschlichen Natur würdigsten Bedingungen vollzieht« (25:828).

Die Notwendigkeit für einen solchen zivilisatorischen Evolutionssprung liegt heute auf der Hand. Denn der Markt scheint weder das Problem der Ungleichheit und der Armut zu lösen, noch die Verwüstung der Natur, weder die Bewältigung des Klimawandels, noch den Umbau unseres Energiesystems. All das erforderte eine Umwidmung gesellschaftlicher Ressourcen, eine Verwendung steigender Quanten des Mehrprodukts für die Lösung dieser Aufgaben, damit wir – wie es am Ende des vor bald 150 Jahren erschienenen Werks *Das Kapital* heißt – die Erde, deren Nutznießer, nicht deren Eigentümer wir sind, »sie als boni patres familias den nachfolgenden Generationen verbessert hinterlassen« (25:784).

Welche politisch-ökonomischen Institutionen eine solche »rationelle und gemeinschaftliche Kontrolle« (25:828) leisten könnten – denn zurzeit leisten es weder der Markt noch die schwächelnde parlamentarische Demokratie –, das wäre eine lohnende Frage für eine Wissenschaft der Politischen Ökonomie, die auf der Höhe unserer Zeit wäre.

Denn Marx hilft hier nicht weiter. Rationelle Produktion, gemeinschaftliche Kontrolle, menschenwürdige Bedingungen – über die Ausfüllung dieser abstrakten Zielformeln hinaus findet sich wenig in seinem Werk, schon deshalb kann man ihn nicht für die Planpannen, die Vergeudung, den Terror im Sowjetkommunismus als theoretischen Zeugen bemühen, auch wenn diese Übung nach wie vor beliebt ist. Selbst die berühmten Sätze über den Kommunismus im *Manifest* stellen ja eher Fragen, als dass sie Organisationsformen vorschlagen: »jeder nach seinen Fähigkeiten, jedem nach seinen Bedürfnissen« (*Kritik des Gothaer Programms*, MEW 19:21) – gut, gut, aber wie sollen die Ausführungsbestimmungen aussehen? Marx gibt ein paar Hinweise auf Genossenschaften, und, politisch, auf die Pariser Commune, aber das war schon für seine Zeit zu klein gedacht, geschweige denn für die Lösung der Aufgabe, eine komplexe Hightech-Gesellschaft rational zu organisieren und nicht den kostspieligen Suchbewegungen der Märkte zu überlassen.

Worin läge dann also der praktische Nutzen, heute *Das Kapital* zu lesen? Vielleicht darin: Man kann bestimmte Begriffe hinterher nicht mehr benutzen, wenn man einmal durch die Tür gegangen ist, in die verborgene Stätte der Produktion im 4. Kapitel des *Kapital*. Man wird sie nicht mehr benutzen, weil sie die Wirklichkeit verstellen. Man wird nicht mehr »Humankapital« sagen, wo es sich um lebendige Arbeitskraft handelt, man wird bei dem Wort »Zins« immer an Mehrwert denken, bei Arbeitsteilung an Kooperation, bei Kapital nicht an Geld oder Chefs, sondern an ein Herrschaftsverhältnis, bei Wachstum an Gesamtarbeit. Und so weiter. Man läuft nach Marx-Lektüre gleichsam mit einem gewaschenen Gehirn herum, die Flusen der Vulgärökonomie sind weggewaschen.

Und was macht man mit dem gewaschenen Gehirn? Marx glaubte daran, dass »mit der Einsicht in den Zusammenhang ... aller theoretische Glauben in die permanente Notwendigkeit der bestehenden Zustände« (*Marx an Kugelmann*, MEW 32:553) stürzt. Das stimmt wohl, und in diesen Jahren wankt der Glaube auf allen Etagen der Gesellschaft. Aber vom gestürzten Glauben an die Ewigkeit des Kapitalismus bis zum Willen, geschweige denn zur Aktion, die ihn verändert, gar überwindet, ist es kein kurzer Weg, zumal wir den Glauben an ein historisches Subjekt, das die Revolution als seine Aufgabe erkennt und durchführt, wohl endgültig verabschiedet haben. »Sie fragen nach dem Subjekt der Veränderung«, pflegte der Soziologe Pierre Bourdieu zu sagen, und dann schmunzelte er auffordernd: »Na ja, das sind diejenigen, die es machen.« Immerhin, die Lektüre hilft dabei, wenigstens im Denken nicht unter unseren Möglichkeiten zu bleiben. Uns daran zu erinnern, dass in den Maschinen von heute die Arbeit aller Generationen vor uns steckt, die auf Befreiung wartet. Man kann dieses Erbe ausschlagen, sicher. Aber das wäre doch schade – um den Mehrwert der Geschichte.

1 Nils Fröhlich: *Die Marx'sche Werttheorie: Darstellung und gegenwärtige Bedeutung*, Arbeitspapier TU Chemnitz 2003, S. 80; siehe auch ders.: *Die Aktualität der Arbeitswertlehre. Theoretische und empirische Aspekte*, Marburg 2009.

2 Walther Rathenau, *Schriften und Reden*, Frankfurt am Main 1964, S. 49,53

JOHN HOLLOWAY ÜBER
WIDERSTAND

> Stellen wir uns endlich, zur Abwechslung, einen Verein freier Menschen vor, die mit gemeinschaftlichen Produktionsmitteln arbeiten und ihre vielen individuellen Arbeitskräfte selbstbewußt als eine gesellschaftliche Arbeitskraft verausgaben. (...) Die gesellschaftlichen Beziehungen der Menschen zu ihren Arbeiten und ihren Arbeitsprodukten bleiben hier durchsichtig einfach in der Produktion sowohl als in der Distribution.
>
> *Kapital Band 1* (MEW 23:92)

Hundert Jahre lang ist das Buch mit dem Titel »Das Kapital. Kritik der politischen Ökonomie« in der Arbeiterbewegung genau so benutzt worden, wie Marx es seinem Freund, dem Revolutionär Johann Philipp Becker schrieb: als eine Kampfschrift gegen den Kapitalismus. Mehr als hundert Jahre lang haben die Marx-Exegeten über das, was mit Kritik gemeint sei, diskutiert und gestritten. Der Artikel »Kritik der politischen Ökonomie« im »Historisch-Kritischen Wörterbuch des Marxismus« umfasst 33 Spalten und gefühlt mehrfach so viele Interpretationen. Marx selbst hat sein Unternehmen so charakterisiert: »Kritik der ökonomischen Kategorien, oder, if you like, das System der bürgerlichen Ökonomie kritisch dargestellt. Es ist zugleich Darstellung des Systems und durch die Darstellung Kritik desselben« (Marx an Lassalle, MEW 29.550). Kritik an den versteckten ideologischen Prämissen in den Werken der ökonomischen Klassiker und zugleich eine bessere Theorie des Kapitalismus, das mag im Rahmen eines traditionellen Wissenschaftsverständnisses noch koexistieren – aber wie kann eine Theorie, die für sich in Anspruch nimmt, den Standards und dem Ethos der Wissenschaft zu folgen, gleichzeitig ›Waffe im Klassenkampf‹ sein? Dieser Leitbegriff des »Kommunistischen Manifests« kommt im Kapital nur einmal vor, er leitet die Untersuchung nicht an. Man kann das »Kapital« lesen als eine Systemtheorie, die den inneren Zusammenhang einer entfremdeten Gesellschaft fassbarer und anschaulicher darstellt als konkurrierende Theorien. Und doch ist der Klassenkampf immer präsent: in den historischen Kapiteln, in den Kategorien und ihrer Verknüpfung. Und schon im ersten Satz – so jedenfalls interpretiert es John Holloway, dessen »Kapital«-Lektüre von den Marx'schen Frühschriften geprägt ist, von der Dialektik der Negativität, wie sie die Frankfurter Schule entwickelt hat, von der Revolutionstheorie Herbert Marcuses – und vom Widerstand und Aufstand der Zapatistas von Chiapas, den Holloway, der in Mexiko lehrt, erlebt hat.

JOHN HOLLOWAY
GANZ AM ANFANG BEGINNEN

I

Lies den ersten Satz und lies ihn dann noch einmal. *Das Kapital* ist ein langes und komplexes Buch, aber ein Großteil der darin entwickelten Argumentation findet sich bereits im ersten Satz, dem die meisten Menschen kaum Aufmerksamkeit schenken. Die Schuld dafür liegt bei Marx. Unglücklicherweise vermittelt er den Eindruck, dass das Buch mit dem zweiten Satz anfängt, wohingegen bereits im ersten Satz auf die zentrale Argumentation hingedeutet wird. Diese Konfusion hat enorme theoretische und politische Folgen. Wenn wir mit dem ersten Satz beginnen, eröffnet uns das eine ganz andere Lesart des *Kapital*. Nämlich nicht nur als eine Theorie der Funktionsweise des Kapitalismus, sondern als Theorie der Revolution, aber als Theorie der Revolution, die sich von den revolutionären Theorien des Zwanzigsten Jahrhunderts völlig unterscheidet, eine Theorie, in denen die Anliegen der heutigen antikapitalistischen Bewegungen ihren Widerhall finden.

Gucken wir uns das mal an. Im ersten Satz steht:»Der Reichtum der Gesellschaften, in welchen kapitalistische Produktionsweise herrscht, erscheint als eine ›ungeheure Warensammlung‹, die einzelne Ware als seine Elementarform« (MEW 23:49). Es kann keinen Zweifel geben: Marx beginnt mit»dem Reichtum.« Der Reichtum, nicht die Ware ist das grammatische Subjekt des ersten Satzes. Dann bewegt sich der Satz von der Ausgangskategorie des Reichtums zur abschließenden Kategorie der »Ware«. Der erste Satz des Buches konfrontiert uns also mit einer Spannung zwischen Reichtum und Waren, einer Spannung, die sich durch alle zentralen Kategorien des Buches hindurch entwickeln wird. Und wenn wir berücksichtigen, dass Marx die Abfolge der Kategorien, die das *Kapital* strukturieren, nicht als dem Objekt äußerlich angesehen hat, sondern dass sie als ein »artistisches Ganzes« auf theoretischer Ebene eine historische und logische Ordnung wiedergibt (Marx an Engels am 31.7.1865, MEW 31:131–133, hier: 132), dann ist klar, dass es sich nicht um eine zufällige Grammatik handelt.

Dann folgt der zweite Satz, jener, der die Konfusion schafft: »Unsere Untersuchung beginnt daher mit der Analyse der Ware« (23:49). Hier gibt es ein Problem. Wenn wir den Ausdruck »unsere Untersuchung« auf das gesamte Buch *Das Kapital* beziehen, dann ist das, was Marx sagt, offensichtlich nicht korrekt: Er hat nicht mit der Ware begonnen, er hat mit dem Reichtum begonnen.

Dies ist nicht bloß eine absurde Wortklauberei. Es ist ein himmelweiter Unterschied, ob man mit dem Reichtum beginnt oder mit der Ware, und dieser Unterschied zielt auf die Kernfragen linker Politik und ist von zentraler Bedeutung für unsere Interpretation des *Kapital*.

Folgen wir also dem Marx des ersten Satzes, der mit dem Reichtum beginnt? Oder folgen wir dem Marx des zweiten Satzes, der fälschlicherweise sagt, dass er mit der Ware beginnt? Oder wie gehen wir überhaupt mit der Spannung zwischen den zwei Sätzen um?

II

Die überwältigende Mehrheit der Kommentatoren folgt dem, was Marx im zweiten Satz sagt und nimmt die Ware zu ihrem Ausgangspunkt. Da Reichtum in der Form der Ware existiert, ist die Ware der Schlüssel für das Verständnis davon, wie der Kapitalismus funktioniert. Wenn wir mit der Ware beginnen, können wir Marx in der Ableitung der anderen Schlüsselkategorien folgen: Wert, Arbeit, Geld, Kapital, Ausbeutung, Akkumulation und so weiter. Dies ist eine Analyse der unausweichlichen Dynamik des Systems. Ausgehend von der Ware, einem Ding, hergestellt zum Verkaufen und Gekauftwerden, sehen wir, dass seine Beziehung zu anderen Waren durch seinen Wert bestimmt ist, dessen Größe dem Betrag gesellschaftlich notwendiger Arbeitszeit entspricht, der für seine Herstellung erforderlich ist. Arbeit ist folglich der Schlüssel zum Verständnis des Werts: von Marx als abstrakte Arbeit, das heißt wertschaffende Arbeit, bezeichnet. Arbeit bestimmt das Größenverhältnis, in dem Waren ausgetauscht werden, aber der Austausch wird mittels Geld durchgeführt und Marx verwendet einen Großteil des ersten Kapitels darauf, den Ursprung des Geldes, die Bestimmung einer besonderen Ware (Gold) als universelles Äquivalent anderer Waren abzuleiten. Und so weiter.

Die Existenz des Geldes als unterschiedene gesellschaftliche Form führt zu der Möglichkeit, Waren auszutauschen, um andere Waren zu erhalten, aber auch zu der Möglichkeit, Geld auszutauschen, um Geld zu erhalten, eine Transaktion, die nur Sinn ergibt, wenn das erhaltene Geld mehr ist, als das ursprünglich vorgeschossene Geld. Es gibt, anders ausgedrückt, einen Mehrwert. Es stellt sich folglich die Frage, wie wir den Ursprung dieses Mehrwerts verstehen. Marx zeigt, dass das Rätsel des sich selbst vergrößernden Werts (mit anderen Worten: Kapital), nur gelöst werden kann, indem gesehen wird, dass es eine besondere Ware gibt, die die sonderbare Eigenschaft hat, mehr Wert produzieren zu können als sie selbst wert ist. Diese Ware ist die Arbeitskraft. Der Mehrwert resultiert aus der Ausbeutung der Arbeitskraft, aus dem Umstand, dass der Kapitalist die Arbeitskraft eines Arbeiters zu dessen Wert kaufen kann und diese zur Arbeit einsetzen kann, um mehr Wert zu erschaffen.

Es ist nicht erforderlich, diese Argumentation noch weiter auszuführen. Klar ist, dass wir, wenn wir von der Ware ausgehen, eine aussagekräftige und schöne Analyse der Wirkungsweise des Kapitalismus bekommen: Es ist ein Ausbeutungssystem und wird von der Dynamik der Vergrößerung des Werts oder, anders ausgedrückt, der Kapitalakkumulation, angetrieben. »Akkumuliert, Akkumuliert! Das ist Moses und die Propheten!« (23:621). Die Analyse zeigt deutlich, dass diese Gesellschaft auf Ausbeutung gegründet ist und dass ihre Dynamik zerstörerisch ist und keiner bewussten Kontrolle unterliegt. Das Kapital ist das Subjekt, das Kapital ist die treibende Kraft dieser Gesellschaft. Der Antrieb zum Akkumulieren ist der Antrieb, die Arbeiter, die den Mehrwert erschaffen, immer stärker auszubeuten, indem Löhne gekürzt oder niedrig gehalten werden, der Arbeitstag verlängert wird, die Kosten des Arbeitsschutzes gesenkt werden, aber er ist noch sehr viel mehr als das. Es ist der beständige Antrieb, die Welt in einer Weise zu formen, die Profite maximieren wird, indem beispielsweise versucht wird, Bildungssysteme zu schaffen, die Arbeiter produzieren, die den Bedürfnissen des Kapitals entsprechen, Städte durch Bergbau zu zerstören, wenn es scheint, dass Bergbau in dieser Gegend eine gute Profitquelle zu sein scheint, Wälder zu zerstören, um Autobahnen für den schnelleren Warentransport zu bauen, und so weiter, und so weiter. Das Kapital beherrscht den Planeten und es ist jetzt klar, dass die Herrschaft des Kapitals die für das Leben der Menschen und vieler anderer Lebensformen notwendigen Bedingungen zerstört.

Dies ist selbstverständlich eine vereinfachte Erzählweise, aber auch wenn es viele Interpretationsunterschiede gibt, ist dies wahrscheinlich eine Darlegung, der die meisten MarxistInnen zustimmen würden. Aber warum daran Anstoß nehmen? Was ist unzufriedenstellend an dieser Standarderzählung? Es hat mit der Frage nach der Revolution zu tun. Marx spricht im *Kapital* nicht direkt von der Revolution, aber seine Analyse verweist deutlich auf das Erfordernis einer Revolution, indem er zeigt, was für ein furchtbares System der Kapitalismus ist. Er spricht gleichfalls nicht viel über den Klassenkampf (jedenfalls in dieser Standardinterpretation), obgleich das Buch Analysen der Kämpfe um die Länge des Arbeitstages und die Einführung von Maschinerie enthält. Obgleich der Klassenkampf in der marxistischen Tradition von zentraler Bedeutung ist, scheint dessen Rolle im *Kapital* sekundär zu sein. *Das Kapital* ermöglicht uns, die Entwicklungsdynamik des Kapitals und seiner zentralen Widersprüche (den Antagonismus zwischen Arbeit und Kapital und die Krisentendenz) zu verstehen. Statt einer Analyse des Klassenkampfs selbst, liefert es uns eine Interpretation des Kontextes, in dem der Klassenkampf stattfindet.

Dieser letzte Punkt bietet Anlass für eine Reflexionspause. Die Unterscheidung zwischen dem Klassenkampf und seinem Kontext ist eine strukturalistische Unterscheidung, in dem Sinne, dass sie die Struktur (den Kapitalismus, den kapitalistischen Kontext) vom Kampf trennt, und damit das Objektive vom Subjektiven. Sie liefert der Vorstellung Nahrung, dass der Kapitalismus ein System ist, das einen Anfang (den Übergang vom Feudalismus) und ein Ende (Zusammenbruch und/oder Revolution) haben kann oder wird, das aber in der Zwischenzeit als eine

Struktur, ein System existiert, das in den Begriffen seiner Entwicklungsgesetze verstanden werden kann. Damit wird die Vorstellung von der Revolution in die Zukunft verlegt. Die Revolution ist ein zukünftiges Geschehen, auf das wir uns vorbereiten müssen. Der beste Weg, uns darauf vorzubereiten, besteht – wahrscheinlich – darin, die Organisation (normalerweise als Partei aufgefasst) aufzubauen, die sie anführen wird.

Wenn wir mit der Ware beginnen und im Reich der Waren bleiben, besteht das Problem darin, dass der Ausgangspunkt unserer Analyse innerhalb des Objekts der Kritik lokalisiert ist und die Analyse darin stecken bleibt. Unser Nachdenken ist fest innerhalb des Systems selbst lokalisiert, sodass jeglicher Bruch mit dem System nur als von außerhalb der Analyse kommend imaginiert werden kann. Dies führt sehr häufig (vielleicht nicht unvermeidlicherweise) zur Idee der revolutionären Partei. In der heutigen Zeit, in der es auf der Welt nur noch wenige revolutionäre Parteien von größerer Bedeutung gibt und wo solche Parteien durch die Erfahrungen des letzten Jahrhunderts umfassend diskreditiert sind, scheint aber die Partei nicht länger die Antwort zu sein. Die Kritik des Kapitalismus, die mit der Ware beginnt, zeigt uns deutlich die *Notwendigkeit* der Revolution. Wir können deutlich sehen, dass der Kapitalismus eine Katastrophe ist, aber nichts in dieser Analyse zeigt uns, wie wir die Welt verändern können. Wir sind die Opfer des Systems, und Opfer leiden, machen aber keine Revolution. Unter diesen Bedingungen müssen wir wenigstens fragen, ob die Ware der richtige Ort ist, um mit der Analyse zu beginnen. Wenn wir nach einer Theorie der Revolution suchen, dann ist vielleicht der erste, lange vernachlässigte Satz des *Kapital* weiser als der zweite. Vielleicht ist es besser, nicht mit der Ware zu beginnen, sondern mit dem Reichtum.

III

Was bedeutet Reichtum? Er wird im *Kapital* von Marx nicht definiert. Aber in den *Grundrissen*, den Notizen, die Marx nur wenige Jahre zuvor angefertigt hatte, gibt es einen wunderbaren Abschnitt. Hier fragt er genau die Frage, die der erste Satz des *Kapital* nahelegt: Wenn wir sagen, dass der Reichtum im Kapitalismus als ungeheure Warensammlung erscheint, was wäre Reichtum dann in einer anderen Gesellschaftsform? Marx' Antwort ist großartig:

»In fact aber, wenn die bornierte bürgerliche Form abgestreift wird, was ist der Reichtum anders, als die im universellen Austausch erzeugte Universalität der Bedürfnisse, Fähigkeiten, Genüsse, Produktivkräfte etc. der Individuen? Die volle Entwicklung der menschlichen Herrschaft über die Naturkräfte, die der sog. Natur sowohl wie seiner eignen Natur? Das absolute Herausarbeiten seiner schöpferischen Anlagen, ohne andre Voraussetzung als die vorhergegangne historische Entwicklung, die diese Totalität der Entwicklung, d. h. der Entwicklung aller menschlichen Kräfte als solcher, nicht gemessen an einem *vorhergegebnen* Maßstab, zum Selbstzweck macht? Wo er sich nicht reproduziert in einer Bestimmtheit, sondern seine Totalität produziert? Nicht irgend etwas Gewordnes zu bleiben sucht, sondern in der absoluten Bewegung des Werdens ist? In der bürgerlichen Ökonomie – und der Produktionsepoche, der sie entspricht – erscheint diese völlige Herausarbeitung des menschlichen Innern als völlige Entleerung; diese universelle Vergegenständlichung als totale Entfremdung und die Niederreißung aller bestimmten einseitigen Zwecke als Aufopferung des Selbstzwecks unter einen ganz äußeren Zweck«. (*Grundrisse*, MEW 42:396)

Mit dieser Erklärung erlangt der erste Satz des *Kapital* eine andere Dimension. Wir sehen jetzt, dass dieser erste Satz des *Kapital* genau dasselbe ausdrückt, wie der letzte Satz des zitierten Abschnitts. Reichtum ist die Menschheit in ihrer höchsten Entwicklung, es ist die Menschheit »in der absoluten Bewegung des Werdens«, es ist die »völlige Herausarbeitung des menschlichen Innern«. Aber in denjenigen Gesellschaften, in denen die kapitalistische Produktionsform vorherrscht (das heißt, »in der bürgerlichen Ökonomie – und in der ihr entsprechenden Produktionsepoche«) existiert dieser Reichtum als »ungeheure Warensammlung«, das heißt, als eine »völlige Entleerung«, als »totale Entfremdung«, als »Aufopferung des Selbstzwecks unter einen ganz äußeren Zweck«.

Wir sehen jetzt die Wandlung des Reichtums (am Anfang des Satzes) zur Ware (am Ende des Satzes) in einem ganz anderen Licht. Diese Wandlung kann nicht einfach als gegeben hingenommen werden: Sie ist ein gewaltsamer, entsetzlicher Prozess. Dieser erste Satz, über den so leicht hinweggegangen wird, drückt den zentralen Gedanken der Marx'schen Kritik des Kapitalismus aus. Die Unterordnung des Reichtums unter die Warenform ist die völlige Entleerung der Menschheit. Im selben Atemzug verkündet er implizit seine Vorstellung des Kommunismus: die Emanzipation des Reichtums von der Ware und folglich die Entfaltung der Menschheit zu ihrer höchsten Stufe des Werdens.

»Der Reichtum der Gesellschaften, in welchen kapitalistische Produktionsweise herrscht, erscheint als eine ›ungeheure Warensammlung‹« (23:49): In den Analysen, die mit der Ware beginnen und in der Welt der Waren und der systemischen Bedürfnisse dieser Welt verbleiben, wird der Begriff des Reichtums einfach als gegeben hingenommen. In diesen Interpretationen wird davon ausgegangen, dass, zumindest im Kapitalismus, der Reichtum und die Ware identisch sind. Die Bedeutung des Verbs ›erscheint als‹ wird, zumindest für die Gegenwart, als ›ist‹ aufgefasst, auch wenn diese Identität von Reichtum und Ware nicht immer zutraf und nicht notwendigerweise zutreffen wird: Nur in kapitalistischen Gesellschaften erscheint der Reichtum als ungeheure Warensammlung. Wenn wir jedoch beim Reichtum beginnen, und insbesondere dann, wenn wir Reichtum so verstehen, wie Marx ihn in den *Grundrissen* beschreibt, dann zerfällt diese Annahme von der Identität beider. Der Reichtum sticht als etwas von einer ungeheuren Warensammlung völlig Verschiedenes heraus, als etwas völlig Verschiedenes und der Warensammlung stark Entgegengesetztes. Es gibt hier einen offensichtlichen Antagonismus. Der Reichtum existiert *in* der Warenform, aber er existiert auch *gegen* diese Form und in dem Maße, in dem wir eine andere Existenzform des Reichtums entwerfen können oder dafür kämpfen können oder vielleicht gar bereits erschaffen, existiert sie auch *jenseits* von der Warenform, als Entfaltung des menschlichen Potenzials. Wenn Marx schreibt:»Der Reichtum der Gesellschaften, in welchen kapitalistische Produktionsweise herrscht, *erscheint als* eine ›ungeheure Warensammlung‹«, dann sagt er, dass der Reichtum *in* der Warenform existiert, aber auch *gegen-und-jenseits* von[1] ihr existiert.

Wir denken einen Moment darüber nach und dann sagen wir:»Nun, selbstverständlich wissen wir das. Das ist der Grund dafür, warum wir diesen Artikel lesen, weil wir bereits fühlen, dass der Reichtum und die Ware nicht identisch sind, dass zwischen ihnen zumindest eine Spannung besteht.« Wenn wir sehen, wie die Ware diese Gesellschaft beherrscht, wie alles durch Geld bemessen wird, wie wir selbst und unsere Fähigkeiten gekauft und verkauft werden müssen, damit wir überleben können, dann denken wir:»Aber nein, so sollte es nicht sein.« Allein die Tatsache, dass wir denken,»Nein, so sollte es nicht sein«, bedeutet bereits, dass es dort etwas gibt, das nicht passt, dass die Subsumtion des Reichtums unter die Ware nicht vollständig ist. Und sobald wir dies realisieren, beginnen wir, an andere Formen zu denken, in denen wir nicht in die Herrschaft der Ware, die Herrschaft des Geldes passen. Wenn wir beispielsweise eine Mahlzeit für unsere Freunde oder unsere Kinder kochen, erschaffen wir Reichtum, aber die Mahlzeit, die wir herstellen ist keine Ware: Wir stellen sie nicht zum Verkauf, sondern aus Liebe her. Oder wenn wir Blumen oder Gemüse in unserem Garten oder an einer Wand oder in einem Topf züchten, produzieren wir Reichtum, aber es ist normalerweise kein warenförmiger Reichtum: Wir machen es zu unserem eigenen Vergnügen oder dem derjenigen, die uns umgeben. Auf gesellschaftlicher Ebene denken wir an Kampagnen gegen die Privatisierung des Bildungssystems oder die Einführung von Studiengebühren: Bildung ist Reichtum, aber sie sollte keine Ware sein. Oder die enorme Bindung, die in Großbritannien noch an den National Health Service[2] besteht, die der Neoliberalismus in mehr als 30 Jahren geschwächt, aber nicht zerstört hat: Zu stark ist das Gefühl, dass die Gesundheitsversorgung ein Reichtum ist, aber keine Ware sein sollte. Wenn wir von der Spannung zwischen dem Reichtum und der Ware ausgehen, wie Marx es in dem ersten Satz tut, bedeutet dies, von einer Spannung auszugehen, die im Mittelpunkt unserer eigenen Leben steht, eine Spannung, die wir alle erkennen. Mit der Ware zu beginnen, heißt, diese Spannung auszuschließen, sie unserem Verständnis des Kapitalismus äußerlich zu machen.

Mit anderen Worten: Wenn unsere Analyse des Kapitalismus mit dem Reichtum beginnt, dann bedeutet das, wir stellen uns selbst in den Mittelpunkt der Geschichte. Der *Reichtum* erzählt von unserem kreativen Potenzial, die *Ware* spricht von der Frustration dieses Potenzials. Wie wird sich dieses Drama abspielen? Es ist ein Drama, das wir alle leben, dessen wir alle intensiv gewahr sind. Wir beenden unsere Schulzeit und fühlen (zumindest in dem Maße, in dem unsere Schulzeit nicht bereits unser Potenzial gezähmt hat), dass wir vor Möglichkeiten explodieren, voll dessen, was wir tun können oder tun möchten. Und dann stellen wir uns der Welt, in der wir, um überhaupt etwas tun zu können, unser wundervolles Potenzial als Arbeitskraft verkaufen müssen und wir stellen fest, dass Menschen unsere Arbeitskraft nur kaufen werden, wenn es sie reicher macht, ihnen mehr Geld verschafft. Wir sind frustriert, aber unser Potenzial entschwindet nicht einfach in Beschäftigung und Erwerbslosigkeit. Es versucht einen Weg hindurch, jenseits davon, außerhalb davon zu finden. Unsere Leben sind gezeichnet von einem Drama des Drängens und Ziehens zwischen Potenzial und Frustration. Dies ist das Drama, das Marx im ersten Satz ankündigt, nicht auf der Ebene des Individuums, sondern der Gesellschaft. Der Reichtum ist unser Potenzial, die Ware ist dessen tödliche, tötende Frustration. Die Zukunft der Gesellschaft hängt davon ab, wie sich dieses Drama abspielt, nicht als zukünftiges Geschehen, sondern als Kampf im Hier und Jetzt, um mit der Zumutung der Ware und der Herrschaft des Geldes zu brechen.

Wenn wir *Das Kapital* beginnend mit dem ersten Satz lesen, das heißt ausgehend vom Reichtum, dann gibt es uns nicht nur eine Erklärung der Funktionsweise des Herrschaftssystems Kapitalismus. Sondern vielmehr und zuallererst haben wir hier eine Kritik des Systems der Frustration, die Kritik einer Welt, die auf der systematischen Frustration des menschlichen Potenzials durch die Unterordnung unter die Ware, also das Geld, basiert. Diese Darstellung spricht uns direkt an und stellt uns, unsere kreative Macht, unser Potenzial, die »absolute Bewegung unseres Werdens«, unseren Reichtum in den Mittelpunkt der Geschichte. Wir lesen den ersten Satz des *Kapital* am Abend und am nächsten Morgen stehen wir auf und gehen zur Arbeit, um Geld für das Überleben zu verdienen; oder wir gehen los, um einen Job zu suchen oder eine Möglichkeit, an Geld zu kommen, und wir wissen, dass es morgen dasselbe sein wird und am folgenden Tag auch. Aber wegen dieses ersten Satzes wissen wir, dass Marx zu uns spricht, uns sagt, dass diese Frustration, die in uns zerbirst, kein individuelles Problem ist, sondern ein systemisches, Teil eines komplexen Systems des Angriffs auf die menschliche Existenz, eines Systems, das wir brechen müssen, wenn wir leben wollen und die Menschheit eine Zukunft haben soll. Und wir verstehen auch, dass dieses explodierende Potenzial, das wir fühlen, dieser Reichtum, der Schlüssel zur Veränderung sein muss.

Es kommt zu einem dramatischen grammatikalischen Wechsel, wenn wir vom ersten statt vom zweiten Satz ausgehen. Es kommt zu einer Transformation der Subjektivität. Wenn wir von der Ware ausgehen, beginnen wir mit einem ›sie‹, also mit der dritten Person. Wir beginnen mit der Herrschaft, mit instrumenteller Macht, der Art und Weise, in der das System seine Macht über uns ausübt. Wenn wir mit dem ersten Satz beginnen, steht der Reichtum als Subjekt, unser Potenzial, unsere kreative Macht.[3] Lazarus-gleich erheben wir uns aus dem Grab, in dem die Wirtschaftstheorie uns beerdigt hat und immer weiter beerdigt. Lies die Textbücher der Wirtschaftswissenschaft, hör den Wirtschaftsexperten im Fernsehen zu: Die einzige Form, in der wir dort – wenn überhaupt – auftauchen, ist als Objekt, als Opfer von Inflation oder Erwerbslosigkeit. Wenn Marx mit dem Reichtum beginnt, der durch seine Realisierung als Ware zunichtegemacht wird (statt mit der Ware, die die Realisierung des Reichtums verhindert, zu beginnen), dann schleudert er der Wirtschaftstheorie, die keinen Raum für das menschliche Subjekt hat, den Ungehorsam entgegen. Seine Herausforderung der bürgerlichen Theorie liegt nicht nur auf der Ebene der »Fakten«, sondern es ist vor allem eine Herausforderung der intellektuellen Grammatik eines Denkens, das das menschliche Subjekt ausschließt und zum Status von Objekten verdammt.

Dies bringt uns zu dem Ausdruck ›erscheint als‹ zurück, der in der Alltagssprache oft wenig bedeutet, aber der bei der Lektüre des *Kapital* von ungeheurer Bedeutung ist. Der Reichtum in kapitalistischen Gesellschaften »erscheint als« eine ungeheure Warensammlung. Wenn wir mit der Ware beginnen, geht die kritische Kraft dieses ›erscheint als‹ verloren.

Der Reichtum erscheint als eine Warensammlung, aber ich, der Kritiker, weiß, dass es dabei noch um mehr geht. Ich bin in der Lage, die Erscheinung zu durchdringen und zu sehen, dass hinter der Ware der Reichtum steht, aber ich kann dies nur sehen, wenn der Reichtum nicht vollständig unter die Warenform subsumiert wurde. ›Erscheint als‹ sagt uns, dass der Reichtum in der Warenform existiert, aber der Begriff sagt uns gleichzeitig, dass ich sehen kann, dass der Reichtum mehr als bloß dieses ist. Ich kann sehen, dass der Reichtum die Warenform übersteigt, dass er in einem ex-(s)tatischen Verhältnis zur Warenform steht, dass er jenseits der Warenform und gegen sie steht. Ich kann sehen, dass diese Erscheinung real ist, nicht bloß eine Illusion: dass der Reichtum wirklich als Waren existiert. Aber ich kann auch sehen, dass die Erscheinung gleichfalls ihre eigene Wahrheit verbirgt und gegen sie steht: dass die Warenform den Reichtum, den sie ausschließlich zu repräsentieren vorgibt, verbirgt und gegen ihn steht. Und wodurch weiß ich dies? Weil ich, der Kritiker, Karl Marx, John Holloway, ... (schreibe hier Deinen eigenen Namen rein, liebe Leserin, lieber Leser), sehr intelligent bin? Ja, selbstverständlich, aber unzweifelhaft nein: Der Antagonismus zwischen dem Reichtum und der Ware ist etwas, das wir die ganze Zeit verspüren, etwas, das wirklich existiert.

Nur einige Absätze weiter oben sprachen wir von der Stärke des Reichtums, der nicht in Warenform existiert und sich dieser widersetzt: vom Reichtum der Blumen, die wir auf unserem Fensterbrett züchten, bis zum Reichtum der Bildung, für deren Erhaltung StudentInnen gegen das Vordringen der Privatisierung kämpfen. Aber es gibt noch mehr als dies. Wenn wir uns des Antagonismus zwischen Reichtum und Ware so stark bewusst sind, dann wahrscheinlich deshalb, weil der Antagonismus sich verschärft und seine Konsequenzen offensichtlicher werden. Die häufig als neoliberal beschriebene Phase des Kapitalismus charakterisiert sich vor allem durch einen beständigen Drang, den Reichtum der Ware unterzuordnen. Die erste Hälfte des 20. Jahrhunderts war in vielerlei Weise durch einen großen Schub gegen die Kommodifizierung, das heißt, die Verwandlung der Welt in Waren gekennzeichnet: Die Russische und die Chinesische Revolution und die westlichen Wohlfahrtsstaaten errichteten zweifelsohne Hindernisse gegen die Herrschaft der Ware, aber dieser Vorstoß gegen die Warenwelt war sicher keine Emanzipation des Reichtums in dem Sinne, wie wir es hier dargestellt haben und wie Marx es in der oben zitierten Passage der *Grundrisse* beschreibt. Die stalinistische Planung war alles andere als die Befreiung der »absoluten Bewegung des menschlichen Werdens«, und ebenso wenig war dies der Fall im Wohlfahrtsstaat: Beide blieben weiterhin dem globalen kapitalistischen Zusammenhang verhaftet, unter dessen Bedingungen sie funktionierten. Letztendlich war dies die Schwäche beider Systeme und ermöglichte den Aufschwung der Kommodifizierung, der in den letzten ca. dreißig Jahren die Welt erheblich geformt hat. Aber mit dem Fortschreiten dieser Kommodifizierung verschärft sich auch der Antagonismus zwischen dem Reichtum und der Ware. Auf der grundlegendsten Ebene hat sich (in Formen, die es so vor dreißig Jahren nicht gab) gezeigt, dass die Unterordnung des Reichtums unter die Ware (und damit unter das Geld, das Kapital, den Profit) die Vorbedingungen menschlicher Existenz zerstört. Die Umwelt, die wir brauchen, um leben zu können, wird durch Verschmutzung, die Zerstörung der Ozonschicht, die Erderwärmung, das Massaker an nicht-menschlichen Lebensformen, und so weiter, zerstört. All die halbherzigen Abkommen, diese Zerstörung zu kontrollieren, alles Versagen, selbst diese Abkommen umzusetzen, all dies bestätigt den Verdacht, dass es keine Möglichkeit gibt, die Zukunft menschlichen Lebens zu sichern, solange der Reichtum in der Form von Waren existiert. Unsere Wut über dieses Versagen, unser Entsetzen, wenn die Politiker gar die Existenz des Problems verleugnen, unser Zorn sind die Stimme des Reichtums, der sich gegen die Kommodifizierung richtet. »Wir werden es nicht hinnehmen«, unser NEIN, unser Schrei der Verweigerung sind die Revolte des Reichtums gegen die Tatsache, dass er in Warenform existiert, gegen die Tatsache, dass er als ungeheure Warensammlung erscheint.

All das findet sich im ersten Satz des *Kapital*.

IV

Der erste Satz ist offensichtlich eine Kritik des zweiten Satzes. Der erste beginnt mit dem Reichtum, der zweite sagt, wir beginnen mit der Ware. Der erste geht von unserer Subjektivität aus und endet mit deren Frustration. Der zweite spricht von der Subjektivität der Ware, von der sich die Subjektivität des Kapitals ableitet. Der erste sagt:»Wir erschaffen die Welt (das heißt, die gesellschaftliche Welt), aber wir sind frustriert«, und der zweite sagt:»Die Ware/das Geld/das Kapital herrscht«. Hierin liegt eine Spannung und nicht etwa eine Unvereinbarkeit. Es ist nicht so, dass der zweite Satz falsch wäre. Wenn wir ihn aber einfach nur für sich lesen, dann führt er uns in die falsche Richtung, führt uns zu einer Trennung zwischen Struktur und Kampf. Aber wenn wir ihn in Zusammenhang mit dem ersten Satz lesen, dann führt er uns zu einer dialektischen Lesart des Buches. Das Zusammenlesen der beiden Sätze führt uns direkt in den Schmerz der Welt: eine Welt, in der unser Reichtum, unsere kreative Macht in der Form eines Haufens von Waren existiert, die, da sie»Dinge außerhalb von uns« sind, unsere kreative Aktivität negieren. Eine Ware steht uns als Ding gegenüber: Sie zeigt nicht, dass sie das Produkt unserer Kreativität ist. Unser kreatives Potenzial, unser Reichtum wird unsichtbar gemacht. Unser Reichtum existiert wirklich in der Ware, aber gleichzeitig übersteigt er diese Form, als Unpassendes, als Widerstand. Er existiert im Konjunktiv, nicht im Indikativ. Er besitzt keine von der Ware getrennte Existenz, er existiert nur als Widerstand, als Unpassendes, als Traum einer anderen Gesellschaft, als Bewusstsein, dass die Welt anderes sein könnte. Er existiert als eine schattenhafte Figur, aber als ein für unsere Leben zentraler Schatten. Es ist dieser Schatten, der Dich dazu anhält, diesen Artikel zu lesen. Es ist also vielleicht nicht überraschend, dass in Marx' Darstellung des Kapitalismus der befreite Reichtum (oder dessen Möglichkeit) im Schatten verbleibt. Er ist die ganze Zeit da und scheint in allen drei Bänden des *Kapital* auf. Er ist von Beginn an da und wird von anderen weniger beachteten Kategorien, wie etwa Gebrauchswert, konkreter Arbeit und den in der kritischen Literatur oft geschmähten[4] Produktivkräften transportiert.

Wenn wir den ersten Satz lesen und über ihn nachdenken und ihn nicht einfach übergehen, hat er bereits unser Verständnis der Ware und ihrer Ableitungen verändert. Wenn wir sagen, der Reichtum »erscheint als« Warensammlung, dann bedeutet das, dass wir über die Erscheinung hinausgesehen haben und dass deswegen diese Äußerung nicht die ganze Wahrheit ist. Weil wir die Erscheinung durchschauen, sagen wir zwangsläufig, dass der Reichtum als Warensammlung erscheint – und nicht erscheint. Hierin liegt eine antagonistische Bewegung: Im Kapitalismus wird Reichtum in Waren verwandelt. Nicht: Zu Beginn des Kapitalismus nahm der Reichtum (ein für alle Mal) die Warenform an (wenn das so wäre, könnten wir ihn nicht mehr durch die Erscheinung hindurch sehen), sondern es geschieht jetzt, im gegenwärtigen Kapitalismus. Die Gewalt der ersten Kommodifizierung, der ursprünglichen Akkumulation, von der Marx spricht, bleibt bestehen. Wir können einen Schritt weitergehen und sagen, dass der Kapitalismus die beständige Kommodifizierung des Reichtums ist. Kapitalismus ist der Prozess, durch den andauernd alles, was wir erschaffen, in etwas verwandelt wird, das gekauft und verkauft werden kann, etwas, das auf dem Markt in Form von Geld bemessen wird. Wir haben Kinder, wir lieben sie, wir hegen sie, wir schützen sie, aber am Ende wissen wir, dass ihnen ihr Platz in der Welt danach zugewiesen und bemessen wird, ob und wenn ja zu welchem Preis sie ihre Fähigkeiten auf dem Markt verkaufen können. Und wir sagen »Nein« und fühlen ihren Schmerz als unseren Schmerz: Unsere Liebe widersetzt sich dem.

Wir haben hier zwei gegensätzliche Bewegungen: auf der einen Seite den Drang zur vollständigen Entfaltung unserer kreativen Potenziale, auf der anderen Seite die Kommodifizierung dieses Prozesses. Dies ist nicht nur ein Widerspruch, es ist ein lebendiger Antagonismus, ein Kampf, der jeden Moment unserer Leben durchzieht, ein Kampf den wir ganz intensiv jeden Morgen fühlen, wenn wir unsere kreativen Fähigkeiten in die Gussform kapitalistischer Beschäftigung gießen oder wenn wir versuchen, unsere kreativen Potenziale als Arbeitskraft auf dem Markt zu verkaufen, wenn wir sehen, wie unsere Kinder ihre Fähigkeiten verkaufen, oder wenn wir ein Gemälde, das wir gemalt haben, oder einen Schokoladenkuchen, den wir gebacken haben, auf den Markt bringen. Oder wenn wir einfach nur versuchen, das, was wir als Lehrer, als Ingenieur, als Arbeiter in der Autoindustrie tun, gut zu tun und uns dann gesagt wird, dass es zu teuer sei, dass es nicht zum Profit des Unternehmens beitragen wird oder dass es nicht in die ›wirkliche Welt‹ passt, das heißt, in die Welt, in der Reichtum nur als Waren etwas zählt.

Das Substantiv ›die Ware‹ verbirgt und enthält ein Verb, den Prozess der Kommodifizierung. Und es verbirgt und enthält ebenfalls eine Kampfhandlung, den Kampf, die Welt der Herrschaft des Geldes zu unterwerfen. Deshalb ist die Ware ein Kampf, ein Verb, das sich als Ding präsentiert. Und das Gleiche gilt für das Geld. Das Geld präsentiert sich als Ding, aber tatsächlich ist es ein andauernder Kampf, um gesellschaftliche Verhältnisse zu monetarisieren, um den Zugang zu unseren eigenen Produkten und denen anderer der Herrschaft des Geldes zu unterwerfen, ein blutiger, blutiger Kampf, in dem Tausende und Abertausende Menschen jeden Tag sterben. Und auch der Wert präsentiert sich als ein Ding, aber auch er ist ein Verb, ein andauernder Kampf. Und das Kapital und die Rente und der Zins und tatsächlich auch der Staat, obgleich Marx ihn im *Kapital* nicht diskutiert: All diese Gegebenheiten sind nicht Dinge, sondern Formen gesellschaftlicher Verhältnisse, die sich als Dinge präsentieren, antagonistische Angriffsprozesse, die sich als unschuldige Seinszustände präsentieren, Verben, die sich als Substantive präsentieren.

So führt uns also der erste Satz in das Thema der Fetischisierung ein, ein zentrales Thema in den drei Bänden des *Kapital*. Marx argumentiert, dass die Existenz des Reichtums in der Form von Waren, die gekauft und verkauft werden können, eine Fetischisierung oder eine Verdinglichung gesellschaftlicher Verhältnisse hervorbringe. Die Verhältnisse zwischen handelnden Menschen existieren in der Form von Verhältnissen zwischen Dingen, Dingen, die uns äußerlich sind (»Die Ware ist zunächst ein äußerer Gegenstand«, (23:49) sagt Marx uns im dritten Satz des Buches). Dieser Fetischismus erschafft tatsächlich eine Welt der Substantive, eine Welt scheinbar fester Formen, in denen wir die Obszönität des Kapitalismus als alternativlos wahrnehmen. Kritik ist die Bewegung der Entfetischisierung. Marx' Werk trägt den Untertitel »Kritik der politischen

Ökonomie«, weil es die fetischisierten Kategorien der politischen Ökonomie entfetischisiert und die gesellschaftlichen Prozesse offenlegt, die diese Kategorien haben entstehen lassen. Auch die Revolution kann als die Bewegung der Entfetischisierung betrachtet werden. Wenn der Kapitalismus die Umwandlung der »absoluten Bewegung unseres Werdens« in einen Haufen Waren ist, wenn es die Gerinnung oder das Einfrieren unseres kreativen Potenzials in Dinge ist, die bepreist und bemessen und verkauft werden können, dann ist die Revolution genau das Entgegengesetzte. Sie ist der Kuss des Prinzen, der unser Potenzial aus seinem jahrhundertelangen Schlummer erweckt, aber es gibt weder einen Prinzen noch eine Prinzessin, nur eine Woge des Bewegen-Erschaffens von unten her.

V

Noch einmal: Ist dies Klassenkampf? Und noch einmal: Ja, ist es.

In der marxistischen Theorie gibt es ein Dilemma. Am Anfang des *Kommunistischen Manifests* sagen Marx und Engels, dass die Geschichte aller bislang existierenden Gesellschaften die Geschichte von Klassenkämpfen ist. Aber wenn er im *Kapital* die Dynamik der kapitalistischen Gesellschaft analysiert, stellt er die Bewegung des Kapitalismus als Entfaltung der kapitalistischen Entwicklungsgesetze dar. Der einzige Weg, diese zwei Positionen miteinander zu versöhnen, besteht darin zu sagen, dass Marx zu dem Zeitpunkt, an dem er das *Kapital* verfasst hat (und vielleicht von Engels' nicht immer hilfreicher Hilfe befreit war), verstanden hatte, dass die Entfaltung der kapitalistischen Entwicklungsgesetze Klassenkampf *ist*. Mehr oder weniger dies haben wir auf den wenigen letzten Seiten gesagt. Die Ware ist Kampf, Wert ist Kampf, die Abstraktion der Arbeit ist Kampf, Geld ist Kampf und so weiter. Alle diese Formen kapitalistischer gesellschaftlicher Verhältnisse sind Kampf, aber nicht nur dies. Es ist das dichte Gewebe dieser verschiedenen Formen gesellschaftlicher Verhältnisse, das dem Kapital in diesem Kampf seine enorme Macht verleiht. Dies ist die Pointe der Marx'schen Methode einer logischen Ableitung der verschiedenen Kategorien. Er zeigt damit auf, wie eng verwoben der kapitalistische Angriff ist. Er macht sich über Proudhon lustig, wenn dieser denkt, man müsse sich nur des Geldes entledigen und bekomme dadurch eine einfache auf direktem Tausch beruhende Wirtschaft; er kritisiert die Vorstellung, man könne sich des Kapitals entledigen und das Resultat sei eine Gesellschaft, mit einfacher Warenproduktion. Wenn er im ersten Satz sagt, dass der Reichtum als Waren erscheint oder existiert, sagt er implizit: »und alles Folgende beruht darauf«. Wenn Du die Gesellschaft ändern willst, dann musst Du den Reichtum von der Warenform emanzipieren – es gibt keinen anderen Weg!

Aber dies bedeutet nicht, dass das Kapital ein geschlossenes System ist, das nur durch eine große Revolution in der Zukunft ersetzt werden kann. Vielmehr bedeutet es, dass es sich um einen eng strukturierten Angriff auf die Menschheit handelt und dass die Revolution das Entpacken oder Entwirren dieser Struktur ist, ein Prozess, in dem wir beständig einbezogen sind.

Wir können einen Schritt weitergehen. Die Existenz des Reichtums als Waren ist, so haben wir gesehen, die Entleerung unserer Menschlichkeit. Im *Kapital* fasst Marx diese Entleerung als abstrakte Arbeit, eine Schlüsselkategorie. Abstrakte Arbeit ist eben genau das: die Entleerung unserer menschlichen Tätigkeit, das genaue Gegenteil der Produktion von Reichtum. In der Produktion von Reichtum entwickeln Menschen ihr kreatives Potenzial auf unendlich verschiedene Weisen: Weben, Schneidern, Artikel verfassen, Bilder malen, Blumen züchten, Brücken bauen, was auch immer, jede Aktivität mit ihren Besonderheiten. Aber in der Produktion von Waren zählen nicht die spezifischen Fähigkeiten oder Leidenschaften, die in die Aktivität einfließen, sondern das Maß an verausgabter menschlicher Arbeitskraft, das Maß an produziertem Wert, sodass der Wert der Ware bemessen und auf dem Markt verkauft werden kann. In der Produktion von Waren gibt es eine Abstraktion von den besonderen Qualitäten der Aktivität, deswegen der Begriff »abstrakte Arbeit«. Abstrakte Arbeit ist die Entleerung der spezifischen Qualitäten unserer Aktivität (von Marx als konkrete oder nützliche Arbeit bezeichnet) durch deren Integration in eine von der Dynamik der Ware beherrschte Welt, das heißt, die unkontrollierte und bedeutungslose Welt des Geldes.

Wir hören nicht auf, konkrete Arbeit oder nützliche Aktivität zu vollbringen (Lehren, zum Beispiel), aber unsere Aktivität wird zunehmend durch ihre Integration in eine bedeutungslose Totalität beherrscht, in der der Markt herrscht, in der das, was zählt, nicht die Qualität dessen ist, was wir tun (als LehrerInnen, zum Beispiel), sondern das Maß an Geld, das es einbringt. Anders ausgedrückt, es gibt eine Tendenz hin zu zunehmender Abstraktion unserer Aktivität, der zunehmenden Unterordnung unserer konkreten Aktivität unter abstrakte Arbeit, der zunehmenden Unterordnung der Schaffung von Reichtum unter die Produktion von Wert. Wenn Marx sagt, dass der Reichtum als ungeheure Warensammlung erscheint, sagt er gleichfalls, wie ein paar Seiten später deutlich wird, dass konkrete Tätigkeit als abstrakte Arbeit erscheint oder in dieser Form existiert. Mit der Verwandlung des Reichtums in Warenform geht das Abstraktwerden unseres Tätigseins einher. Es existiert nun als abstrakte Arbeit.

Der Reichtum gegen die Ware: konkrete Aktivität gegen abstrakte Arbeit. Marx preist die abstrakte Arbeit nicht, er verabscheut sie als Entleerung der menschlichen kreativen Potenziale. Die abstrakte Arbeit webt unsere Aktivitäten in eine eng geknüpfte Totalität, die von der Vermehrung des Werts angetrieben wird. Der Kampf gegen das Kapital ist der Kampf gegen abstrakte Arbeit, der Kampf unserer konkreten, potenziell selbstbestimmten Aktivität gegen abstrakte Arbeit, der Kampf um die Enttotalisierung der durch abstrakte Arbeit erschaffenen bedeutungslosen, zerstörerischen Welt, der Kampf, hier und jetzt, um der jeden Tag erneuerten Rekonstituierung der Warenwelt, die uns tötet, zu widerstehen und sie zu entwirren. Die Emanzipation des Reichtums von der Ware.

Wir alle sind Teil dieses Kampfes, jederzeit. Warum, liebe Leserin, lieber Leser, liest Du diesen Artikel, warum hast Du zu diesem Buch gegriffen? Weil es etwas in Dir gibt, das sich bereits in die >falsche< Richtung bewegt, sich gegen das Kapital bewegt, sich gegen die Kommodifizierung des Reichtums bewegt. Dies ist der Kampf, in den wir alle hineingeboren sind, der Kampf, den wir jeden Tag leben, der Kampf, der uns beständig in zwei Richtungen zieht.

Ist dies Klassenkampf? Ja, aber nicht im herkömmlichen Sinn vom »Kampf der Arbeit gegen das Kapital«, sondern im Sinne eines Kampfes gegen die Arbeit, die Kapital produziert, gegen das Hineinsaugen unserer Aktivität in die bedeutungslose Produktion einer »ungeheuren Warensammlung«. Der Klassenkampf ist der Kampf der Klassifizierten gegen die Klasse, gegen ihre Klassifizierung: Wir werden uns nicht einfügen, wir werden uns nicht klassifizieren lassen, wir werden die Herrschaft des Geldes nicht hinnehmen. Wir sind die Bewegung des Reichtums gegen die Ware.

VI

Lies das *Kapital*, lies es erneut. Und wenn Du es liest, beginne ganz am Anfang; ein sehr guter Ort, um anzufangen.

1 Holloway nutzt im Englischen den Neologismus »in-against-and-beyond«, um zu verdeutlichen, dass die versteinerten, scheinbar separierten gesellschaftlichen Verhältnisse nur in ihrer dialektischen Bedingtheit wahr sind und deswegen die Existenz der befreiten Form in ihrer jetzigen fetischisierten Form mitgedacht werden muss, Anm.d.Ü.

2 Unter der von Attlee geführten Labour-Regierung 1948 von Aneurin Bevan eingeführtes umfassendes kostenloses Gesundheitssystem in England, Schottland, Wales und Nordirland, das trotz jahrzehntelanger neoliberaler Angriffe bis heute besteht, Anm.d.Ü.

3 Holloway drückt die Dialektik des Begriffes »power«, der im Deutschen *Kraft, Stärke, Macht, Leistung* etc. bedeuten kann, mit den Wendungen »power-over« und »power-to« aus. In Anlehnung an die Kritische Theorie wurden sie deshalb mit »instrumentelle Macht«, bzw. »kreative Macht« übersetzt, Anm.d.Ü.

4 Es gibt in der autonomen marxistischen Literatur eine grundlegende Kritik an der Vorstellung, dass die Widersprüche des Kapitalismus aus der Entwicklung seiner Produktionkräfte erwachsen, da auch diese im Kern nur objektiviertes menschliches Handeln sind, Anm.d.Ü.

5 Holloway, John: »Das *Kapital* lesen: der erste Satz. Oder *Das Kapital* beginnt mit dem Reichtum, nicht mit der Ware«, in: Reitter, Karl (Hg.): *Karl Marx. Philosoph der Befreiung oder Theoretiker des Kapitals? Zur Kritik der Neuen Marx-Lektüre*, Wien 2015, 19–48

Ein herzlicher Dank an Mathias Greffrath und Panagiotis Doulos für ihre Kommentare zur ursprünglichen Version. Ich danke auch Lars Stubbe für die gründliche Übersetzung. Ich entwickle hier eine Argumentation weiter, die ich zuvor (orientiert an sehr viel formaleren Vorgehensweisen) an anderer Stelle[5] veröffentlicht habe. Mein Dank geht – selbstverständlich – ebenfalls an Oscar Hammerstein.

ELMAR ALTVATER ÜBER ANTHROPOZÄN

Große Industrie und industriell betriebene große Agrikultur wirken zusammen. Wenn sie sich ursprünglich dadurch scheiden, daß die erste mehr die Arbeitskraft, und daher die Naturkraft des Menschen, die letztere mehr direkt die Naturkraft des Bodens verwüstet und ruiniert, so reichen sich später im Fortgang beide die Hand, indem das industrielle System auf dem Land auch die Arbeiter entkräftet, und Industrie und Handel ihrerseits der Agrikultur die Mittel zur Erschöpfung des Bodens verschaffen. (MEW 25:821)

»Stoffwechsel mit der Natur« ist einer von Marx' Leitbegriffen. Die Analyse von Störungen dieses Stoffwechsels zieht sich durch die drei Bände des »Kapital« – vom Raubbau an der menschlichen Natur in den Extasen des Frühkapitalismus über die Vermüllung und Vergiftung der Umwelt bis zur Erschöpfung der Böden durch die industriell betriebene Landwirtschaft. Im dritten Band schließlich finden sich erste Überlegungen zu einer politischen Ökonomie der »Exkremente der Produktion und Konsumtion« (dem Recyceln von Abfallstoffen, der rationellen Nutzung von Rohstoffen und menschlichen Abfällen usw.) ebenso wie eine auf das intensive Studium der agrarchemischen Schriften seiner Epoche gestützte Warnung vor der Zerstörung der »ewigen Naturbedingung dauernder Bodenfruchtbarkeit«; weiter: Studien zum Einfluss der Eigentumsordnung und der Industrialisierung auf die Bodenchemie und agrikulturelle Praktiken und schließlich die ersten Gedanken zu einer historisch-materialistischen Geografie, welche die Auswirkungen des Kapitalismus auf das Verhältnis von Stadt und Land und die Gestaltung der Städte in den Blick nimmt (über diese Themen hat Friedrich Engels weitaus mehr geschrieben).

Marx thematisiert die ökologischen Randbedingungen aus der Perspektive der kapitalistischen Akkumulation – auch die bekommt damit einen Doppelcharakter: Die Steigerung der Produktivität in der Landwirtschaft durch das »große Grundeigentum« erzeugt »einen unheilbaren Riß ... in dem Zusam-

*menhang des gesellschaftlichen und durch die Naturgesetze des Lebens vorge-
schriebenen Stoffwechsels, infolge wovon die Bodenkraft verschleudert und diese Verschleuderung durch den Handel weit über die Grenzen des eignen Landes
hinaus getragen wird.« (25:821) Die Problemlage ist damit angedeutet, und
hundert Jahre nach dem Kapital gibt es keinen Zweifel mehr an den Grenzen
des Wachstums. Die Hoffnung allerdings, die Zerstörung der traditionellen,
»naturwüchsig entstandenen« Balancen des Stoffwechsels durch den Kapitalismus werde die Gesellschaft zwingen, ihre Produktionsweise »systematisch« –
also wissenschaftlich fundiert und politisch exekutiert – in eine mit den Naturgesetzen und einer »vollen menschlichen Entwicklung adäquate« Form zu bringen (23:528), hat auch Marx schon auf die Zeit nach dem Kapitalismus ver-
tagt (25:828). Einstweilen wachsen die Risse in der Oberfläche der Erde immer
weiter.*

ELMAR ALTVATER
DER DOPPELCHARAKTER DER ARBEIT IM KAPITALISTISCHEN ANTROPOZÄN

Arbeiten zu müssen ist seit der Vertreibung aus dem Paradies Menschenschicksal. Alle Lebensmittel müssen seitdem »im Schweiße des Angesichts« produziert werden, ebenso wie die Produktionsmittel zur Herstellung der Lebensmittel. Arbeit ist also häufig nichts als Schufterei. Aber nur in der »auf dem Wert beruhenden Produktionsweise«, so Karl Marx, hat Arbeit einen doppelten Charakter. Denn das Resultat des mühseligen Arbeitsprozesses ist nicht nur, wie zu aller Zeit und überall auf Erden, ein bestimmter Gebrauchswert zur Befriedigung menschlicher Bedürfnisse, sondern eine Ware. Die muss unbedingt als Tauschwert gegen Geld auf dem Markt veräußert werden können. Im gleichen Arbeitsgang werden also konkrete Gebrauchswerte zur Befriedigung konkreter Bedürfnisse und abstrakte Tauschwerte erzeugt. Die einen finden ihr Maß an den immer begrenzten Bedürfnissen, die anderen sind maßlos und sprengen jedes menschliche, ja jedes planetarische Maß. »Ursprünglich«, so schreibt daher Karl Marx im ersten Kapitel des ersten Bandes des *Kapital,* »erschien uns die Ware als ein Zwieschlächtiges, Gebrauchswert und Tauschwert. Später zeigte sich, dass auch die Arbeit, soweit sie im Wert ausgedrückt ist, nicht mehr dieselben Merkmale besitzt, die ihr als Erzeugerin von Gebrauchswerten zukommen. Diese zwieschlächtige Natur der in der Ware enthaltenen Arbeit ist zuerst von mir kritisch nachgewiesen worden.« Und dieser Doppelcharakter der Arbeit, so Marx, ist der »Springpunkt, um den sich das Verständnis der politischen Ökonomie dreht« (MEW 23:56) – jedenfalls in der kapitalistischen, Waren produzierenden Gesellschaft. So wie die Waren stofflicher Reichtum (Gebrauchswert) sind und gleichzeitig in Geld ausgedrücktes kapitalistisches Wertprodukt, so ist die Arbeit Stoffwechsel mit der Natur und im selben Akt wert- und mehrwertschaffende Tätigkeit.

Springpunkt und Springquellen

Der »Springpunkt«: das heißt, eine kritische politische Ökonomie muss beide Seiten des Doppelcharakters im Auge haben: die gesellschaftliche Form, in der Arbeit geschieht, die Naturbedingungen von Arbeit und Arbeitsprodukt – und ihr Verhältnis zueinander. Das ist der Springpunkt. Welch eine geniale Entdeckung dieser ist, zeigt sich, wenn die Analyseinstrumente der neoklassischen, der keynesianischen oder institutionellen Ökonomie des ›Mainstream‹ betrachtet werden. Diese Theorien tragen dem Doppelcharakter allen Wirtschaftens (im Kapitalismus) konzeptionell nicht Rechnung. Sie kennen nur monetär bemessene Verwertungsprozesse, in denen das Kapital zu sich (als Profit) zurückkehrt, als *returns to capital*. Die Natur kommt in diesen Theorien nur als Naturkapital vor, als in Wert gesetzte natürliche Ressourcen, die ihrer Natürlichkeit und daher auch ihrer Widerständigkeit entkleidet sind, jenseits von physischem Raum und materiegebundenen Zeitrhythmen. Eine solche Ökonomie aber gibt es nur im Märchen. Diese Theorieansätze sind also unzureichend, den sozialökologischen wie physischen Aspekt des Wirtschaftsprozesses angemessen zu begreifen.

In der politischen Ökonomie hat sich neben der an Marx anknüpfenden kritischen politischen Ökonomie nur die thermodynamisch orientierte Bioökonomie der Naturveränderungen als Folge ökonomischen Handelns angenommen. Ein bedeutender Vertreter dieser Schule war Nicholas Georgescu-Roegen, einer der wenigen Ökonomen, die begriffen haben, dass der Mensch sich seit der industriellen Revolution zu einem »Akteur in geologischen Größenordnungen« entwickelt und das »Antlitz der Erde grundlegend und irreversibel verändert hat«.[1] Mit einer thermodynamischen Interpretation ökonomischer Prozesse hat Georgescu-Roegen die durch menschliche Produktion erzeugten Naturveränderungen in die ökonomische Theoriebildung einbezogen und zugleich soziale Regeln und ethisch begründete Handlungsmaximen für den Umgang mit den im ökonomischen Prozess bewirkten Weltveränderungen entwickelt.

Georgescu-Roegen übernimmt dabei Alfred J. Lotkas Unterscheidung von endosomatischen und exosomatischen (Arbeits-)Instrumenten, wobei letztere die Werkzeuge, die Produktionsmittel und Apparaturen sind, nach denen die Menschen nachgerade »süchtig« seien. Denn die anthropozentrische Transformation von Stoffen und Energien der lebendigen und nicht lebendigen Natur in Dinge dient der Befriedigung unserer individuellen und sozialen Bedürfnisse; und das macht, wie Nicholas Georgescu-Roegen[2] ausführt, den menschlichen Sinn der Naturveränderung aus, die wegen der unvermeidlichen Entropiesteigerung immer eine Verschlechterung des Status quo darstellt. Marx hat dafür eine Erklärung: Es ist die Logik des Tauschwerts, die nun als Verwertungszwang investierten Kapitals für die Verrücktheit des Entropieanstiegs verantwortlich ist. Vereinfacht und zugespitzt formuliert: Die Jagd nach Mehrwert und Profit treibt den Prozess an. Diese Marx'sche Antwort hält Georgescu-Roegen allerdings für unzureichend. Er erklärt die Akzeptanz des Entropieanstiegs mit dem *enjoyment of life*, das durch die Naturveränderung, also durch Arbeit, erreicht werde.

Das ist eine quasi-anthropologische Bestimmung von Arbeit zur Bedürfnisbefriedigung in einem Ambiente, das dabei nicht unverändert bleibt. Aber Arbeit dient auch der Vorsorge, also der Vorratsbildung. Und: Arbeit ist Werteproduktion, und Werte könnten gehortet werden. Damit eröffnet sich die Möglichkeit einer ununterbrochenen Steigerung. Aber erst, wenn Werte aus der Wertform in die Geldform transformiert werden, gibt es kein Halten mehr: Geld zu horten und zu scheffeln ist grenzenloses Vergnügen, dem nicht nur Onkel Dagobert verfallen ist. Doch erst im Kapitalismus wird die Vermehrung des Werts zum Mechanismus, der die gesamte Gesellschaft formt: »Dieser absolute Bereicherungstrieb, diese leidenschaftliche Jagd auf den Wert ist dem Kapitalisten mit dem Schatzbildner gemein, aber während der Schatzbildner nur der verrückte Kapitalist, ist der Kapitalist der rationelle Schatzbildner. Die rastlose Vermehrung des Werts, die der Schatzbildner anstrebt, indem er das Geld vor der Zirkulation zu retten sucht, erreicht der klügere Kapitalist, indem er es stets von neuem der Zirkulation preisgibt.« (23:168)

Neoklassik und Bioökonomie

Die thermodynamische Ökonomie, die viel von der Irreversibilität der Stoff- und Energietransformationen, also von steigender Entropie weiß, beschäftigt sich nur am Rande mit der Inwertsetzung von Natur und deren Verwertung. In ihrer Begriffswelt kann es *returns to capital* nicht geben. Daher ist ihr die Erkenntnis schwer verständlich, dass Profitrate und Profitmotiv sozusagen die ›Software‹ sind, mit der die ›Hardware‹ der physischen Wirtschaft angetrieben wird: Die investierten Mittel müssen zurückkommen, sich amortisieren, und zwar auf sich erweiternder Stufenleiter – mit Surplus. Diese Logik der Kapitalverwertung ist nicht kompatibel mit der natürlichen Logik der Irreversibilität und Entropiesteigerung. Die kapitalistische Produktionsweise löst sich also ihrer inhärenten Logik entsprechend aus den Naturbedingungen allen Lebens. Der Kapitalismus ist der Feind der Natur.

In der neoklassischen Ökonomie gibt es keine Schranke der kapitalistischen Akkumulation, weil natürlicher Raum und natürliche Zeit aus dem wissenschaftlichen Koordinatensystem eliminiert worden sind. Das ist konsequent, allerdings um den Preis der Irrelevanz. Die thermodynamische Bioökonomie hingegen neigt zu einer anthropologischen Begründung des Akkumulationstriebes und abstrahiert von der widersprüchlichen Beziehung von konkreter und abstrakter Arbeit. Beide finden nicht zum Springpunkt: dem Doppelcharakter der Arbeit und ihrer Produkte. Erst von ihm aus lässt sich zeigen, wie gebrauchswertschaffende und wertsetzende, konkrete und abstrakte Arbeit in gemeinsamer Komplizenschaft in der Lage sind, die Springquellen des Reichtums, die Arbeit und die Natur, auf Höchstleistung zu trimmen und dabei zu zerstören. Kapital verwertet sich im Kreislauf von Produktion – Realisierung des Profits und erneuter Produktion; aber der Wert braucht den Gebrauchswert der Ware als Träger. Deshalb ist die Akkumulation des Kapitals angewiesen auf eine Steigerung des Weltverzehrs.

Allerdings war es während der längsten Zeit der Menschheitsgeschichte nur begrenzt möglich, den biblischen Auftrag, sich die Erde untertan zu machen, in die Tat umzusetzen. Erst in der Warmzeit des Holozän seit dem Ende der letzten Eiszeit vor ungefähr 11 000 Jahren wurden aus Jägern und Sammlern, aus Nomaden sesshafte Bauern. Nicholas Georgescu-Roegen hat diese radikale Veränderung im Neolithikum als eine »prometheische Revolution« bezeichnet. Einst hatte, so die Sage, Prometheus den Menschen das Feuer gebracht und damit eine enorme Energiequelle aufgetan. Und nun war es mit einem geringen Energieaufwand (der Funke eines Feuersteins konnte ganze Wälder in Brand setzen) möglich, viel Energie (der auf den gerodeten Flächen angebauten und mit der Asche gedüngten Pflanzen) zu ernten. Mit der Agrikultur bricht auch die Zeit der Hochkulturen und Hochreligionen an.[3]

Aber noch einige Jahrtausende lang wuchsen die Kräfte der Naturbeherrschung – die Energieverwendung, die Werkzeuge, die Kenntnisse – nur langsam. Erst seit der industriellen Revolution und dem Übergang zur Nutzung fossiler Energieträger im letzten Drittel des 18. Jahrhunderts ist die weltverändernde Kraft der Menschheit geradezu explodiert. Erneut kann mit sehr viel geringerem Energieaufwand (beispielsweise, um Kohle zu fördern) viel mehr Energie gewonnen werden. Nicholas Georgescu-Roegen nennt diesen Sachverhalt eines hohen »Energy Return on Energy Invested« (EROEI) ein »prometheisches Geschenk«. Das ist geradezu eine »prometheische Bestimmung«.[4] Diese Bestimmung ist gleichzeitig mit den planetarischen Auswirkungen ihrer technischen Artefakte verantwortlich für Veränderungen der Erdsysteme, die es geboten erscheinen lassen, von einer neuen, vom Menschen gestalteten Erdepoche zu sprechen, die auch neue gesellschaftliche und politische Regelsysteme verlangt. Schon vor 120 Jahren hat der italienische Geologe Antonio Stoppani das neue Erdzeitalter das »Anthropozoikum« genannt. Die Menschen sind – im Guten wie im Schlechten – dabei, Energie- und Klimasystem umzuwälzen, die Erdkruste nach Mineralien zu durchwühlen, in die Biosphäre und die Evolution der Arten massiv einzugreifen. Der Planet wird dabei verändert, die Atmosphäre durch den CO_2-Eintrag, die Hydrosphäre durch Übersäuerung und Plastifizierung, die Pedosphäre durch Vermüllung, die Kryosphäre durch Verrußung. Der Planet, den unsere Vorfahren kannten, ist im 21. Jahrhundert nicht mehr wiederzuerkennen.

Diese Veränderungen lassen sich in den Sedimentablagerungen der Erdkruste beobachten. Am 29. August 2016 hat die internationale Geologische Vereinigung mit ihrer Autorität verkündet, dass nach dem Holozän, der Warmzeit, die vor etwa 11 700 Jahren nach der letzten Eiszeit begann, im 20. Jahrhundert ein neues Erdzeitalter angebrochen sei, das Anthropozän. Die Spuren des Menschen lassen sich in den Steinen lesen. Die von Menschen in Gang gesetzten Veränderungen der Natur überschreiten inzwischen die »planetary boundaries«,[5] die bei der Transformation von Stoffen und Energien eingehalten werden sollten, wenn das Leben auf Erden nicht nur eine Vergangenheit, sondern auch eine Zukunft haben soll. Die Menschen machen Erdgeschichte, aber sie machen diese nicht als Individuen und als Abstraktum *Menschheit*, sondern in historischen Gesellschaftsformationen. Es ist nicht ›die Menschheit‹, die in den vergangenen zwei Jahrhunderten für die Heraufkunft des Anthropozän genannten Erdzeitalters Verantwortung trägt; Täter sind die Menschen in der kapitalistischen Gesellschaftsformation mit ihrer konstitutiven Trennung der Produzenten von den Produktionsmitteln und deren Verwandlung in Kapital. Und es ist deshalb auch nicht ›die menschliche Arbeit‹ schlechthin, die diese weltverändernde Potenz beweist, sondern Arbeit unter diesen bestimmten historischen und gesellschaftlichen Bedingungen.

Nicht die biologischen und sozialen Triebe haben die Arbeit der Menschen in radikale und planetarische Naturveränderungen münden lassen, sondern die Bewegungsgesetze der Produktionsweise (die sogar die Bedürfnisnatur der Menschen umformen). Das Anthropozän ist eine Ausgeburt des Kapitalismus.[6] Nicht der Mensch, wie er seit Adam und Eva leibt und lebt, hat sich in den geologischen und gesellschaftlichen Formationen des Planeten im 20. Jahrhundert so sichtbar verwirklicht, dass das Erdzeitalter umbenannt werden muss, sondern der Mensch der »kapitalistischen Gesellschaftsformation« mit seiner, wie Brand und Wissen[7] pointiert formulieren, »imperialen Lebensweise«. Gefangen in den Produktionsverhältnissen, kann er gar nicht anders als dem Doppelcharakter der Arbeit Rechnung zu tragen und mit der Natur und Gesellschaft auch sich selbst und die Art und Weise der Bedürfnisbefriedigung,

d. h. seine Kultur in der Spannung zwischen diesen beiden Bestimmungen der Arbeit zu gestalten – im Kapitalverhältnis Mehrwert zu schaffen und gleichzeitig die Naturbedingungen des Lebens auf Erden zu untergraben.

Erst in einer nicht- und dann auch post-kapitalistischen Produktionsweise wäre eine Regulierung des gesellschaftlichen Naturverhältnisses im Einklang mit den Reproduktionsbedingungen der Natur vorstellbar. Nicht die Dynamik von Wert und Kapitalverwertung (die kapitalistische Software) bestimmte dann Tempo und Richtung der wirtschaftlichen und gesellschaftlichen Entwicklung, sondern die immer begrenzten Bedürfnisse nach den Produkten konkreter Arbeit und eine die Naturgesetze respektierende Transformation von Stoffen und Energien (also die Erfordernisse der natürlichen Hardware). Die Versuche der Errichtung einer nicht-kapitalistischen, einer sozialistischen Produktionsweise im »real existierenden Sozialismus« jedoch sind im »kurzen 20. Jahrhundert«[8] gescheitert. Die Zielsetzung, den Kapitalismus der entwickelten Länder einzuholen und zu überholen, verlangte die Nachahmung der technischen und organisatorischen Gestaltung der Produktionsprozesse (des »Fordismus«). Dabei fehlten allerdings wesentliche Elemente, vor allem die Förderung des Konsums, so dass als Resultat nur ein »halber Fordismus« herauskam. Niemals konnte sich der Fetischismus einer Konsumgesellschaft entwickeln. Die Naturzerstörung bei der großindustriellen Transformation von Stoffen und Energien, die im real existierenden Sozialismus ähnliche Dimensionen wie in den modernen kapitalistischen Ökonomien erreichte, blieb daher sichtbar. Man konnte sie sogar riechen. Anders als in den westlichen Industrieländern wurde sie nicht hinter einem Schleier schöner Waren mit Hilfe elaborierter Warenästhetik versteckt. Daher war die »sozialistische Alternative« durch ähnliche Naturzerstörung wie in der kapitalistischen Welt gekennzeichnet, allerdings ohne deren Konsumniveau erreichen zu können.

Planetarische Zeitrechnung: Ökonomische Globalisierung und ökologisches Weltsystem

Der Doppelcharakter der Arbeit verschafft sich in allen Sphären der Erde und in der planetarischen Zeitrechnung Geltung. Die ökonomische Globalisierung und das ökologische Weltsystem sind die beiden Aspekte des Doppelcharakters der Arbeit auf der *planetary scale*. Die Wertbildung und Verwertung von Kapital auf der Wertseite, die in den Statistiken zu Weltproduktion oder Welthandel, in den Daten über Direktinvestitionen, Drogenhandel, Menschenschmuggel oder transnationale Korruption zusammengefasst sind, und die destruktive Steigerung des Naturverbrauchs und Erderwärmung auf der stofflich-energetischen Gebrauchswertseite, die in den Berechnungen der Klimaforscher, der Ökologen und der Agronomen vermessen werden – sie sind die zwei Seiten des Doppelcharakters der Arbeit in den globalisierten kapitalistischen Produktionsverhältnissen zu Beginn des 21. Jahrhunderts.

Nicht Anthropozän, sondern ›Kapitalozän‹ wäre also der präzisere Begriff für das neue Erdzeitalter. Es ist das kapitalistische Wertgesetz, das die Arbeit und den enormen, inzwischen globalisierten technischen Apparat zu Höchstleistungen antreibt, zu in der Erd- und Menschheitsgeschichte niemals dagewesenen Steigerungen, zu Wachstum und Expansion. Die Wirkung der Arbeit erhält immer größere Reichweite. Sie verwirklicht sich nicht nur in Lebensmitteln, und auch nicht allein in Produktionsmitteln zur Herstellung der Lebensmittel, sondern auch in der Vielfalt der Infrastrukturen, ohne die weder Lebensmittel noch Produktionsmittel erzeugt werden könnten. Die gesamte Erde mit ihren mineralischen, agrarischen und energetischen Rohstoffen, mit den Lebewesen ihrer Biosphäre wird zum Gegenstand der doppelt charakterisierten Arbeit. Jeden Tag wird ein Turmbau von Babel begonnen, aber die regulierenden Prinzipien der Naturgesetze bleiben die von Carnot, Clausius, Boltzmann, Maxwell und anderen entdeckten thermodynamischen Gesetze in der anorganischen Natur und die Evolutionsgesetze der organischen, der lebendigen Natur, die Charles Darwin herausfand und Justus von Liebig auf die Landwirtschaft anwandte.

Der Doppelcharakter der Arbeit kennzeichnet nicht nur einzelne, lokale Arbeitsprozesse irgendwo auf Erden, sondern den »Gesamtzusammenhang« des ökologischen Weltsystems.[9] Die Akkumulationsdynamik kapitalistischer Gesellschaften verfolgt eine, wie Marx in den Grundrissen (*Grundrisse*, MEW 42:447f.) hervorhebt, »propagandistische (zivilisierende) Tendenz«, die Zirkulationszeit abzukürzen und den Markt auszuweiten, den Weltmarkt herzustellen und, wenn möglich, sogar dessen Grenzen hinter sich zu lassen.[10] Mit der Globalisierung erobert der Kapitalismus den Raum der Erde, mit seinem Bestreben, den Kreislauf des Kapitals zu beschleunigen, prägt er die Zeit-Rhythmen von Produktion und Konsum. So prägt der Doppelcharakter der Arbeit die Form der globalen Krisen im zweiten Jahrzehnt des 21. Jahrhunderts: einerseits eine globale Finanzkrise, Krise des in Geld und Finanzen verwandelten Tauschwerts, der Überakkumulation von Kapital, das in immer neuen Dimensionen ›Landnahme‹ betreiben muss und um die letzten Ressourcen kämpft; andererseits die Krise der Natur des Planeten Erde, der stofflich-energetischen und biologischen Seite des Wirtschaftens, des Klimas, des Verlust der Artenvielfalt. Zusammengenommen: »Peak everything«, möglicherweise »Peak Capitalism«.[11] Das ist nicht der »Zusammenbruch« des Kapitalismus, aber auch keine »multiple Krise«; hier nähert sich die kapitalistische Produktion von Werten rasant der Naturschranke. Wir rasen, so Mike Davis, »sehr viel schneller, als wir uns vorzustellen wagen, auf den verhängnisvollen Zeitpunkt zu, der um das Jahr 2030 oder auch früher eintreten dürfte und an dem das Zusammenspiel von Klimaveränderungen, Öl- und Wasserverknappung und weiteren 1,5 Milliarden Menschen auf dem Planeten negative Synergien erzeugen wird, die jenseits unserer Vorstellungskraft liegen.«[12]

Wenn die »Springquellen alles Reichtums …, die Erde und der Arbeiter«, in nachgerade planetarischen Größenordnungen »untergraben« werden (23:530), kann die ökonomische Krise nicht mehr ihre bereinigende Funktion der Wiederherstellung der Verwertungsbedingungen von Kapital ausüben. Aber beschädigt werden nicht nur die Lebensgrundlage, sondern auch die Entwicklungsmöglichkeiten der Menschen. In den *Grundrissen* hatte sich Marx mit den großartigen Artefakten des

Maschinensystems in der »Großen Industrie« auseinandergesetzt, die den Menschen eine immer größere Fülle von Gebrauchsgütern und einen zivilisierenden Zuwachs an freier, »disponibler« Zeit und daher auch Freiheit zur Entfaltung der Persönlichkeit bringen könnten. Die doppelte Zerstörung des Reichtums beschränkt sich daher nicht auf die Natur und das in der Vergangenheit bereits Produzierte, sondern zerstört auch die Möglichkeiten von Arbeit und Leben in der Zukunft. Der Klimakollaps wird noch in diesem Jahrhundert die Lebensbedingungen auch für Menschen ungemütlich, vielleicht sogar – wie für viele andere Lebewesen auf Erden auch – unerträglich machen, von den anderen *planetary boundaries* ganz abgesehen. »Das sechste Sterben«[13] vieler Arten ist anders als in der bisherigen Erdgeschichte in erster Linie von den Menschen verursacht und hat bereits eingesetzt. Diese Zukunft hat schon begonnen.

Wo die Wachstumskritik zu kurz greift

Nicht nur die Mainstreamökonomen, auch viele Wachstumskritiker unserer Tage vergessen oder verdrängen, dass in der kapitalistischen Gesellschaftsformation alle wirtschaftlichen Prozesse einen doppelten Charakter haben: Als Transformationen von Stoffen und von Energie sind sie wie alles auf Erden endlich, als Prozesse der Inwertsetzung und Verwertung zielen sie auf grenzenloses Wachstum. Wachstumskritiker, die von der kapitalistischen Form des Wirtschaftens abstrahieren, interpretieren den Doppelcharakter des widersprüchlichen Produktionsprozesses als Arbeits- und Verwertungsprozess in zwei parallel verlaufende, voneinander entkoppelte und daher nicht notwendigerweise widersprüchliche Prozesse um. Mit effizienterer Technologie, so die Begründung, sei es möglich, mit dem gleichen Energie- und Stoffeinsatz viermal mehr (oder gleich zehnmal mehr) nützliche Dinge zu produzieren. So lautet das Versprechen z. B. von Weizsäcker und Lovins.[14] Das Wachstumsdilemma lässt sich also mit geeigneter Technik und einer verbesserten ›Ressourcenproduktivität‹ bewältigen. »Wohlstand ohne Wachstum«[15] ist die tröstende Botschaft, wenn nur das Publikum den ›inneren Teufel des Konsums‹

fortjage, damit den aus dem ›Konsumverhalten‹ resultierenden ›Wachstumszwang‹ überwinde und mit intelligenter Technik den Naturverbrauch mindere. Die Wertproduktion (monetäres Wachstum) kann fortgesetzt und gleichzeitig der Stoff- und Energieumsatz beträchtlich eingeschränkt werden. Das Dilemma ist keines mehr, weil Wachstum der Werte und Naturverbrauch entkoppelt werden.

Dass es für die Entkoppelung Beispiele gibt, ist nicht zu bestreiten, wohl aber, dass dies durchgängig zur Regel kapitalistischer Akkumulation werden könnte. Denn einerseits setzen kapitalistische Unternehmen alles daran, Arbeit einzusparen und – um die Produktivität zu steigern – durch Kapital zu ersetzen. Steigerungen der Produktivität der Arbeit erhöhen aber in der Regel die Kapitalintensität. Nur wenn die Produktivität der Arbeit schneller steigt als der Kapitaleinsatz je Arbeitskraft (die Kapitalintensität), ist die Wirkung auf die Profitrate positiv. Wenn aber die (industrielle) Profitrate, zumal im Vergleich zu Zinsen und Rendite fällt, geht der Anreiz, Kapital (real) zu investieren, verloren. Dann sinkt die wirtschaftliche Wachstumsrate, wie auch die empirischen Daten aus den Industrieländern in den vergangenen Jahrzehnten deutlich zeigen. Das Versprechen »grünen Wachstums« steht auf schwachen Beinen.

Auch die Entkoppelung des wirtschaftlichen Wachstums vom Naturverbrauch scheitert. Denn die Substitution von Arbeit durch Kapital macht den Produktionsprozess materialintensiver und die Steigerung der Produktivität der Arbeit bedeutet, dass mehr Produkte in der gleichen Zeit produziert werden können. Der Material- und Energiedurchfluss wird also gesteigert. Der *ecological impact* wird nicht kleiner, sondern größer. Das Wachstumsdilemma bleibt: Je höher das Wachstum der Werte, desto mehr Stoff- und Energieverbrauch – und das auf einer begrenzten Kugelfläche der Erde. Der Naturverbrauch sinkt allenfalls pro produzierter Einheit, nicht aber (wegen des »Rebound-Effekts«)[16] insgesamt.

Der Entkoppelung sind also enge Grenzen gesetzt. Der technologische Arbeitsprozess der Naturumformung ist ebenso wie der Verwertungsprozess des monetären Wachstums kapitalistisch formbestimmt. Das wollen viele Wachstumskritiker ändern, indem die Entwicklungsbahn, auf der so manche ›eigentlich‹ vernünftige Alternative ungangbar ist, geändert wird. Die Wirtschaft soll ›dem Gemeinwohl‹ dienen, ›für den Menschen und seine Bedürfnisse da sein‹, sie soll ergrünen. Die Wirtschaft wird in diesem Diskurs als eine Art durch die gesellschaftliche Form nicht konditionierter Apparat verstanden, den man so oder anders programmieren und einsetzen kann, zur Profiterzielung und daher kapitalistisch formbestimmt, ebenso wie für das ›Gemeinwohl‹ unter Beachtung der Naturbedingungen. Die Restriktionen des Wirtschaftens werden als solche nicht wahrgenommen, und dass der ›Apparat‹ revolutioniert werden müsste, wenn dem Profitziel entgegengesetzte Ziele erreicht werden sollen, wird weder theoretisch noch politisch ausreichend reflektiert.

Moralische Schranken

Die »Kugelgestalt« der Erde hat in der Philosophie Immanuel Kants zwei gesellschaftliche Funktionen: Zum einen begründet ihre Begrenztheit einen ursprünglichen Anspruch aller Erdbewohner am Besitz des Bodens und deshalb »stehen alle Völker ursprünglich in einer Gemeinschaft des Bodens« (§12, Rechtslehre). Die Begrenztheit der Kugelfläche des Planeten Erde ist weiterhin der entscheidende Grund für die Notwendigkeit und daher die Formulierung von Verhaltensregeln, damit sich die Bewohner des Planeten nicht in die Quere kommen und Frieden halten, weil sie sich »endlich doch nebeneinander dulden müssen«.[17] Kant formuliert daher den »kategorischen Imperativ«, der das Maß angibt, das im Rahmen dessen, was der Planet Erde hergibt, einzuhalten ist: »Handle nach Maximen, die sich selbst zugleich als allgemeine Naturgesetze zum Gegenstande haben können […], durch die du zugleich wollen kannst, daß sie ein allgemeines Gesetz werde.«[18] Hans Jonas bezieht die Gültigkeit des Imperativs explizit auf das Leben auf Erden:»Handle so, daß die Wirkungen deiner Handlung verträglich sind mit der Permanenz echten menschlichen Lebens auf Erden … Gefährde nicht die Bedingungen für den indefiniten Fortbestand der Menschheit auf Erden.«[19] Und in der ökologischen und bioökonomischen Literatur gibt es nicht wenige Versuche oder Vorschläge, einen Katalog von ethischen, ökologischen Imperativen aufzustellen. Nicholas Georgescu-Roegen beispielsweise formuliert ein »bioökonomisches Minimalprogramm« von acht Maximen: An erster Stelle steht die Abrüstung, an zweiter die Hilfe zur autonomen Entwicklung, damit allen Menschen die materiellen Bedingungen eines guten Lebens geschaffen werden. Drittens gilt es, die Bevölkerungszahl so zu begrenzen, dass sich alle Menschen aus organischer Landwirtschaft ernähren können. Viertens muss der Energieverschwendung Einhalt geboten werden, ebenso wie fünftens der Produktion von Luxusgütern und sechstens dem verschwenderischen Wechsel der Moden. Siebentens sollte auf Reparaturfreundlichkeit aller Produkte geachtet und geplante Obsoleszenz unterbunden werden. Achtens wären die Produktionsprozesse nicht immer weiter zu beschleunigen, sondern zu entschleunigen.[20]

Der kategorische Imperativ Immanuel Kants und die modernen Varianten sind der Versuch, die beiden Seiten des Doppelcharakters miteinander vereinbar zu machen, indem die Maßlosigkeit der Wert- und Mehrwertproduktion an den Grenzen des Gebrauchswerts bemessen und durch sie moralisch begrenzt wird. Die Natur ist kein Füllhorn und ihre Nutzung bedarf der Regeln, und diese können nicht die des Tauschwerts sein. Das ist unumgänglich, zumindest seitdem die Menschen nicht mehr als Jäger und Sammler umherschweifen, sondern sesshaft sind. Erst recht gilt dies in der »auf dem Wert beruhenden Produktionsweise«. Auf der Gebrauchswertseite der Produktion von materiellen wie immateriellen Produkten gilt: Genug ist genug, mehr ist zerstörerisch.

Die Verwertung von Kapital bemisst sich an sich selbst, an der Profitrate (des industriellen Kapitals), an der Rendite (des finanziellen Kapitals). Die Arbeit wird dementsprechend zugerichtet. Das Maß des Kapitals ist – autoreferenziell – das Kapital selbst, und dieses kennt keine Grenzen. Die »grenzenlose Gier« der Funktionäre des Kapitals, die im Zusammenhang mit der Finanzkrise nach 2008 zum Skandal wurde, ist in der Struktur der kapitalistischen Produktionsweise angelegt: »Akkumuliere, akkumuliere, das ist Moses und die Propheten«, heißt es im ersten Band des *Kapital* (23:621). Das ist der kategorische Imperativ für Akteure in der kapitalistischen Produktionsweise – bei Strafe ihres Untergangs als Kapitalisten. Dieser Imperativ der Kapitalakkumulation wird im modernen Kapitalismus zum politisch verstärkten Wachstumszwang (als

»Wachstumsbeschleunigungsgesetz« der gelb-schwarzen Koalition in Deutschland oder als »Wachstumsbeschleunigungspakt« unter der brasilianischen Regierung Lula 2009), als Wachstums- und Beschleunigungsfetischismus in der Zeit und als Expansionsdrang im Raum. Die Institutionen und Organisationen der Weltwirtschaft arbeiten daran, den Globus in den Griff zu kommen und nach den Imperativen des Kapitals zu formen. In letzter Instanz geht das nicht ohne politische Transformation, ohne geopolitische Ausübung von Herrschaft und geoökonomische Ausbeutung: im Kampf um die letzten Ressourcen, im *land grabbing*, in der asymmetrischen Verteilung der Klimalasten.

Die Arbeit der Menschen hat den Planeten Erde verändert. Der Doppelcharakter dieser Arbeit hat die kapitalistische Epoche bestimmt und ihr die menschheitsgeschichtlich einmalige Dynamik gegeben: Konkrete Arbeit hat Armut und Elend beseitigt, Wohlstand vermehrt, Bedürfnisse erweitert, Gebrauchswerte geschaffen. Abstrakte, mehrwertproduzierende Arbeit war der Treibstoff für die Akkumulation und die Expansion des Kapitals in Zeit und Raum. Ohne ihre Impulse hätte es im 20. und 21. Jahrhundert, wie in den Jahrhunderten und Jahrtausenden zuvor, kein Wachstum gegeben. Erst die Logik der Verwertung strebt über die Schranken der naturgesetzlichen »Grenzen des Wachstums« hinaus und, wenn das möglich wäre, über die Grenzen des Planeten hinaus in galaktische Weiten. In der Arbeit dieses »abendländischen Aktivitätskommandos« (Thomas Mann), im Akzelerationismus seiner Akteure wird Kants ehrwürdiger kategorische Imperativ ebenso suspendiert wie Georgescu-Roegens bioökonomisches Minimalprogramm. Der kategorische Imperativ des Kapitals duldet keine Götter neben sich. Der Akkumulations- und Wachstumsimperativ ist dem kapitalistischen Anthropozän tief eingeschrieben. Dieser Imperativ kennt keinen Stopp des Wachstums, sondern nur dessen endlose Fortsetzung. Im Jahr 2016 lag der »Erdüberlastungstag«, der Tag, an dem der Verbrauch der Menschheit an natürlichen Ressourcen die Kapazität der Erde zu deren Erneuerung übersteigt, bereits im August. Noch vor zwei Jahrzehnten war es ein Dezemberdatum. Der Planet Erde müsste also eine zweite oder dritte Erdkugel kalben – was bekanntlich nicht geht.

Das Wachstum löst alle Probleme, und die Globalisierung schafft eine Sphäre von ökonomischer, vor allem aber von politischer Freiheit, sagen die Ökonomen der offiziellen Institutionen. Das Wachstum hat uns zusammen mit der Globalisierung den Eintritt ins Anthropozän beschert und niemand weiß, wie dieses Erdzeitalter so gestaltet werden kann, dass es über eine Erdepoche hinweg menschengerecht bleiben wird, sagen die Geowissenschaftler und die Biologen. Schon denken Geoingenieure Lösungen aus, die scheinbar den Herausforderungen des Anthropozän angemessen sind: Geo-Engineering zur Beseitigung von CO_2 aus der Atmosphäre (Carbon Dioxid Removaal, CDR) oder zur Reduktion der Sonnenstrahlung (Solar Radiation Management, SRM). So sollen durch biochemische Veränderung der Meere, Reflektoren im Weltraum oder die Injektion von Schwefeldioxid in die Stratosphäre einige der schädlichsten Folgen des Klimawandels aufgefangen werden. Nehmen wir heroisch an, dies könne gelingen. Doch wird ein derart aufwändiger Schutz des Akkumulationsregimes gleichmäßig für alle Menschen oder nur für den privilegierten globalen Norden gelten?

Der Preis des Geo-Engineering könnte eine noch tiefer gespaltene und daher unfriedlichere Welt sein. Zumal da es sich zumeist um *double-use*-Technologien handelt. Sie haben vor allem einen militärischen Nutzen: Technisch provozierte Klimaänderungen sollen einen definierten Gegner schädigen. Das wäre vereinbar mit der Logik der Akkumulation. Auch Schadensbeseitigung ist ein Geschäft: »Repariere, repariere, das ist Moses und die Propheten« – bis nichts mehr zu reparieren da ist.

Die Errichtung technologischer Schutzschirme, um das Akkumulationsregime und damit das wirtschaftliche Wachstum auf Dauer zu stellen, das klingt nach Absurdistan. Es nimmt sich extrem und größenwahnsinnig aus gegenüber den ökoreformistischen Hoffnungen auf ›grünes Wachstum‹, von denen oben die Rede war. Aber auch bei diesen ist es, aus den oben angeführten Gründen, mehr als ungewiss, ob ein solcher, ökologisch effizienterer Kapitalismus machbar ist. Es ist ein Gebot der Vernunft – und einer Politik des ›guten Lebens‹ – einen nicht-kapitalistischen Weg innerhalb der *planetary boundaries* und diesseits der Grenze zu Absurdistan einzuschlagen, und, gestützt auf den Gebrauchswert und die konkrete Arbeit, den »Stoffwechsel mit der Natur rationell zu regeln (und) unter gemeinschaftliche Kontrolle zu bringen« (25:828).

1 Nicholas Georgescu-Roegen: *La décroissance. Entropie – Écologie – Économie* (1979), Paris 1995, 14.

2 Nicholas Georgescu-Roegen: *The Entropy Law and the Economic Process*, Cambridge (MA) und London 1971.

3 Vgl. dazu die evolutionsgeschichtliche Interpretation der Bibel in: Carel van Schaik und Kai Michel: *Das Tagebuch der Menschheit. Was die Bibel über unsere Evolution verrät*, Berlin 2016.

4 Nicholas Georgescu-Roegen: *La décroissance. Entropie-Écologie-Économie* (1979), Paris 1995, 148f.,157.

5 Johan Rockström et al: »Planetary Boundaries: Exploring the Safe Operating Space for Humanity«, in: *Ecology and Society* 14/2 (2009), http://www.ecologyandsociety.org/vol14/iss2/art32/, aufgerufen am 11.01.2017.

6 Vgl. Jason W. Moore: *The Capitalocene*. Part I: *On the Nature & Origins of Our Ecological Crisis* / Part II: *Abstract Social Nature and the Limits to Capital* (Manuskripte), 2014; Jason W. Moore (Hg.): *Anthropocene or Capitalocene? Nature, History, and the Crisis of Capitalism*, Oakland 2016; Elmar Altvater: »Dunkle Sonne. Im Erdzeitalter des Kapitals«, in: *Le Monde diplomatique* Nr. 10564 vom 14.11.2014, http://www.monde-diplomatique.de/pm/2014/11/14.mondeText.artikel,a0003.idx, aufgerufen am 11.01.2017; Elmar Altvater: »El Capital y el Capitalocene«, in: *Mundo Siglo XXI*, No. 33, Vol IX, May-Agosto 2014, 5-15.

7 Ulrich Brand und Markus Wissen: »Sozial-ökologische Krise und imperiale Lebensweise. Zu Krise und Kontinuität kapitalistischer Naturverhältnisse«, in: Alex Demirovic et al (Hg.): *VielfachKrise im finanzdominierten Kapitalismus*, Hamburg 2011, 78-93.

8 Eric Hobsbawm, (1995): Das Zeitalter der Extreme. Weltgeschichte des 20. Jahrhunderts, München/Wien. In der überzeugenden Argumentation Hobsbawms dauerte das 20. Jahrhundert von den Schüssen von Sarajewo1914 bis zum Krieg um Sarajewo in Ex-Jugoslawien 1991

9 Dazu vgl. Friedrich Engels in seiner »Dialektik der Natur«, in: MEW 20; auch: Elmar Altvater: *Engels neu entdecken – Das hellblaue Bändchen zur Einführung in die »Dialektik der Natur« und die Kritik von Akkumuation und Wachstum*, Hamburg 2015.

10 Elmar Altvater und Birgit Mahnkopf: *Grenzen der Globalisierung. Ökonomie, Politik, Ökologie in der Weltgesellschaft* (1996), Münster 2004.

11 Birgit Mahnkopf: »Peak Everything– Peak Capitalism? Folgen der sozial-ökologischen Krise für die Dynamik des historischen Kapitalismus«, Working Paper des Kollegs Postwachstumsgesellschaften an der Universität Jena 2013, ://www.kolleg-postwachstum.de/sozwgmedia/dokumente/WorkingPaper/wp2_2013.pdf, aufgerufen am 11.01.2017.

12 Mike Davis: »Wer wird die Arche bauen?«, in: Paul J. Crutzen et al (Hg.): *Das Raumschiff Erde hat keinen Notausgang*, Berlin 2011.

13 Elizabeth Kolbert: *Das sechste Sterben. Wie der Mensch Naturgeschichte schreibt*, Berlin 2016.

14 Amory B. Lovins und Ernst-Ulrich von Weizsäcker: *Faktor vier – Doppelter Wohlstand, halbierter Verbrauch*, München 1997.

15 Tim Jackson: *Wachstum ohne Wohlstand. Leben und Wirtschaften in einer endlichen Welt*, München 2013.

16 Tilman Santarius: »Der Rebound-Effekt. Über die unerwünschten Folgen der erwünschten Energieeffizienz«, in: *Impulse* Nr. 5 (2012), Wuppertal-Institut für Klima, Umwelt, Energie.

17 Immanuel Kant: *Zum ewigen Frieden. Ein philosophischer Entwurf* (1775), Stuttgart 1984.

18 Immanuel Kant: *Grundlegung zur Metaphysik der Sitten*, BA 52.
19 Hans Jonas: *Das Prinzip Verantwortung. Versuch einer Ethik für die technologische Zivilisation*, Frankfurt 1984.
20 Nicholas Georgescu-Roegen: »Energy and Economic Myths«, in: *Southern Economic Journal* 41/3 (January 1975); Hermann Scheer: *Der energethische Imperativ*, München 2010.

Ich bin Mathias Greffrath für viele wertvolle Hinweise sehr zu Dank verpflichtet.

HANS-WERNER SINN ÜBER STAGNATION

Der Rezensent des Petersbuger »Europäischen Boten« schreibt: »Die alten Ökonomen verkannten die Natur ökonomischer Gesetze, als sie dieselben mit den Gesetzen der Physik und Chemie verglichen ... Eine tiefere Analyse der Erscheinungen bewies, daß soziale Organismen sich voneinander ebenso gründlich unterscheiden als Pflanzen- und Tierorganismen ... ja, eine und dieselbe Erscheinung unterliegt ganz und gar verschiednen Gesetzen infolge des verschiednen Gesamtbaus jener Organismen, der Abweichung ihrer einzelnen Organe, des Unterschieds der Bedingungen, worin sie funktionieren usw. ... Der wissenschaftliche Wert solcher Forschung liegt in der Aufklärung der besondren Gesetze, welche Entstehung, Existenz, Entwicklung, Tod eines gegebenen gesellschaftlichen Organismus und seinen Ersatz durch einen andren, höheren regeln. Und diesen Wert hat in der Tat das Buch von Marx.« Indem der Herr Verfasser das, was er meine wirkliche Methode nennt, so treffend und, soweit meine persönliche Anwendung derselben in Betracht kommt, so wohlwollend schildert, was andres hat er geschildert als die dialektische Methode?«

Nachwort zur zweiten Auflage des »Kapital« (MEW 23:25f.)

Diskussionen über den Erklärungswert der Marx'schen Theorie hat es in den Volkswirtschaftlichen Fakultäten bis 1989 kaum gegeben, oder sie waren zumeist weniger von Lektürekenntnis als vom Blick auf die sowjetische Planwirtschaft geprägt, zu der Marx wenig zu sagen hätte.[1] Die Auseinandersetzung mit dem »Kapital« scheint aber immer dann Konjunktur zu haben, wenn der Kapitalismus in schwereres Fahrwasser gerät. Auch nach dem Beginn der gegenwärtigen Krise des politisch moderierten Finanzkapitalismus widmete sich die Presse für einer Weile der Erinnerung an eine Theorie, die Krisen nicht als Ausnahmen, sondern als notwendige Bewegungsformen der kapitalistischen Pro-

duktionsweise begreift. Zu einem folgenreichen »Streit der Fakultäten« ist es danach allerdings nicht gekommen.

Die Theorien der Mainstream-Ökonomie gehen trotz aller Raffinesse und leistungsfähiger Methoden für die Bearbeitung von Teilproblemen, wie auch immer modifiziert, letztlich von idealisierten Marktmodellen aus. Der neoklassische Liberalismus geht dabei radikaler vor: indem er, wie Ricardo und Marx, die Arbeitskraft als normale Ware definiert, und die »schöpferische Zerstörung« der Krisen als radikale Medizin – mit allen dazugehörigen Härten. Der Keynesianismus plädiert für staatliche Investitionen, wo Wachstum ausbleibt, aber hat die Grenzen des Wachstums ebenso wenig im Blick wie der Ordoliberalismus, der das freie Spiel der Märkte, wenn auch mit sozialer und ökologischer Abfederung, fordert und damit an der Realität einer hochmonopolisierten und vermachteten Wirtschaft vorbeigeht.

Eine politische Ökonomie in den Erklärungsdimensionen des Marx'schen Programms müsste heute eine Theorie der Weltwirtschaft sein, welche die Naturbedingungen, die sozialen Verhältnisse, Stoffkreisläufe, Energiesysteme, Geldströme, technologische Optionen, Konsummuster und kulturelle und ökologische Wachstumsgrenzen einbezieht – in der Absicht, Entwicklungspfade zu beschreiben, die auf die Erhaltung der »Springquellen alles Reichtums: der Erde und der Arbeiter« und einen rationellen »Stoffwechsel mit der Natur« zielen. Trotz aller Computer ist eine solche Theorie nur schwer vorstellbar – und vielleicht nur einem Einzelnen möglich. Als Kritik.

---

1 Zum Einstieg in einen »Systemvergleich« der Theorien und den Möglichkeite effizienter Planung sind immer noch die Aufsätze des polnischen Ökonomen Oskar Lange empfehlenswert: *Ökonomisch-theoretische Studien*, Frankfurt 1977

HANS-WERNER SINN
WAS UNS MARX HEUTE NOCH ZU SAGEN HAT

Der Sozialismus hat den Systemwettbewerb mit dem Kapitalismus verloren. Ineffizienz und Gewaltherrschaft waren die absehbaren Folgen des Versuchs, eine Zentralverwaltungswirtschaft mit Kommandos statt pekuniären Anreizen zum Laufen zu bringen. Als das auch der Letzte merkte, brach das System zusammen. Ist Marx deshalb obsolet? Mitnichten, denn obwohl Marx die sozialistische Revolution prognostiziert und gefordert hat, hat er nur wenig über den Sozialismus geschrieben, sondern sich stattdessen umso intensiver mit der Funktionsweise der kapitalistischen Marktwirtschaft beschäftigt. Viele der Marx'schen Behauptungen wurden zwar von der Volkswirtschaftslehre verworfen. Und die intensiven Werturteile, die er in seine Analysen einfließen ließ, entsprechen nicht dem Wissenschaftsverständnis, das mit Max Weber Konsens in den Sozialwissenschaften geworden ist. Dennoch hat Marx viele interessante Gedanken geäußert, die nachhaltigen Einfluss auf die weitere Forschung und den Erkenntnisprozess der Volkswirtschaftslehre und der anderen Sozialwissenschaften hatten.

Das Sein bestimmt das Bewusstsein

Das gilt auf jeden Fall für Marxens Grundthese, dass nicht, wie Hegel meinte, das Bewusstsein das Sein, sondern ganz im Gegenteil das Sein das Bewusstsein bestimme, dass also die objektiven Produktionsverhältnisse letztlich den ideologischen Überbau in Form des Staatswesens, der Gesetze und der medialen Mehrheitsmeinung determinieren. Es gibt kein Primat der Politik über die Gesetze der Ökonomie. Vielmehr bestimmen die ökonomischen Gesetze den Rahmen, innerhalb dessen sich die Politik bewegen kann. Systeme, die sich nicht an den Gesetzmäßigkeiten menschlichen Verhaltens und der objektiven Knappheit der Ressourcen orientieren, sondern aufgrund bloßer Wunschvorstellungen von Ideologen, Theologen oder Ethikern eingerichtet werden, gehen unter, weil sie ökonomisch nicht funktionieren und dem Wettbewerb mit anderen Systemen nicht standhalten. Das Schicksal des Kommunismus beweist dies ja selbst in aller Klarheit. Gerade in der Fehlerhaftigkeit der Marx'schen Prophezeiung eines dauerhaften Übergangs zum Sozialismus liegt der Beweis für die Richtigkeit seiner Grundthese vom Primat der ökonomischen Verhältnisse.

Ökonomen sind in dieser Frage häufig mit Politikern uneins, die stets das Wort vom Primat der Politik im Mund führen. Ironischerweise sind es gerade linke Politiker, die an die Möglichkeiten politischer Interventionen in das Marktgeschehen glauben, während die Ökonomen auf die Dominanz der ökonomischen Gesetze verweisen und viele der Interventionen als unwirksam, wenn nicht kontraproduktiv zurückweisen. Man denke nur an die Mindestlohngesetzgebung, die europäischen Rettungsschirme, die Rolle der Europäischen Zentralbank oder die Regeln für die Inklusion von Migranten in den Sozialstaat, die derzeit starke Magnetwirkungen entfalten. Ökonomen sind wie Marx vom Primat der ökonomischen Gesetze über die Wünsche der Politik und der Medien überzeugt. In diesem Sinne stehen sie heute Marx häufig näher als jene, die sich explizit auf ihn berufen.

Dass es ein Primat der ökonomischen Gesetze über die Politik gibt, heißt nicht, dass man auf den Staat verzichten kann. Die Marktwirtschaft ist nämlich keine Anarchie, sondern verlangt ganz im Gegenteil einen festen gesetzlichen Ordnungsrahmen, damit sie überhaupt funktionieren kann. Dabei stehen das Zivilrecht und das Strafrecht an erster Stelle, denn die Grundvoraussetzung für einen funktionierenden Tausch von Gütern und Leistungen ist die Sicherung von Eigentumsrechten an eben diesen Gütern und Leistungen. Nur auf der Basis gesicherter Eigentumsrechte an produzierten Gütern und den Produktionsfaktoren, von der Arbeit über Kapitalgüter bis zum Boden, können Märkte ihre segensreichen Wirkungen entfalten. Und natürlich gibt es Bereiche, in denen der Markt durch eine Staatswirtschaft ergänzt werden muss, weil er nicht funktioniert, wie z. B. im Umweltbereich, wo die Fehler auftreten, weil sich Märkte für die Schadstoffe nicht leicht herstellen lassen, oder bei öffentlichen Gütern, die nur in einer für alle gemeinsamen Qualität hergestellt werden können. Die klassischen Beispiele sind Straßen, Brücken oder Deiche. Schließlich versagt der Markt auch bei der Aufgabe, eine als gerecht empfundene Einkommensverteilung herzustellen. Deswegen muss die Marktwirtschaft durch eine sozialstaatliche Umverteilung von reich zu arm ergänzt werden. Diese Umverteilung muss sich aber fiskalischer Instrumente wie vor allem des Steuer- und Transfersystems bedienen und darf nicht durch Eingriffe in die Marktpreise geschehen, wie es beim Mindestlohn der Fall ist. Man kann die Eingriffe immer nur im Einklang mit den Regeln der Märkte und nicht im krassen Widerspruch zu ihnen vornehmen. Deswegen zieht der Ökonom ein System der Lohnzuschüsse dem Mindestlohn vor. Solange man Unternehmen nicht zwingen kann, Menschen einzustellen, obwohl sie dabei Verluste machen, ist es in der reinen Marktwirtschaft nicht möglich, dass jeder, auch wenn seine Arbeitsproduktivität gering ist, von seiner Hände Arbeit leben kann. Wohl aber ist es dem Sozialstaat möglich, den Markt mittels Lohnzuschüssen so zu ergänzen, dass jeder, der arbeiten will, arbeiten kann, und dann genug zum Leben hat.

Marx hat den Standpunkt vertreten, dass die ökonomische Basis einer Volkswirtschaft sich unaufhörlich weiterentwickele, während der ideologische Überbau in Form der Meinungen der herrschenden Klasse, heute könnte man wohl vom *politisch-medialen Komplex* sprechen, unflexibel sei. Der Mangel an Flexibilität im ideologischen Überbau führe im Laufe der Zeit zu wachsenden gesellschaftlichen Spannungen, die schließlich in Umbrüchen, wenn nicht gar einer Revolution enden würden.

Was könnte aktueller sein als diese Aussage? Wenn man bedenkt, wie in den USA und Großbritannien die durch die Kräfte der Globalisierung und die Migration bedrängten Unter- und Mittelschichten der Gesellschaft sich im Jahr 2016 erfolgreich gegen das Establishment aufgelehnt haben, leuchtet Marxens These unmittelbar ein. Medien und Politiker haben die Wahlergebnisse nicht vorhergesehen und waren entsetzt, weil sie sich gar nicht vorstellen konnten, dass nicht jeder so dachte wie sie selbst. Im Pingpongspiel des Austausches eigenwilliger und ideologisch basierter Meinungen hatten sie sich eine Traumwelt zusammengedichtet, die nicht mehr der ökonomischen Wirklichkeit entsprach. Sie vergaßen die Ängste und Sorgen jener, deren Jobs von Immigranten übernommen oder durch den Import von Billigprodukten verloren gegangen waren, und sie übersahen, welch ein massiver Einbruch in der Qualität der für die Einheimischen verfügbaren Infrastruktur und Sozialsysteme durch die Mitnutzung von Migranten entstehen würde.

Der medial-politische Komplex reagierte auf den Realitätsschock mit der Behauptung, die Menschen seien Opfer von Populisten geworden, so als wüsste er nicht, dass in einer Demokratie stets Populisten regieren. Populisten sind wohl immer nur die anderen, die nicht oder noch nicht an der Macht sind und der eigenen Partei die lukrativen Posten im Staatsapparat abspenstig machen wollen. Welche eine verquere Definition! Ähnliches Unverständnis hat die herrschende Klasse stets gegenüber Aufrührern ihrer Zeit gezeigt, die ihre Positionen ernsthaft in Frage stellten.

Natürlich bedeuten die Wahl Trumps und das Referendum zum Brexit keine Revolutionen im Marx'schen Sinne. Wohl aber stehen sie für Umbrüche, die aus der wachsenden Dichotomie zwischen ideologischem Überbau und ökonomischer Basis zu erklären sind. Wer die Wahlergebnisse auf die Verführungskünste und persönlichen Defizite eines Donald Trump oder Nigel Farage zurückführen möchte, bewegt sich auf der äußersten Oberfläche der Erkenntnis.

Marx als Ökonom

Aber kommen wir zu Marx als Ökonom! Hier ist das Urteil gespalten. Zu Marxens größten wissenschaftlichen Fehlleistungen gehört die Arbeitswerttheorie, die wohl vor allem ideologisch begründet war. Die Behauptung, dass sich die relativen Güterpreise in der Marktwirtschaft grundsätzlich nach den in den Waren steckenden Arbeitszeit richte, ist schlichtweg falsch, denn erstens sind die Löhne nur eine von vielen Kostenkomponenten einer Firma und zweitens sind Preise grundsätzlich Knappheitspreise, die ihren Wert auch von den Präferenzen und der gegenseitigen Konkurrenz der Nachfrager herleiten. Was hat beispielsweise der Preis eines Gemäldes von Rembrandt mit dem Lohn des Meisters zu tun? Was hat der Preis des Erdöls mit dem Lohn der Arbeiter am Bohrloch zu tun? Nichts oder so gut wie nichts.

Sicher, Marx selbst hat gesehen, dass die Preisrelationen der Güterpreise sehr stark von dem abwichen, was seine Arbeitswertlehre prognostizierte. Deshalb hat er seine Theorie im dritten Band des *Kapital* durch sein *Gesetz vom Ausgleich der Profitraten* zu modifizieren versucht. Der Mehrwert, so argumentierte er, werde durch die Marktkräfte über dem Wege einer Änderung der relativen Preise so unter den Firmen und Sektoren verteilt, dass überall dieselben Profitraten entstehen. Das stimmt zwar, doch war es ein recht stümperhafter Versuch, die Fehler seiner Theorie zu heilen, denn schon seine Vorstellung, der Mehrwert ergebe sich dadurch, dass der Arbeitslohn selbst durch die Reproduktionskosten der Arbeit festgelegt wird, ist weder theoretisch noch empirisch haltbar. Wäre es so, hätten die Arbeiter in ihrem Los verharren müssen, statt, wie es wirklich der Fall war, anteilig und proportional an der stürmischen Entwicklung der Produktivkräfte im Kapitalismus teilzuhaben.

Wegen der offenkundigen Fehlleistung Marxens im Bereich der Verteilungstheorie und der damit auf das Engste zusammenhängenden mikroökonomischen Preistheorie, der Königsdisziplin der Volkswirtschaftslehre, wird Marx von den meisten angelsächsischen Ökonomen nicht als jemand wahrgenommen, der Wesentliches zur Geschichte der volkswirtschaftlichen Lehrmeinungen beigetragen hat. So jedenfalls hat Paul Samuelson, der sicherlich wichtigste Ökonom der Nachkriegszeit, es einmal in einem privaten Disput mit dem Verfasser dargestellt. Und so denken sehr viele Ökonomen jenseits des Atlantik.

Der Beginn der Makroökonomie

Das jedoch ist nach meiner Einschätzung ein Fehler, denn die wahre Leistung von Marx liegt in der Makrotheorie. Er war einer der ersten Makroökonomen der Geschichte und hat diese Teildisziplin wesentlich begründet. Marx hat gedanklich die Definition der Aggregate der volkswirtschaftlichen Gesamtrechnung der OECD-Länder vorbereitet, deren Formalisierung und Vervollständigung später Richard Stone den Nobelpreis eintrug. Vor ihm hatten Begriffe wie das *Nationaleinkommen*, der *Konsum* oder die *Investition* kaum eine Relevanz in der Theorie gehabt. Marx wusste und erklärte, dass das Nationaleinkommen als Wertsumme der neu produzierten Güter für den laufenden Konsum und für die Akkumulation des Kapitals verwendbar war. Auch John Maynard Keynes konnte seine Theorie von der Bedeutung der gesamtwirtschaftlichen Nachfrage für die Stabilität der Wirtschaft nur mit Hilfe solcher Aggregatvorstellungen entwickeln.

Auf der Basis seiner makroökonomischen Definitionen gelang es Marx im zweiten Band seines Hauptwerkes *Das Kapital*, eine Wachstumstheorie zu entwickeln, die als Vorläufer der später von Evsey Domar oder Paul Romer entwickelten Theorien des Wachstums bei konstantem Kapitalkoeffizienten, also einer konstanten Relation von Kapital und Sozialprodukt, gelten kann. Marx zeigte dort auch unter Verwendung numerischer Rechnungen, dass Wachstum grundsätzlich nicht durch Konsum, sondern durch Konsumverzicht, nämlich Ersparnis und Akkumulation von Kapital zustande kommt. Je größer der Anteil des Volkseinkommens ist, der nicht konsumiert, sondern gespart und investiert wird, desto höher ist die Wachstumsrate der Ökonomie.

Die Sowjetunion hat auf der Basis der Marx'schen Wachstumstheorie in der Nachkriegszeit versucht, eine Strategie zur Überflügelung des Westens zu entwickeln. Wenn ihr der Erfolg versagt blieb, so vor allem auch deshalb, weil übersehen wurde, dass die von Marx behauptete Proportionalität von Sparquote und Wachstumsrate nur dann gewährleistet ist, wenn eine hinreichend große industrielle Reservearmee von Arbeitslosen zur Verfügung steht, die sicherstellt, dass auch die Zahl der eingesetzten Arbeitskräfte in Proportion zum Kapitaleinsatz wachsen kann. Sobald das Kapital schneller wächst als der mögliche Arbeitseinsatz und die Produktionsstätten nicht einfach nur proportional aufgebläht werden können, sondern gezwungen sind, arbeitssparende Verfahren zu verwenden, wird der Wachstumseffekt aufgrund einer Akkumulation des Kapitals abgeschwächt, und die Marx'sche Formel gilt nur noch in modifizierter Form.

Das hat auch Marx selbst gesehen und im dritten Band des *Kapital*, der von Engels erst posthum editiert und herausgegeben wurde, ausführlich analysiert. Nach der Methode der abnehmenden Abstraktion sah er das Wachstumsmodell des zweiten Bandes, das auf konstanten Proportionen basierte, nur als gedanklichen Zwischenschritt zu einer realistischeren Beschreibung eines Wachstumsprozesses, der durch eine zunehmende Kapitalintensivierung der Produktion gekennzeichnet ist. Er sprach in diesem Zusammenhang von der wachsenden *Organischen Zusammensetzung des Kapitals*, also einer Zunahme der Relation von fixem und variablem Kapital, oder in heutiger Sprache: einer Zunahme der Relation von Produktionskapital und Arbeitskräften.

Die Rolle der Nachfrage

Marx war indes weniger an den Bedingungen des Wachstums als an den Ursachen von Krisen interessiert. So richtig es ist, dass Wachstum nur aus Ersparnis und Investition resultieren kann, so wichtig ist zugleich die Rolle des Konsums als eines wesentlichen Elements der gesamtwirtschaftlichen Nachfrage. Stockungen im Konsum können, wie Marx richtig erkannte, Unterkonsumtionskrisen hervorrufen, die die Wirtschaft in eine konjunkturelle Abwärtsspirale ziehen. Insofern bereitete Marx die später von John Maynard Keynes entwickelte nachfragebasierte Konjunkturtheorie vor, die gerade in den letzten Jahren sehr häufig bemüht wurde, um auf die negativen konjunkturellen Wirkungen einer angeblichen Austeritätspolitik in Südeuropa hinzuweisen.

Aber Marx wie auch Keynes würden fehlinterpretiert, wollte man ihnen die Behauptung in die Schuhe schieben, dass es bei der Nachfrage speziell nur auf die Konsumnachfrage und die Massenkaufkraft ankomme. Beide wissen natürlich und betonen, dass auch die Nachfrage der Unternehmen nach Kapitalgütern, die sie akkumulieren, ein wesentliches Element der gesamtwirtschaftlichen Nachfrage ist, das im Falle von Unterbrechungen ebenfalls zu krisenhaften Störungen im Wirtschaftsablauf führen kann. So hat Marx hat immer wieder auf die Bedeutung der Nachfragebeziehungen zwischen den Unternehmen für den Konjunkturverlauf hingewiesen. In diesem Punkte haben ihn viele Linke nicht verstanden.

Heute sieht man in der Konjunkturtheorie die Investitionsgüternachfrage fast als noch wichtiger für die Konjunktur an als die Konsumgüternachfrage, weil sie im Zeitablauf wesentlich stärkeren Schwankungen unterworfen ist. Die Investitionen gelten als *Cycle Makers*, also Zyklus-Verursacher.

Die Theorie vom tendenziellen Fall der Profitrate

Überhaupt sind wohl die Krisentheorien Marxens wichtigste Beiträge zur Entwicklung der Volkswirtschaftslehre. Neben und eigentlich noch vor der Unterkonsumptionstheorie kommt dabei der Theorie vom *tendenziellen Fall der Profitrate*, die im dritten Band des *Kapital* entwickelt wird, eine besondere Bedeutung zu. Die Profitrate, die wir heute Ertragsrate oder Rendite nennen, fällt nach Meinung von Marx im Zuge der wirtschaftlichen Entwicklung tendenziell auf ein immer niedrigeres Niveau, weil sich, wie schon erwähnt, die organische Zusammensetzung des Kapitals erhöht, also das Kapital schneller akkumuliert werden kann, als die Zahl der Arbeitskräfte wächst. Marx selbst hat in seinen Texten eine reichlich mechanistische Vorstellung der Zusammenhänge offenbart, weil er einer über die Arbeitskräftevermehrung hinausgehenden Kapitalvermehrung die Kraft der Produktivitätssteigerung absprach. Zwar wird das Thema in der volkswirtschaftlichen Theorie nicht ganz so rigide gesehen, denn durch den Übergang auf neue arbeitssparende Verfahren lässt sich die Produktion ihrer Meinung nach auch dann vermehren, wenn die Arbeit nicht mit dem Kapital mitwächst. Dennoch bedeutet die Kapitalvermehrung ohne Arbeitsvermehrung, dass die Produktion nicht mehr proportional mit dem Kapitaleinsatz mitwachsen kann, weil sukzessive weniger ergiebige Produktionsverfahren zum Einsatz kommen. Robert Solow vom MIT in Cambridge hat diese Gedanken viel später in Form einer formalen Wachstumstheorie präzisiert. Ökonomen sprechen heute von einer Erschöpfung realer Investitionsmöglichkeiten oder technisch von der fallenden Grenzproduktivität des Kapitals.

Marx prognostizierte, dass die fallende Profitrate irgendwann den Punkt erreichen müsse, an dem die Rendite für die Unternehmer zu gering sei, als dass sie neue Investitionen wagen würden. An diesem Punkt komme es zu einem Investitionsstreik, der die Wirtschaft in eine Krise stürze, weil der unterlassene Kauf von Investitionsgütern die Hersteller dieser Güter ebenfalls veranlasse, weniger Vorprodukte zu kaufen und es somit zu einer alle Wirtschaftsbereiche umfassenden Kettenreaktion komme. Das Gesetz des tendenziellen Falls der Profitrate verknüpft also die Theorie des Wachstums bei steigender organischer Zusammensetzung des Kapitals mit der Nachfragetheorie und wird damit zur Theorie einer endogenen Krise des kapitalistischen Systems.

Das hat nicht alle Linken überzeugt. Rosa Luxemburg zum Beispiel konnte der Theorie vom Fall der Profitrate nicht viel abgewinnen. Sie hielt die Unterkonsumptionstheorie für wesentlich wichtiger als die Theorie vom tendenziellen Fall der Profitrate und meinte sarkastisch: »Es hat mit dem Untergang des Kapitalismus am Fall der Profitrate noch gute Wege, so etwa bis zum Erlöschen der Sonne.« Sie selbst vertrat ja die Theorie vom kapitalistischen Imperialismus. Der Kapitalismus leide an einem chronischen Nachfragedefizit, weil stets mehr produziert werde, als von den Arbeitern gekauft werden könne. Deshalb müsse das kapitalistische System neue Länder erobern, um die überschüssigen Waren dorthin zu verkaufen. Da aber die Erde endlich ist, sei das Ende dieser Strategie absehbar. Aus ökonomischer Sicht ist das alles ziemlich abstruser Unsinn, weil es übersieht, dass jedwede Produktion genau so viel Einkommen schafft, wie nötig ist, sie zu kaufen. Keineswegs braucht eine Marktwirtschaft immer mehr Nachfrage von außen, um bestehen zu können. Das hatte schon Jean-Baptiste Say im 18. Jahrhundert erkannt.

Das heißt nicht, dass es keine Probleme mit der Endlichkeit der Welt gibt. Die tatsächlichen Schranken der Produktion liegen in der Endlichkeit der natürlichen Bodenschätze und der Aufnahmefähigkeit des Bodens und der Atmosphäre für die Abfälle der Industrieproduktion. Doch mit Rosa Luxemburgs Endlichkeit der Nachfrage hat das nicht das Geringste zu tun.

Säkulare Stagnation

Man kann Rosa Luxemburg zustimmen bei der Beobachtung, dass der Fall der Profitrate, wenn überhaupt, dann nur sehr langsam vonstattengehen kann. Umso bemerkenswerter ist es, dass sich heute, 150 Jahre nach Marx, deutliche Anzeichen für langfristig fallende Kapitalrenditen zeigen. Bekanntlich krebsen die Zinsen nun schon seit Jahren in der Nähe von Null herum, und Teile der Welt, so Süd- und Westeuropa sowie Japan, scheinen von einer nicht enden wollenden Krise erfasst zu sein.

Manche Ökonomen, so zum Beispiel Carl Christian von Weizsäcker aus Bonn oder auch Lawrence Summers, der ehemalige Finanzminister der USA, interpretieren die fallenden Zinsen und die langwährende Krise, in der sich die westliche Welt seit dem Jahr 2008 befindet, als *säkulare Stagnation*. Das ist ein Begriff, der von Alvin Hansen, einem Zeitgenossen von Keynes – vermutlich auch unter dem Einfluss von Marx – schon in den 1930er Jahren geprägt wurde. Die These von der säkularen Stagnation besagt, dass die Menschheit bereits zu viel investiert hat, sodass die Rentabilität der noch verbleibenden Investitionsprojekte nicht mehr hoch genug ist, um selbst nur einen sicheren Zins von Null verkraften zu können. Da ein Zins von Null in einer Geldwirtschaft nicht leicht unterschritten werden kann, droht der Investitionsstreik mit einem ewigen Siechtum, wenn nicht einer Dauerkrise.

Das alles ist der Theorie vom tendenziellen Fall der Profitrate, wie sie Marx entwickelt hat, sehr ähnlich, nur dass die modernen Autoren als Konsequenz nicht den Systemwechsel, sondern eine nachfragestimulierende staatliche Budgetpolitik fordern. Wenn die private Investitionsgüternachfrage unzureichend ist, solle der Staat in die Bresche springen, indem er die gesamtwirtschaftliche Nachfrage durch kreditfinanzierte Staatsausgaben so weit erhöht, dass die fehlende Investitionsnachfrage kompensiert wird. Von Weizsäcker argumentiert, dass eine nach dem Umlagesystem konstruierte Rentenversicherung, die, wie man zeigen kann, eine versteckte Staatsverschuldung ist, sowie auch andere Schattenhaushalte, mithilfe derer sich die Schuldenschranken der EU umgehen lassen, dabei nützliche Nachfragedienste leisten können. Stets wird der Konsum zukünftiger Generationen zugunsten gegenwärtiger Generationen gesenkt, was nach seiner Meinung die heutigen Nachfragedefizite ausgleichen könne. Und Summers redet einer Überwindung oder Abschaffung gesetzlicher Schuldengrenzen das Wort.

Die Theorie von der säkularen Stagnation ist nicht unbestritten geblieben. So haben der Schweizer Jürg Niehans, der lange an der amerikanischen Johns-Hopkins-Universität lehrte, sowie auch Stefan Homburg von der Universität Hannover darauf hingewiesen, dass es bei einem Zins von Null kaum ein Nachfragedefizit geben könne, weil bei einem solchen Zins die Anleger ihr Geld in Grund und Boden investieren, wo sie eine dauerhafte Pacht und insofern auch eine dauerhafte Rendite erwarten können. Die Flucht in die Sachwerte würde die Bodenpreise sehr stark, theoretisch gar ins Unermessliche, ansteigen lassen. Das würde die Menschen sehr reich machen und sie veranlassen, sehr viele Konsumgüter zu kaufen, sodass trotz der Investitionsschwäche von einem Nachfragedefizit bei einem Zins von Null nicht mehr die Rede sein könne. Angesichts des deutschen Baubooms, der auch durch die niedrigen Zinsen der letzten Jahre ausgelöst wurde, ist das keine unplausible These.

Das Bargeld und das Gesetz vom tendenziellen Fall der Profitrate

Andere Ökonomen, wie z. B. Kenneth Rogoff von der Harvard-Universität, nehmen die Gefahr einer säkularen Stagnation freilich ernster und fordern, dass man das Bargeld abschaffen müsse, um den Zins so stark negativ machen zu können, dass neue Investitionen wieder rentabel werden. Ohne eine Einschränkung des Bargeldes kann der Zins in einer Geldwirtschaft nicht, beziehungsweise nur im Umfang der Tresorkosten negativ werden, denn niemand würde sein Geld zu negativen Zinsen an jemand anderen verleihen, wenn er die Möglichkeit hat, es billiger aufzubewahren.

Diese Position hat insbesondere auch bei der Europäischen Zentralbank, der EZB, viel Anklang gefunden, sei es, weil sie die Wirtschaft beleben will, sei es, weil sie Interesse an einer Politik hat, die der mandatswidrigen Rettung überschuldeter Banken und Firmen in Südeuropa dient. Der EZB-Rat hat den Zins auf Einlagen, die die Banken bei ihren nationalen Notenbanken unterhalten, bereits vor einiger Zeit in den negativen Bereich gedrückt und dadurch erreicht, dass auch die Zinsen auf dem Interbankenmarkt negativ wurden. Und am liebsten würde er diese Politik wohl noch weiter intensivieren. Das Problem ist nur eben das Bargeld. Wegen dessen Existenz lassen sich die Zinsen nur bis zur Höhe der Tresorkosten negativ machen, denn die Sparer würden ihr Geld lieber bei sich halten, als es zu verleihen, wenn der Negativzins die Tresorkosten übersteigt. Die Tresorkosten sind deshalb in einer Geldwirtschaft die Grenze, bis zu der die Zentralbank den Zins negativ machen kann.

Schon heute scheint der Negativzins an seiner Grenze angekommen zu sein. Große Anleger wie Banken und Versicherungen, die die Möglichkeit haben, Bargeld zu relativ niedrigen Kosten pro Euro zu halten, horten gewaltige Geldbestände, um den negativen Zinsen zu entkommen. Es gibt einzelne Banken, die hinter vorgehaltener Hand bekunden, dass sie 500-Euro-Geldscheine im Umfang von weit über zehn Milliarden Euro in riesigen Lagerstätten aufbewahren. Der scheidende Vorstandsvorsitzende der Munich Re, der größten Rückversicherungsgesellschaft der Welt, Nikolaus von Bomhard, hat bei seiner Abschiedsrede im Jahr 2016 sogar ganz offen bekundet, dass sein Unternehmen große Bargeldbestände hält, um den Negativzinsen auszuweichen. Die Nachfrage der Banken und Kapitalsammelstellen nach Bargeld ist mittlerweile so groß geworden, dass man sogar Schweizer Bergwerkstollen anmietet.

Dem EZB-Rat sind diese Ausweichmanöver ein Dorn im Auge. Um sie zu erschweren, hat er im Jahr 2016 beschlossen, die 500-Euro-Geldscheine allmählich aus dem Verkehr zu ziehen. Damit zwingt er die Tresorinhaber, ersatzweise 200-Euro-Banknoten zu lagern, und da die Geldhaltung in den Tresoren damit etwa zweieinhalb Mal so teuer wird, gewinnt er etwas mehr Luft für negative Zinsen. Sollte das nicht reichen, kann er die 200-Euro-Scheine auch noch abschaffen und die Lagerung von 100-Euro-Geldscheinen erzwingen, was die Tresorkosten abermals verdoppeln würde. Ja, auch an eine völlige Abschaffung des Bargelds ist perspektivisch zu denken, um jegliche Schranke für negative Zinsen zu beseitigen.

Dass die Kommunikationsabteilung der EZB demgegenüber mitteilt, es gehe um die Bekämpfung der Kleinkriminalität, steht dieser Interpretation nicht entgegen, denn häufig benutzt die EZB eine unechte Kommunikation, um sich eine Erläuterung ihrer komplizierten Denkmuster in der Welt der oberflächlichen und kurzatmigen Internet- und Fernsehmedien zu ersparen.

Entwertung und Schöpferische Zerstörung

Wenn auch die Marx'sche Theorie vom tendenziellen Fall der Profitrate mit der Null- und Negativzins-Politik der EZB neue Relevanz bekommen hat, wäre es überzogen, Marx für die EZB-Politik in Anspruch nehmen zu wollen, denn erstens hat er sich über Geldpolitik nicht ausgelassen und zweitens sprach er ja nur vom *tendenziellen* Fall der Profitrate. Letzteres tat er deshalb, weil er beständige Gegenkräfte gegen diesen Fall am Werke sah, die den Rückgang der Kapitalrendite temporär unterbrechen und aufheben können. Dabei kommt seiner Theorie von der Entwertung des Kapitals eine besondere Bedeutung zu.

Mit Entwertung meint Marx zunächst einmal eine ständige relative Entwertung in Relation zum Arbeitswert, die durch technischen Fortschritt zustande kommt, kurzum produktivitätsgetriebene Lohnsteigerungen. Darüber hinaus spricht er aber immer wieder von der krisenbedingten Entwertung des Kapitals. Die Entwertung des Kapitals treibt die Profitrate automatisch wieder in die Höhe, weil sie den Nenner des Quotienten aus Profiten und Kapitalwert senkt. Sie tut es aber auch deshalb, weil sie dem technischen Fortschritt in Form neuer, innovativer Unternehmen den Weg ebnet und ihnen die Möglichkeit bietet, auf den Ruinen alter, in Konkurs gehender Firmen neue Unternehmungen zu starten, die die Maschinen und Gebäude sehr billig aus der Konkursmasse erwerben können. Die Rentabilität des Kapitals wird also durch die Vernichtung alten Kapitals wiederhergestellt.

Diese Sicht der Dinge ist später vom österreichischen Ökonomen

Joseph Schumpeter vertieft worden, der 1912 dazu seine *Theorie der wirtschaftlichen Entwicklung* veröffentlichte und noch viel später, während des zweiten Weltkriegs, in den USA sein Buch *Capitalism, Socialism and Democracy* schrieb, das danach auch ins Deutsche zurückübersetzt wurde. Schumpeter prägte dort den Begriff der *schöpferischen Zerstörung*, um den Neuanfang auf den Ruinen alter Industrien zu beschreiben.

Das sind äußerst wichtige Zusammenhänge, die in der modernen Theorie der Wirtschaftsblasen weiterentwickelt wurden. Eine Blase entsteht zumeist durch leicht verfügbaren Kredit, der übermäßige Investitionen ermöglicht. Dabei handelt es sich vornehmlich, doch nicht allein um Immobilieninvestitionen, die bekanntlich sehr viel Kapital absorbieren. Immerhin bestehen ja fünf Sechstel des Kapitalstocks einer entwickelten Wirtschaft, wie sie Deutschland hat, aus Immobilien und nur ein Fünftel aus Ausrüstungskapital im Sinne von Maschinen und Anlagen. Die Investitionen treiben die Preise der Altbestände an Immobilien hoch und beleben die Bauwirtschaft, was selbst wiederum die Beschäftigung und die Löhne erhöht. Ähnlich ist es im Rest der Wirtschaft, wie sich unter anderem an steigenden Aktienkursen und fallenden Dividendenrenditen, damit letztlich fallenden Profitraten zeigt.

Wachsende Löhne bedeuten eine zusätzliche Nachfrage nach lokalen Dienstleistungen und Gütern, die den Nachfrageimpuls auf den Rest der Wirtschaft ausdehnen und auch dort Lohnsteigerungen induzieren. Angesichts der allgemein wachsenden Einkommen trauen sich die Leute, noch mehr Geld in Immobilien zu investieren, und angesichts der beobachtbaren Preissteigerungen bei den Immobilien glauben sie auch, dass sich das lohnt. Das lässt die Blase weiter anwachsen. So kommt es zu einer zunächst alle beglückenden, doch im Kern überzogenen und unnatürlichen Entwicklung der Immobilienpreise, der Aktienkurse und der Löhne, die die Wettbewerbsfähigkeit des Standortes unterminiert und der Exportindustrie zunehmend Schwierigkeiten bereitet. Solange die Blase wächst, werden diese Schwierigkeiten noch durch die boomende Binnenwirtschaft übertüncht, doch irgendwann kommen den ersten Investoren Zweifel. Sie treten auf die Bremse, und wenn andere das merken und sich der Zweifel verstärkt, entsteht eine negative Kettenreaktion mit sehr rasch fallenden Immobilienpreisen und Aktienkursen, der eine Massenarbeitslosigkeit folgt. Das ist die Krise, die Marx und Schumpeter so treffend beschrieben haben.[1]

Die Krise ist schmerzhaft, doch liegt in ihr auch schon wieder der Keim des neuen Aufschwungs, weil die Preise der Immobilien, Kapitalgüter und Aktien wieder auf das Normalmaß zurückführt werden. Bei den niedrigen Preisen und den nun wieder hohen Renditen bzw. Profitraten lohnt sich die Investition wieder, und das Wachstum der Wirtschaft beschleunigt sich erneut. In diesem Wachstum liegt jedoch, wenn die Politik nicht auf die Bremse tritt, stets die Gefahr einer neuen Übertreibung und Blasenbildung. Im Auf und Ab der Zyklen, die wesentlich länger als normale Konjunkturzyklen dauern und ein bis zwei Jahrzehnte umfassen können, kommt es immer wieder zu neuen Innovationsschüben, die die wirtschaftliche Entwicklung stets von Neuem beflügeln und in aller Regel auch den Massenwohlstand vermehren. Soweit zur normalen Entwicklung der kapitalistischen Wirtschaft.

Die zweifelhafte Rolle der Zentralbanken

Die schöpferische Zerstörung, die den Keim des neuen Aufschwungs legt, wird heute allerdings von den Zentralbanken der Welt verhindert, indem sie die Zinsen so tief und die Vermögenswerte durch den Kauf von Wertpapieren so hoch halten, dass die Blasen nicht mehr platzen, bzw. wenn sie platzen, die vollständige Rückkehr der Vermögenswerte auf ihr Normalniveau verhindert wird. Zombie-Banken und mit ihnen ihre Zombie-Kunden aus der Realwirtschaft, also Einrichtungen, die eigentlich nicht mehr wettbewerbsfähig sind, werden so am Leben gehalten. All die Aktiva, die diese Einrichtungen in ihren Büchern halten, von Staatspapieren, über bestehende Kreditforderungen bis hin zu Immobilien, werden durch die Senkung der Zinsen auf neue Anlagen für die Anleger trotz der umkippenden Erwartungen attraktiv gehalten. Das verhindert einen Gutteil des Preisverfalls, also der Entwertung des Kapitals in der Krise. Damit werden den Banken und den anderen institutionellen Eigentümern der Aktiva Buchverluste erspart und manche grenzwertigen Unternehmen erscheinen als noch halbwegs profitabel, obwohl die tatsächlichen Erträge aus dem jeweiligen Kerngeschäft kaum noch ausreichen, die Kosten zu decken. Das mag man im Interesse eines Erhalts von Arbeitsplätzen zunächst begrüßen. Doch verharren die Zombie-Banken und Zombie-Firmen wie lebende Tote aktivitätslos in ihren Positionen und halten die Plätze besetzt, die nun eigentlich junge Unternehmer mit neuen Produkten einnehmen müssten. Eine harte Krise wird damit zwar vermieden, doch rutscht die Wirtschaft stattdessen in ein schleichendes Siechtum und eine Dauerkrise.

Die japanische Zentralbank hat diese Erfahrung machen müssen, nachdem sie auf die im Jahr 1990 platzende Immobilienblase mit einer Nullzinspolitik antwortete und eine ausufernde Staatsverschuldung aus der Druckerpresse zu finanzieren begann. Ihr ist es durch diese Politik nicht gelungen, Japan wieder zu einem neuen Wirtschaftswachstum zu bewegen. Das Land siecht nun schon ein Vierteljahrhundert dahin.

Auch in den südlichen Eurostaaten ist die Situation ähnlich. Dort hatten die rapiden Zinssenkungen, die schon mit der Ankündigung des Euro in den Jahren nach 1995 verzeichnet wurden, zu inflationären Wirtschaftsblasen geführt, die die Länder überteuerten und sie ihrer Wettbewerbsfähigkeit beraubten. Die Blasen platzten, als im Jahr 2008 die Lehman-Krise aus Amerika nach Europa übergriff. Torsos ehemals funktionierender Wirtschaftssysteme blieben daraufhin in Südeuropa zurück. Die Notenbanken der südlichen Länder haben dann zwar mittels der sogenannten Target-Ersatzkredite, die sie über das Normalmaß hinaus schaffen und an die Wirtschaft verleihen durften, das Schlimmste verhindert, aber sie haben damit auch die Entwertung des Kapitals und die schöpferische Zerstörung verhindert, die die Voraussetzungen für einen Strukturwandel mit einem neuen Wachstum sind.

Die Eigentümer der Alt-Unternehmen und die Finanzanleger begrüßen die Interventionen der Notenbanken, weil sie durch die Kredite aus der Druckerpresse und die damit einhergehende Null- und Negativzinspolitik vor herben Vermögensverlusten bewahrt werden, aber genau deshalb kommt der neue Aufschwung nicht zustande. Aus dem nur tendenziellen Fall der Profitrate wird ein durch die Geldpolitik administrierter

Rückgang, der in einem schleichenden Siechtum endet. Dieses Siechtum sieht wie eine säkulare Stagnation mit fallenden Profitraten aus, die aufgrund der Erschöpfung der Investitionsmöglichkeiten zustande kommt, sie ist aber in Wahrheit durch eine an Partikularinteressen orientierte Zentralbankpolitik verursacht, die die Rückkehr der Vermögenswerte auf ihre Gleichgewichtsniveaus verhindert.

Die ultralockere Geldpolitik droht zur Verkrustung des Kapitalismus und auf dem Wege ausufernder Rettungsaktionen direkt in die diktatorische Staatswirtschaft zu führen, denn sie geht mit einer Grenzüberschreitung durch die Zentralbanken einher. So hatte die Europäische Zentralbank den Krisenländern auf dem bisherigen Höhepunkt der Krise im Sommer des Jahres 2012 den Löwenanteil der öffentlichen Rettungskredite (83 Prozent) im Umfang von insgesamt 1342 Milliarden Euro gewährt, ohne dass es dazu Parlamentsbeschlüsse gegeben hätte. Auch hat die Zentralbank angekündigt, dass sie bis Ende 2017 für 2300 Milliarden Euro mit frisch gedrucktem Geld Wertpapiere im privaten Sektor kaufen wird, wovon im Widerspruch zu Artikel 123 des Vertrages über die Arbeitsweise der Europäischen Union ca. 80 Prozent Staatspapiere sind. Und im Rahmen des OMT-Beschlusses, des vielzitierten »Whatever it takes« von Mario Draghi hat sie den Käufern der Staatspapiere der Krisenländer sogar eine unbegrenzte Deckungszusage gegeben, die, wenn man sie am Markt in Form von Kreditausfallversicherungen erworben hätte, jährlich viele Dutzende von Milliarden Euro gekostet hätte. Durch diese Maßnahmen betreibt die Europäische Zentralbank eine regionale Investitionslenkung zugunsten der Standorte in Südeuropa, die fatal an die Verwaltung des gesellschaftlichen Produktionsfonds im *Neuen ökonomischen System der Planung und Lenkung der Volkwirtschaft* der DDR erinnert.

Das alles ist in höchstem Maße besorgniserregend. Im Endeffekt könnte sich Marxens Behauptung, der Kapitalismus werde am Fall der Profitrate zugrunde gehen und dem Sozialismus den Weg ebnen, auf diese Weise doch noch irgendwie bewahrheiten, wenn auch etwas anders, als Marx es sich gedacht hatte.

1 Diese ist kein Widerspruch zu Homburg und Niehaus, wie der Leser vielleicht denken mag. Beide sagen, dass fallende Profitraten, die sich ohne Erwartungsfehler und Blasen aufgrund der natürlichen Erschöpfung von Investitionsmöglichkeiten ergeben mögen, nicht zur Unterkonsumption oder Überproduktion führen können, weil sie die Bodenwerte ansteigen lassen, immer mehr Reichtum erzeugen und deshalb immer mehr Konsum induzieren. Fallen die Profitraten aufgrund einer Blasenbildung jedoch noch schneller, als es aus natürlichen Gründen der Fall ist, steigen die Bodenwerte ebenfalls noch schneller, und es kommt zu einer (scheinbaren) Explosion des Reichtums, die zum Überkonsum und zur Überhitzung der Wirtschaft mit übermäßiger Inflation führt, bis die Märkte den Erwartungsfehler bemerken und dann ganz plötzlich kollabieren. Der Kollaps korrigiert einen Teil des Rückgangs der Profitrate, aber eben nur einen Teil. Deshalb sprach Marx wie erwähnt vom *tendenziellen* Fall der Profitrate, also einem Fall, der durch die Krise immer wieder ein Stück weit rückgängig gemacht wird.

SAHRA WAGENKNECHT ÜBER MONOPOLE

Eine Gesellschaftsformation geht nie unter, bevor alle Produktivkräfte entwickelt sind, für die sie weit genug ist, und neue höhere Produktionsverhältnisse treten nie an die Stelle, bevor die materiellen Existenzbedingungen derselben im Schoß der alten Gesellschaft selbst ausgebrütet worden sind. Daher stellt sich die Menschheit immer nur Aufgaben, die sie lösen kann, denn genauer betrachtet wird sich stets finden, daß die Aufgabe selbst nur entspringt, wo die materiellen Bedingungen ihrer Lösung schon vorhanden oder wenigstens im Prozeß ihres Werdens begriffen sind.

Zur Kritik der politischen Ökonomie (MEW 13:9)

»Statt unnütze Systeme für das Glück der Völker aufzustellen, will ich mich darauf beschränken, die Gründe ihres Unglücks zu untersuchen.« So zitiert Marx in einer Fußnote des 23. Kapitels des »Kapital« zustimmend den venezianischen Mönch Ortes (23:675). In seiner Grundkonstruktion ist sein Buch eine analytische Untersuchung der Funktionsweise eines ›reinen Kapitalismus‹, dies allerdings nicht im Sinne einer Modelltheorie, die einen ›reinen, unverzerrten Markt‹ imaginiert, wie es immer noch in einigen Lehrbüchern oder ideologischen Leitartikeln ›reiner Marktwirtschaftler‹ vorkommt – in Marx grimmiger Diktion: »breimäuliger Faselhänse der deutschen Vulgärökonomie« (23:22). Marx gibt an, wo seine dialektische Rekonstruktion des inneren Gesetzes des Kapitalismus empirischer Konkretion bedarf, um Wirklichkeit abzubilden: ob es nun um die formbaren Grenzen der menschlichen Leidensfähigkeit geht, um die Naturschranken der Produktion, die Indienstnahme des Staates durch die Kapitalistenklasse oder die Kampfkraft von Gewerkschaften. Nur an strategischen Punkten des Werkes scheint die politische Intention auf, die ihn treibt. Und dann, auf den letzten Seiten des 24. Kapitels, lässt er seinem geschichtsphilosophischen Temperament die Zügel schießen. Im Gewissheitston des »Kommunistischen Manifests« denkt er ein Jahrhundert voraus, in die Endzeit

eines globalisierten, hochmonopolisierten Kapitalismus, der mit der »Notwendigkeit eines Naturprozesses« seine eigene »Negation« erzeugt. Weniges hat so zur Ablehnung der Marx'schen Theorie in der bürgerlichen Wissenschaft beigetragen wie dieser revolutionaristische »Fremdkörper« als Quintessenz eines jahrzehntelangen Forschungsprozesses.

SAHRA WAGENKNECHT
EINE GENIALE PROGNOSE

Der Abschnitt über die »geschichtliche Tendenz der kapitalistischen Akkumulation«, der das vorletzte Kapitel des *Kapital* beendet, ist kaum drei Seiten lang. Die Sprache ist nicht besonders eingängig, ein mit dem Marx'schen Duktus unvertrauter Leser kann zwischen all den »*Exploitationen*« und »*Expropriationen*« schnell den Faden verlieren. Aber der Text ist hochspannend und lohnt die etwas beschwerliche Lektüre. Marx schlägt hier auf knappem Raum (MEW 23:789–91) den ganz großen Bogen und bietet eine schöne Zusammenfassung seiner Sicht auf drei zentrale Fragen:

Erstens: Was ist Kapital? (Aus der Antwort ergibt sich dann auch, was Marx unter Kapitalismus versteht, wenngleich er diesen Begriff selbst nicht benutzt.)

Zweitens: Welcher historische Trend folgt aus der Logik kapitalistischen Wirtschaftens, also: Wie wird der Kapitalismus des 20. und, falls es ihn dann noch gibt, des 21. Jahrhunderts nach Marx' Meinung aussehen?

Und drittens: Warum wird diese Wirtschaftsordnung nach Marx' fester Überzeugung irgendwann auch ökonomisch nicht mehr funktionieren und sollte durch eine neue abgelöst werden?

Das alles wird in dürren Worten dargelegt, unaufgeregt, kühl und emotionslos. Hier schreibt kein moralisch Empörter, der himmelschreiende Ungerechtigkeiten anprangert, und auch kein politischer Aktivist, der die Menschen zum Aufstand führen will. Hier schreibt ein nüchterner Ökonom, der davon ausgeht, bestimmte Entwicklungstendenzen erkannt zu haben und deshalb Voraussagen für die Zukunft wagt.

Marx' Antworten auf die drei genannten Fragen sind nicht nur deshalb spannend, weil sie geeignet sind, manche Verwirrung in der Interpretation seiner Theorie auszuräumen. Wichtiger ist: Seine Voraussagen, die wir ja anderthalb Jahrhunderte nach der Erstveröffentlichung des *Kapital* an der Realität messen können, haben sich auf so verblüffende Weise bewahrheitet, dass es schwerfällt, nicht auch seinen Aussagen über das Ende des Kapitalismus etwas abzugewinnen – ebenso wie seinen knappen Hinweisen auf eine postkapitalistische Produktionsweise.

Fangen wir mit der ersten Frage an. Was ist Kapital? Heutzutage wird der Begriff oft einfach gleichgesetzt mit Maschinenparks, Know-how und Firmengebäuden, also mit dem, was eine Firma als ihr ›Sachkapital‹ bezeichnen würde. Nach dieser Definition wäre jede Herstellung von Gütern, die sich maschineller Produktionsapparate bedient, *kapitalistische* Produktion. Wenn wir nicht zu Holzhacke und Pferdepflug zurückkehren wollen, wäre damit der Kapitalismus unüberwindbar. Das ist also keine besonders sinnvolle Definition.

Marx' Ansatz ist ein anderer. Er beschreibt den Prozess, der zur Entstehung der kapitalistischen Produktionsweise geführt hat als:»… die Verwandlung der individuellen, zersplitterten Produktionsmittel in gesellschaftlich konzentrierte, daher des zwergenhaften Eigentums vieler in das massenhafte Eigentum weniger« (23:789), mit anderen Worten: die Überwindung der kleinbäuerlichen, handwerklichen, aber auch feudalen Verhältnisse durch die industrielle Produktion. Diese erst macht die Produktion in großem Maßstab möglich, die Anwendung der Wissenschaft, die Verdichtung der Kooperation, die planmäßige Arbeitsteilung und die Rationalisierung der Produktion und die Ausweitung der Märkte zunächst national, dann global. Kurz alles, was Marx im *Kommunistischen Manifest* als historische Leistung des Bürgertums gefeiert hatte.

Diese Überwindung der engen vorkapitalistischen Verhältnisse, diese »Entwicklung der Produktivkräfte«, wie Marx sagen würde, ging allerdings nicht friedlich und einvernehmlich vor sich, sondern die Verwandlung »des zwergenhaften Eigentums vieler in das massenhafte Eigentum weniger« geschah, so Marx weiter, als »Expropriation der großen Volksmasse von Grund und Boden und Lebensmitteln und Arbeitsinstrumenten (und) diese furchtbare und schwierige Expropriation der

Volksmasse bildet die Vorgeschichte des Kapitals. [...] Das selbsterarbei-
tete, sozusagen auf Verwachsung des einzelnen, unabhängigen Arbeit-
sindividuums beruhende Privateigentum wird verdrängt durch das kapitalistische Privateigentum, welches auf der Exploitation fremder, aber
formell freier Arbeit beruht.« (23:790) Nicht Dinge also bilden Kapital –
ob nun die Maschine, Grund und Boden oder Software. Sondern Kapital
in Marx' Verständnis existiert nur, weil und solange es Lohnarbeit und
damit Ausbeutung gibt, das heißt, einige nur über ihre Arbeitskraft verfügen und andere von der Arbeit anderer leben können. Der Weber mit
seinem Webstuhl war so wenig Kapitalbesitzer wie es heute der Click-
Worker mit seinem Laptop ist oder auch die Familie, die gemeinsam ein
Restaurant oder ein Handwerksunternehmen betreibt.

Heutzutage wird *Kapitalismus* oftmals als Synonym für Marktwirtschaft gebraucht. Oder man versteht darunter eine Wirtschaftsordnung,
die Leistungsanreize setzt und die Leistungsträger belohnt. Marx' Verständnis ist ein dezidiert anderes. Das für den Kapitalismus Typische sind
in seinen Augen nicht die Märkte, deren Rolle im Kapitalismus eher kleiner wird, wie wir noch sehen werden. Typisch kapitalistisch ist schon gar
nicht die Belohnung der Leistungsträger, denn das wären ja gerade die Arbeitenden, die zu Marx' Zeit in schlimmster Armut lebten und deren Anteil am Volkswirtschaftskuchen auch heute wieder rückläufig ist. Cha-
rakteristisch für die Wirtschaftsordnung, die Marx im *Kapital* beschreibt,
ist vielmehr, dass in ihr nicht allein *mit Kapital* produziert wird, sondern
um des Kapitals willen. Typisch kapitalistisch ist also eine Produktion, bei
der die Erträge auf das eingesetzte Kapital das eigentliche Ziel sind. Produkte werden hergestellt, nicht um einen vorhandenen Bedarf zu decken, auch nicht um Arbeitsplätze zu sichern, sondern um das investierte
Kapital zu verwerten und eine möglichst hohe Rendite aus ihm heraus-
zuziehen. Löhne sind nur ein Kostenfaktor, Kunden Mittel zum Zweck.
Und weil es nur um finanzielle Erträge geht, kann der gleiche Kapitalgeber auch in Unternehmen unterschiedlichster Branchen investieren
oder von einem zum anderen wechseln.

Der Begriff »capitaliste« tauchte übrigens lange vor Marx zum ersten
Mal 1753 in Frankreich auf und bezeichnete einen Menschen, der Güter

besitzt und von den Erträgen dieser Güter lebt. Der Unternehmer, der mit eigenem Engagement und Power ein Unternehmen aufbaut oder als Ingenieur Innovationen einführt, ist in diesem Verständnis kein Kapitalist, wohl aber der Anleger, den ein Unternehmen nur als Renditeobjekt interessiert, oder der Aktionär, den nichts mehr mit der Welt der Produktion verbindet. Auf diese Unterscheidung zwischen einem Unternehmer und einem *Kapitalisten* hat später auch der österreichische Ökonom Joseph Schumpeter großen Wert gelegt.

Natürlich weiß auch Marx, dass er mit seiner Analyse nicht die gesamte Wirtschaft seiner Zeit beschreibt, sondern nur einen Teil von ihr. Im Kapitalismus, das galt für das 19. Jahrhundert wie es für die Gegenwart gilt, gibt es selbstverständlich nicht nur notorische Renditejäger. Damals wie heute gab und gibt es zahllose selbstständige Einzelkämpfer, wohlhabende und arme, die ihr Einkommen ausschließlich eigener Anstrengung verdanken. Es gibt die hunderttausenden Kleinunternehmen, die kaum Angestellte haben und im Wesentlichen von der Arbeit der Eigentümer und ihrer Familien leben. Und es gibt die vielen mittelgroßen Unternehmen, die vom Inhaber aufgebaut und geführt werden, und in denen es selten nur um nackte Finanzkennziffern geht.

Was Marx ziemlich exakt beschreibt, sind die Maßstäbe des Wirtschaftens in großen Kapitalgesellschaften, in denen der *shareholder value* im Mittelpunkt steht. Und seine Kernthese ist, dass sich im Laufe der Entwicklung des Kapitalismus immer größere Teile der Wertschöpfung auf solche rein renditeorientiert arbeitenden Unternehmen konzentrieren, dass diese durch Übernahmen, Fusionen oder auch durch das Niederkonkurrieren von Wettbewerbern immer größer und mächtiger werden und so immer stärker das Gesicht der gesamten Wirtschaft bestimmen. Er schreibt: »... sobald die kapitalistische Produktionsweise auf eigenen Füßen steht, gewinnt die weitere Vergesellschaftung der Arbeit und weitere Verwandlung der Erde und andrer Produktionsmittel in gesellschaftlich ausgebeutete, also gemeinschaftliche Produktionsmittel, daher die weitere Expropriation der Privateigentümer eine neue Form.« Das »Spiel der immanenten Gesetze der kapitalistischen Produktion«, so Marx weiter, führe zu einer »Zentralisation der Kapitale«. Und für alle, denen das jetzt zu kompliziert war, noch einmal einfach:»Ein Kapitalist schlägt viele tot«, weshalb wir es mit einer»beständig abnehmenden Zahl von Kapitalmagnaten« zu tun bekommen, die immer größere Teile des gesellschaftlichen Reichtums für sich vereinnahmen (alles 23:790).

Das also ist Marx' Antwort auf die zweite Frage, die nach dem historischen Entwicklungstrend des Kapitalismus: Die Unternehmen werden im Verlauf seiner Geschichte immer größer, und große Unternehmen werden in der Regel nicht mehr vom Inhaber geführt, sondern sind Aktiengesellschaften, riesige Kapitalsammelstellen, deren Management den zentralen Auftrag hat, für die Anleger maximale Renditen herauszuholen. Die Gründe für diesen Prozess liegen für Marx zum einen auf der technologischen Ebene. Die»bewusste technische Anwendung der Wissenschaft« (23:790) verlange zwingend immer größere und kapitalkräftigere Betriebe, um bestimmte Produkte überhaupt herstellen zu können. Der Marktmechanismus wiederum lässt die Großen und Starken immer stärker und größer werden und die Schwachen schwächer. Die Größe eines Unternehmens mag auch und vor allem technisch bedingt sein, aber sie verleiht ihm mehr Macht gegenüber Zulieferern und Kunden, Macht, mit der es Konkurrenten vom Markt verdrängen kann.

Marx' Voraussage gipfelt in der These, dass die Unternehmen nicht nur national wachsen, sondern sich zunehmend auch international aufstellen, um ihren Zugang zu Rohstoffen und weltweiten Absatzmärkten abzusichern. Das Ergebnis sei»die Verschlingung aller Völker in das Netz des Weltmarkts und damit der internationale Charakter des kapitalistischen Regimes« (23:790), also eine globalisierte Wirtschaft. Hat Marx mit seiner vor 150 Jahren formulierten Prognose recht behalten? Es sieht ganz so aus. Das betrifft sowohl die wachsenden Kapitalerfordernisse und die zunehmende Konzentration auf wenige große Anbieter in vielen Branchen als auch die fortschreitende Vernetzung der Weltwirtschaft.

Bereits zwischen 1887 und 1927 erhöhte sich das durchschnittliche Kapital der hundert größten deutschen Unternehmen von 9,4 auf 59 Millionen Mark. In der mit dem Eisenbahnbau prosperierenden Stahlindustrie machten die Investitionskosten mit der Einführung des Bessemer-Verfahrens einen Sprung nach oben. In der Folge konnten nur noch extrem große Unternehmen überleben. Im deutschen Automobilbau gab es nach dem Ersten Weltkrieg rund achtzig mittelgroße Unternehmen, die miteinander um die Gunst der Kunden stritten. Kurz vor der Weltwirtschaftskrise waren noch dreißig übrig. Heute gibt es noch drei große deutsche Autokonzerne, den weltweiten Markt dominieren kaum mehr als ein Dutzend Hersteller. Die Produktion von Autos setzt heute Know-how und Patente in Milliardenhöhe, große automatisierte Fertigungsstrecken, erhebliche Forschungs- und Entwicklungsausgaben und nicht zuletzt ein globales Netz von Zulieferern und Absatzmöglichkeiten voraus.

Einen ähnlichen Verlauf, vom Wettbewerb zum Oligopol, gibt es auch in wichtigen Dienstleistungsbranchen. Den globalen Handel beherrschen heute riesige amerikanische und europäische Handelsketten wie Metro, Wal-Mart oder Carrefour. Als die mobile Telefonie sich als neues Kommunikationsmittel durchzusetzen begann, kam es zunächst zu einer großen Zahl von Neugründungen. Überlebt hat in Deutschland ein Duopol aus T-Mobile und Vodafone. Die Kooperation von E-Plus und O$_2$ fällt immer weiter zurück. Auch das ist die Folge wachsender Kapitalerfordernisse. So verlangen Smartphones wesentlich stärkere Netze als die alten Funktelefone und zwingen die Betreiber, Milliarden in den Ausbau zu investieren. Das Geld muss man erst einmal haben, es rechnet sich aber auch nur bei großer Kundenzahl. Bereits 1959 schrieb die *Zeit* über die Unternehmenslandschaft in den Vereinigten Staaten: »Tatsächlich beherrschen nicht mehr als 150 der insgesamt 4,2 Millionen Industrie-, Gewerbe- und Handelsunternehmungen etwa die Hälfte der gesamten Produktionskapazität des Landes. In zahlreichen Branchen beträgt der Marktanteil der jeweils vier bis fünf größten Unternehmungen 60, 70 und mehr Prozent.«[1]

In Deutschland wird der Mittelstand gern als das Rückgrat der Wirtschaft angesehen. Im Vergleich zu anderen Volkswirtschaften hat Deutschland tatsächlich noch einen relativ breiten Sektor mittelgroßer Unternehmen, von denen viele sogar internationale Marktführer in ihrem Spezialgebiet sind. Aber auch in Deutschland konzentrierten die 100 größten Unternehmen mehr Umsatz und erst recht mehr Gewinn auf sich als all die vielen hunderttausenden kleinen und mittleren Firmen zusammen. Und auch hier gilt: Ob Stahl oder Chemie, ob Automobilbau, Pharmazie oder Elektrotechnik, ob Einzelhandel oder Transport, es sind wenige Konzerne, die die wichtigen Märkte unter ihren Fittichen haben. Global kontrollieren drei multinationale Bergbaugesellschaften gut die Hälfte des weltweiten Handels mit Eisenerz. Nahezu der gesamte Umsatz mit Derivaten auf den Weltfinanzmärkten konzentriert sich in der Hand weniger großer Investmentbanken. Das digitale Geschäft beherrschen einige Monopolisten aus dem Silicon Valley. Mit den in der Mainstream-Ökonomie vermittelten Lehrbuchmodellen von offenen Märkten und freiem Wettbewerb hat das wenig zu tun, mit dem von Marx vor 150 Jahren vorausgesagten Trend allerdings sehr viel.

2011 haben drei Schweizer Wissenschaftler die Wettbewerbsintensität der heutigen Weltwirtschaft unter die Lupe genommen. Das Ergebnis ihrer Studie[2] sollte jeden aufwecken, der noch immer glaubt, in einer Marktwirtschaft zu leben. Die drei Schweizer untersuchten 43000 international tätige Firmen danach, ob sie über Beteiligungen und Kooperationen von anderen kontrolliert werden. So kamen sie auf 1318 Konzerne, die im Durchschnitt mit 20 anderen Unternehmen verflochten waren. Innerhalb dieser Gruppe fanden sie schließlich einen exklusiven Club von 147 Unternehmensgiganten, der allein fast die Hälfte aller globalen Unternehmen kontrolliert. Ein zunehmendes Problem sind auch große Beteiligungsgesellschaften wie die Giganten Blackrock und Vanguard, die ihre Billionen in unzählige Unternehmen investieren, darunter auch in solche, die innerhalb ihrer Branche Konkurrenten sind.

Das bedeutet nicht, dass es nicht unverändert auch wichtige Bereiche der Volkswirtschaft gibt, in denen offene Märkte existieren und sich unzählige kleine oder auch mittelgroße Anbieter einen harten Konkurrenzkampf liefern. Aber der generelle Trend der wirtschaftlichen Konzentration entspricht ziemlich genau der Marx'schen Prognose. In besonderem Maße gilt das für die Zukunftsbranche des 21. Jahrhunderts, die digitale Ökonomie. Eine wichtige Rolle spielt dabei eine Eigenschaft digitaler Dienste, die als ›Netzwerkeffekt‹ bekannt ist. Netzwerkeffekte gibt es dort, wo die Attraktivität eines Produktes allein dadurch zunimmt, dass es von möglichst vielen Menschen genutzt wird. Bei sozialen Netzwerken wie

Facebook liegt das auf der Hand, aber auch ein Online-Portal wie Amazon wird für seine Kunden umso attraktiver, je mehr Produkte auf ihm angeboten werden. Und je mehr Kunden sich dort umsehen, umso weniger Anbieter können es sich leisten, auf diesem Portal nicht präsent zu sein, auch wenn es ihnen äußerst schlechte Konditionen bietet. Solche Selbstverstärkung bewirkt letztlich einen Trend zum Monopol.

Vor einiger Zeit versuchte der ökonomische Beraterstab von Obama (CEA), das Ausmaß der zunehmenden Marktkonzentration in der US-Wirtschaft zu ermitteln. Die erhobenen Daten zeigen für die Jahre von 1980 bis 2010 große bis dramatische Anstiege der Marktkonzentration für die meisten Branchen an. Teilweise sei diese Zunahme von Marktmacht Ergebnis der Technologie und von Netzwerkeffekten, teilweise beruhe der Zugewinn aber auch darauf, dass Unternehmen wie Microsoft oder die Pharmaindustrie wüssten, wie man Markteintrittsbarrieren errichtet und aufrechterhält und dabei häufig von der Politik unterstützt würden, schreibt der Nobelpreisträger Joseph Stiglitz im *Handelsblatt* über »die neue Ära der Monopole«.[3]

Eine derartige Konzentration wichtiger Branchen wird, sagt Marx voraus, auch zunehmend zu einem wirtschaftlichen Problem. Das ist seine Antwort auf die dritte Frage: warum der Kapitalismus auf seine Funktionsunfähigkeit zusteuere. Mit der »beständig abnehmenden Zahl der Kapitalmagnaten, welche alle Vorteile (die kooperative Form der Produktion auf stets wachsender Stufenleiter, die … Anwendung der Wissenschaft, die … kombinierte gesellschaftliche Arbeit und die Verschlingung aller Völker in das Netz des Weltmarktes) … usurpieren und monopolisieren« (23:790), wüchsen zum einen Ungleichheit und Ausbeutung auf nationaler wie globaler Ebene. Mit dem Wettbewerb verschwinde aber auch der Druck, der die Anbieter zu Innovation und Produktivität zwingt. Der Kapitalismus, so Marx' Prognose, wird ideenlos und träge. Statt auf modernere Technologien wird zur Steigerung der Gewinne lieber auf höhere Preise, auf Einsparungen bei Qualität und Service oder auf Scheininnovation gesetzt. In Marx' Worten wird das »Kapitalmonopol … zur Fessel der Produktionsweise, die mit und unter ihm aufgeblüht ist«. (23:791)

Wie liest sich diese Voraussage heute, 150 Jahre später? Dass wachsende Konzentration in wichtigen Branchen und eigentumsrechtliche Verflechtungen tendenziell die Preise erhöhen und die Innovationskraft schädigen, dafür gibt es viele Indikatoren. Der bereits zitierte Bericht der ökonomischen Berater von Obama weist nach, dass die Kapitalrenditen der größten zehn Prozent aller Unternehmen heute mehr als fünfmal so hoch sind wie der Mittelwert der Rendite aller Unternehmen. Vor 25 Jahren lag das Verhältnis noch bei zwei zu eins.[4] Das spricht dafür, dass die Großanbieter weniger Wettbewerbsdruck unterliegen und noch mehr Macht über ihre Preise haben als vor einem Vierteljahrhundert. Zudem belegen Studien aus den USA, dass gemeinsame Beteiligungen von Blackrock, Vanguard und Co. an konkurrierenden Unternehmen dem Wettbewerb schaden und die Preise hochtreiben. Die gemeinsame Beteiligung dieser Vermögensgiganten an praktisch allen US-Airlines führe etwa dazu, dass die Flugpreise um bis zu 11 Prozent höher ausfielen, als wenn es keine überlappenden Beteiligungen gäbe. Auch seien in US-Regionen, in denen die Fondsgesellschaften Anteile an besonders vielen Banken haben, die Kontogebühren um mehr als einen Dollar höher als in anderen Landkreisen.[5]

Aber die wachsende Konzentration führt nicht nur zu höheren Preisen. Auch um die Innovationsfähigkeit unserer Wirtschaft ist es längst nicht so gut bestellt, wie viele meinen. Der Paypal-Gründer und Internet-Milliardär Peter Thiel schreibt zu Recht: »Die Smartphones, die uns daran hindern, unsere Umgebung wahrzunehmen, lenken uns auch von der Tatsache ab, dass diese Umgebung sonderbar alt ist. Seit Mitte des 20. Jahrhunderts haben nur Computer und Kommunikation nennenswerte Fortschritte gemacht.«[6]

Welche großen Probleme dringend gelöst werden müssten, liegt auf der Hand. Wir brauchen Kreislaufproduktion statt Wegwerfwirtschaft, wenn wir unseren Wohlstand ohne Kollaps unserer natürlichen Umwelt halten und andere Länder zu ihm aufschließen möchten. Und der Klimawandel fordert den schnellen Umstieg auf neue Energiequellen. Aber was geschieht real? Unsere Mobilität beruht unverändert auf dem gleichen Verbrennungsmotor, der im 19. Jahrhundert erfunden wurde. Statt zu forschen, wie der giftige Ausstoß minimiert werden kann, investieren VW und Co. lieber in eine ausgeklügelte Software, um die Tester in die Irre zu führen. Wir schicken Raumsonden auf den Mars, aber nötige Speicher für grünen Strom fehlen oder sind extrem teuer. Unsere Müllberge wachsen auch deshalb immer schneller, weil viele Produkte bewusst so hergestellt werden, dass sie schnell verschleißen und sich schlecht oder überhaupt nicht reparieren lassen.

Der frühere Vizepräsident der Technischen Universität Berlin und Vertrauensdozent der Hans-Böckler-Stiftung, Wolfgang Neef, thematisiert die Wende von der Qualitätsproduktion zum Dumping-Kapitalismus. Es gäbe »zwei Denkweisen«, die sich im Kapitalismus von Beginn an gegenübergestanden haben: »die der Ingenieure« auf der einen, die der »Ökonomen, die nach ... der Rendite als einzigem Erfolgskriterium eines Unternehmens arbeiten« auf der anderen Seite. »Mit dem Beginn der neoliberalen Radikalisierung des Kapitalismus«, stellt Neef fest, also etwa seit 1985, habe sich dieses Gleichgewicht immer mehr zugunsten der Ökonomen verschoben. Seine Studenten, so schreibt er, »berichten, dass in der Firma Siemens professionelle Ingenieurarbeit, die ihre Zeit braucht und nicht mit billigsten Mitteln arbeitet, als ›Over-Engineering‹ geschmäht wird. Es soll stattdessen um ›Value-Engineering‹ gehen, also Ingenieurarbeit, die primär den Unternehmenswert an der Börse – den *shareholder value* – im Blick hat, möglichst geringe Kosten aufweist und deshalb nach dem Prinzip ›quick and dirty‹ vorgeht.«[7]

Die Entwicklung innovativer Technologien wird in solchen Unternehmen ausschließlich dann weiterverfolgt, wenn sie hohe Renditeerwartungen erfüllt. So schreibt der Gemeinwohl-Ökonom Christian Felber: »Ein Angestellter von Siemens erzählte, dass im Konzern eine Rendite von sechzehn Prozent Mindeststandard für neue Produktentwicklungen sei. Er selbst habe eine Innovation im Bereich erneuerbarer Energien entwickelt, die eine Finanzrendite von 15 Prozent gebracht hätte – sie wurde nicht genehmigt, weil die Finanzrendite zu gering war.«[8]

Bei IBM wirft die Belegschaft dem Management seit Jahren vor, die Gewinne nur noch durch Käufe und Verkäufe und geschickte Finanzmanipulation nach oben zu treiben, während die Investitionen zurückgehen und kaum noch Innovationen entwickelt würden. Das *Handelsblatt* sieht darin ein allgemeines Modell:»Statt Produkte zu erfinden, üben sich US-Firmen im Zahlenjonglieren ... Statt Wissenschaftler einzustellen, Forschungslabore einzuweihen oder neue Geschäftsfelder zu gründen, bauen US-Konzerne ihre Finanzabteilung aus«, in der dann immer neue Tricks zur internationalen Steuerarbitrage ausgebrütet würden.[9] Dieses Geschäftsmodell erfreut sich auch unter europäischen Konzernen zunehmender Beliebtheit. Eine Studie des MIT stellt fest, dass die meisten Konzerne heute keine langfristige Grundlagen- und angewandte Forschung mehr betreiben, sondern ihre Ausgaben auf kurzfristige Ziele fokussieren würden. Und eine Untersuchung des Fraunhofer-Instituts kommt zu dem Schluss, dass ein immer größerer Teil der Patentanmeldungen nicht mehr dadurch motiviert ist, eigene Innovation zu schützen, sondern die Anwendung innovativer Technologien durch Konkurrenten zu blockieren.

Eine gefährliche Entwicklung bahnt sich auch im Zusammenhang mit der zunehmenden Digitalisierung der Wirtschaft an. Es ist absehbar, dass der Durchfluss von Material und Vorleistungen mehr und mehr über Unternehmensgrenzen hinweg von digitalen Netzwerken gesteuert wird. Deshalb wird es zu einer Schlüsselfrage, wer diese Netze kontrolliert. Weil alle Daten über Verarbeitung und Verbrauch letztlich auf möglichst wenigen, im besten Fall auf einer einzigen standardisierten Plattform zusammenlaufen müssen, gibt es auch hier extreme Netzwerkeffekte. Und aktuell befinden sich die Datenkraken Google und Apple in der aussichtsreichsten Startposition, um die Plattformen für das ›Internet der Dinge‹ bereitzustellen. Wenn wir allerdings die zentrale Infrastruktur für die industrielle Produktion im 21. Jahrhundert renditeorientierten Datenmonopolisten überlassen, geben wir ihnen nicht nur die Macht, immer größere Teile der globalen Wertschöpfung auf das eigene Gewinnkonto umzulenken, sondern ein Instrument, das Gesellschaften transparenter und demokratischer machen, Bürger besser informieren und bilden könnte, zu missbrauchen, um die Kommunikationsströme der Gesellschaft zu kontrollieren und die Konsumenten auszuforschen und zu manipulieren.

Marx' Vorhersage lautet:»Das Kapitalmonopol wird zur Fessel der Produktionsweise, die mit und unter ihm aufgeblüht ist. Die Zentralisation der Produktionsmittel und die Vergesellschaftung der Arbeit erreichen einen Punkt, wo sie unverträglich werden mit ihrer kapitalistischen Hülle« (23:791). Das scheint keine abwegige Beschreibung unserer kapitalistischen Gegenwart zu sein. Wobei »unverträglich« natürlich nicht heißt, dass etwas automatisch verschwindet. In Marx' *Kapital* liest sich die Konsequenz tatsächlich ein bisschen glatt:»Sie« – also die kapitalistische Hülle – »wird gesprengt. Die Stunde des kapitalistischen Privateigentums schlägt. Die Expropriateurs werden expropriiert.« Dass das bisher nicht eingetreten ist, liegt auf der Hand. Das hat zum einen damit zu tun, dass Marx' Prognose, mit der auf die Spitze getriebenen Monopolisierung werde die »Masse des Elends, des Drucks, der Knechtschaft, der Entartung, der Ausbeutung, aber auch die Empörung der stets anschwellenden und durch den Mechanismus des kapitalistischen Produktionsprozesses selbst geschulten, vereinten und organisierten Arbeiterklasse« (23:790) wachsen und kritisch werden – dass diese Prognose nicht eingetreten ist. Oder sollen wir sagen: bis heute nicht eingetreten ist? Das mag aber auch damit zu tun haben, dass teilweise ziemlich schräge Vorstellungen von den Alternativen in Umlauf gesetzt worden sind. Mit Marx' Namen wird vielfach die Vorstellung einer vollverstaatlichten Wirtschaft verknüpft, in der Märkte abgeschafft und durch zentrale Planung ersetzt werden. Aber über zentrale staatliche Planung findet sich im besprochenen Kapitel und auch sonst bei Marx nichts; auch spricht Marx nicht von Staatseigentum, sondern von *Gemeinbesitz* beziehungsweise *gesellschaftlichem Eigentum* an Erde und Produktionsmitteln. Und damit sind wir (fast) in unserer Gegenwart gelandet: Angesichts der großen, ja globalen Probleme, die oben angedeutet wurden: Klimawandel, Erschöpfung der Ressourcen, Mega-Cities, Verkehr und so weiter liegt die Notwendigkeit einer gesellschaftlichen Verfügung und einer politischen Regulierung der Lebensgrundlagen auf der Hand, und die Diskussionen der Zukunft werden sich darum drehen, welche Art der Kontrolle, aber auch welche Art gesellschaftlichen Eigentums effektiv und durchsetzbar erscheint.

Marx betont, dass mit der Überwindung des Kapitalismus das individuelle Eigentum nicht infrage gestellt, sondern abgesichert wird, und zwar gerade aufgrund der veränderten Gestaltung des Wirtschaftseigentums. Das Recht auf Eigentum soll den individuellen Lebensbereich schützen, aber nicht länger gesellschaftliche Machtstellungen begründen. Neue Formen des Wirtschaftseigentums sollten zu Anstrengung, Kreativität und Leistung motivieren, aber nicht länger individuelle Bereicherung auf Kosten anderer ermöglichen. Ideen zu entwickeln, wie vernünftiges Wirtschaftseigentum, das diese Kriterien erfüllt, aussehen kann, überlässt Marx uns. Wir sollten seine Herausforderung annehmen.

1 *Die Zeit*, 1. Mai 1959.
2 Stefania Vitali, James B. Glattfelder und Stefano Battiston:»The network of global corporate control, *PLoS ONE* 6/10 (2011).
3 *Handelsblatt*, 30. Mai 2016.
4 *Handelsblatt*, 30. Mai 2016.
5 *Handelsblatt*, 29. September 2016.
6 Peter Thiel: *Zero to One. Wie Innovation unsere Gesellschaft rettet*, Frankfurt/M. 2014, 15.
7 http://www.gegenblende.de/++co++1e74bb7e-7c5e-11e3-96bf-52540066f352, aufgerufen am 11.01.2017.
8 Christian Felber: *Geld. Die neuen Spielregeln*, Wien 2014, 161.
9 *Handelsblatt*, 17. Juni 2015.

WOLFGANG STREECK ÜBER GEWALT

Sobald die Eigentumsfrage ins Spiel kommt, wird es heilige Pflicht, den Standpunkt der Kinderfibel als den allen Altersklassen und Entwicklungsstufen allein gerechten festzuhalten. In der wirklichen Geschichte spielen bekanntlich Eroberung, Unterjochung, Raubmord, kurz Gewalt die große Rolle. In der sanften politischen Ökonomie herrschte von jeher die Idylle. Recht und »Arbeit« waren von jeher die einzigen Bereicherungsmittel, natürlich mit jedesmaliger Ausnahme von »diesem Jahr«. In der Tat sind die Methoden der ursprünglichen Akkumulation alles andre, nur nicht idyllisch.

24. Kapitel: Die sogenannte ursprüngliche Akkumulation
(MEW 23:742)

Die Marktwirtschaft, so die weithin herrschende Meinung nicht nur der Ökonomen von Fach, ist die effektivste, rationalste und freiheitlichste Art, Ressourcen zu nutzen, Bedürfnisse zu befriedigen. Aber Märkte hat es auch vor dem Kapitalismus gegeben; sie erklären nicht den Zwang zu Wachstum und permanenter Innovation, nicht die Klassenspaltung und nicht die permanenten Krisen. Der Kapitalismus ist mehr als ›nur‹ Marktwirtschaft. Soziologie und Geschichtswissenschaft haben viele Gründe für die Entstehungsgeschichte des Kapitalismus just in Europa beschrieben: Das reicht von der wissenschaftlichen Rationalität über die Ausbeutung der Kolonien, die protestantische Ethik, die technologischen Sprünge, die Energieformen, bis hin zur demokratischen Zügelung der Herrschaft, die einer ökonomische Dynamik zuträglich war. Keiner dieser Faktoren allein erklärt die »große Transformation«, die Überführung einer agrarischen Kreislaufwirtschaft in die Spirale permanenten Wachstums. Das Privateigentum an Produktionsmitteln (und Grund und Boden) und eine eigentumslose Arbeiterklasse bilden die soziale Voraussetzung der kapitalistischen Produktion. Das Kapitalverhältnis setzt die beiden Produktionsfaktoren Lohnarbeit und Kapital voraus. Die historische Produktion dieser Voraussetzungen ist der Gegenstand des 24. Kapitels des »Kapital«. Es ist eine 50 Seiten lange Studie über die Gewalt, die den Kapitalismus gründete – und die als strukturelle Gewalt in ihm weiterwirkt.

WOLFGANG STREECK
NIEMAND WIRD FREIWILLIG ARBEITER

Woher kommt der Kapitalismus? Wie erklärt Marx seine Entstehung, und was soll uns das sagen? Wir nähern uns dieser Frage über einen Umweg: das 1776, einundneunzig Jahre vor dem *Kapital* erschienene Jahrhundertbuch von Adam Smith über »Wesen und Ursprung des Wohlstands der Völker«,[1] eine der Gründungsschriften der modernen Welt, ein Buch, das zu Zeiten von Marx jeder gebildete Mensch in Europa kannte und bewunderte, allen voran Marx. Im ersten Kapitel, in dem es um den Zusammenhang von sozialer Organisation und wirtschaftlicher Produktivität geht, findet sich Smiths längst kanonisch gewordene Beschreibung der Produktion von Stecknadeln, einer, wie Smith schreibt, eher belanglosen Industrie, von der man jedoch besonders gut lernen könne, was den Wohlstand der Völker hervorbringt und zukünftig hervorbringen wird. Ein Arbeiter allein, so Smith, »könnte vielleicht, bei äußerster Anstrengung, eine Nadel am Tag herstellen, und ganz sicher keine zwanzig«.[2] Anders aber, wenn die Herstellung von Stecknadeln in unterschiedliche Tätigkeiten aufgeteilt wird: »Ein Mann zieht den Draht, ein anderer begradigt, ein dritter zerschneidet ihn, ein vierter spitzt ihn zu, ein fünfter schleift ihn am oberen Ende, wo der Kopf aufgesetzt wird, dessen Herstellung wiederum zwei oder drei verschiedene Arbeitsschritte erfordert ...« usw. usw., insgesamt achtzehn verschiedene Tätigkeiten. Smith berichtet von einer kleinen Fabrik dieser Art, mit nicht mehr als zehn Arbeitern, von denen einige deshalb mehr als eine Tätigkeit übernehmen müssen. »Obwohl sie mit den Maschinen nur unzureichend vertraut waren, konnten sie zusammen, wenn sie sich anstrengten, mehr als zwölf Pfund Stecknadeln am Tag herstellen.« Bei durchschnittlich viertausend Nadeln pro Pfund bedeutete dies an einem damals üblichen

Zwölfstundentag eine Tagesproduktion von 48 000 Stecknadeln, bei zehn Arbeitern pro Arbeiter also 4 800, mindestens zweihundertvierzig Mal so viel wie ein Einzelner hätte allein herstellen können, »infolge«, so Smith, »einer zweckmäßigen Aufteilung und Koordination ihrer Tätigkeiten«.[3]

Smiths erstes Kapitel trägt den Titel »Von der Arbeitsteilung«. Damit wird ein Thema angerissen, das in den folgenden Jahrzehnten und Jahrhunderten nicht nur die Ökonomie und die Industriesoziologie, und später die Betriebswirtschaftslehre, sondern auch, unter dem Begriff der sozialen Differenzierung, die Theorie der modernen Gesellschaft als solcher immer wieder neu beschäftigen sollte. An ihm scheiden sich bis heute die Geister, und der große Polarisierer ist wie so oft Karl Marx. Liest man weiter bei Smith, so kommt man, beeindruckt von der Eleganz des Arguments, nicht ohne Weiteres auf die Idee, dass da etwas fehlen könnte. Fragt man etwa Studierende im Seminar, ob sie etwas vermissen in der Beschreibung der Stecknadelfabrik, dann dauert es lange, bis jemandem auffällt, wenn überhaupt, dass nirgends von deren Besitzer die Rede ist oder von einem Betriebsleiter, der den Arbeitern sagt, was sie zu tun haben, und darauf achtet, dass sie nicht vor Ablauf ihres Arbeitstags – wie gesagt, zwölf Stunden, an sechs Werktagen pro Woche – nach Hause gehen.

Hier kommt Marx ins Spiel, mit seinem an der dialektischen Philosophie geschulten Projekt, Smiths Theorie der Arbeitsteilung und damit der modernen Wirtschaft und Gesellschaft zugleich zu überwinden und weiterzuentwickeln. Smith, so können wir Marx in heutiger Ausdrucksweise paraphrasieren, kennt nur die funktionale, horizontale Arbeitsteilung – also die zwischen Drahtzieher und Drahtschneider – oder gibt vor, nur diese zu kennen, und vergisst oder verschweigt oder verbucht stillschweigend als Unterfall jene andere, mit ihr zusammen aufkommende, vertikale Arbeitsteilung zwischen dem, der das Kapital und dem, der seine Arbeitskraft in den Produktionsprozess einbringt – die »Arbeitsteilung« zwischen Kapital und Arbeit, die, so Marx, in Wahrheit ein Klassen- und damit ein Machtverhältnis ist. Indem Smith diese links liegen lässt, kann er die Entstehung der modernen Welt *effizienztheoretisch* erklären, als Ergebnis gemeinsamer, partnerschaftlicher Rationalisierungsanstrengungen: Die Smith'sche Fabrik entsteht, indem ihre zehn Arbeiter sich einigen, die Produktion von Stecknadeln in achtzehn Tätigkeiten aufzugliedern und untereinander zu verteilen, um so pro Kopf und Tag nicht nur höchstens zwanzig, sondern mindestens 4800 Stecknadeln produzieren zu können – aber davon, dass sie gleichzeitig vereinbaren müssten, dass sie von nun an ihren Lebensunterhalt statt mit jeweils eigenen, individuellen Werkzeugen mit einem integrierten Gesamtwerkzeug, einer Fabrik, verdienen wollen, das einem unsichtbaren Elften gehört, der die Güte haben muss, es ihnen als seinen Beitrag zur arbeitsteiligen Wohlstandserzeugung zur Verfügung zu stellen, ist nicht die Rede. So schleicht sich hinterrücks die soziale Figur des »Kapitalisten« in die Theorie ein, der die arbeitsteilige Produktion organisiert und auf die Einhaltung des Zwölfstundentags achtet, während die Arbeiter sich, damit alles gut funktioniert, seiner Direktionsgewalt unterwerfen.

Gründungserzählungen dieser Art, explizit oder, wie bei Smith, implizit, waren in der frühen Moderne, dem Zeitalter der Aufklärung, gang und gäbe: Freie Individuen mit freiem Willen und klarem Verstand versammeln sich vor einer *Tabula rasa* und vereinbaren vertraglich die zweckmäßigste aller möglichen Ordnungen ihres Zusammenlebens, zufällig immer dem Idealbild des schon im Entstehen begriffenen liberalen Kapitalismus auffallend ähnlich. Marx nannte solche Konstruktionen »Robinsonaden«, nach dem 1719 erschienenen Roman von Daniel Defoe, in dem der Hamburger Kaufmannssohn Robinson Kruse sich nach einem Schiffbruch allein auf eine einsame Insel rettet und dort einem »Eingeborenen« begegnet, den er nach dem Tag ihres Zusammentreffens Freitag nennt und mit dem er sich, zuerst ohne gemeinsame Sprache, auf eine gerechte Arbeitsteilung verständigt, natürlich mit ihm als Herrn und Freitag als Knecht. Für solche Sozialvertragsnarrative hatte Marx nur Spott übrig.[4] Gesellschaften entstehen bei ihm immer nur aus Gesellschaften: nicht in einem modelltheoretischen Niemandsland, sondern durch einen historischen Prozess innerhalb einer örtlich und zeitlich konkreten Vorgängergesellschaft und von den ihr gezogenen Grenzen und gegebenen Möglichkeiten.

Wie aber kam es dann tatsächlich zum Kapitalismus – zur Ersetzung der individuellen Produktionsmittel unabhängiger, für den eigenen Bedarf arbeitender Kleinproduzenten durch zentralisierte Gesamtwerkzeuge im Eigentum von auf Eigentum spezialisierten Produktionsmittelbesitzern, also zur Teilung der wirtschaftlichen und gesellschaftlichen Welt in privateigenes Kapital und von dessen Bereitstellung abhängige Arbeit? Dies ist das Thema des 24. Kapitels des *Kapital*, überschrieben »Die sogenannte ›ursprüngliche Akkumulation‹« (MEW 23:741–791), in dem Marx sich als faktenhungriger Wirklichkeitserforscher zu erkennen gibt, auch wenn er eingangs des Buches eher als hegelianischer Begriffsakrobat aufgetreten war, was viele immer wieder davon abgehalten hat, sich zu den späteren, mit historischem Material aus vier Jahrhunderten gesättigten Kapiteln vorzuarbeiten, in denen der Gesellschafts- und Geschichtstheoretiker Marx mit dem Wirtschafts- und Gesellschaftshistoriker Marx gemeinsame Sache macht. Wer den Kapitalismus verstehen will, so Marx, muss historisch-empirisch die Auflösung der ihm vorausgegangenen Gesellschaftsformation, also des europäischen agrarischen Feudalismus, verstanden haben *und* begrifflich-theoretisch in der Lage sein, gesellschaftliche Verhältnisse *als Produktionsverhältnisse* zu erkennen – das ist, was Marx als »historischen Materialismus« der idealistischen Jungfernzeugung von Gesellschaften in retro-fingierten Gründungsmythen entgegensetzt. Produktionsverhältnisse aber sind immer auch Eigentumsverhältnisse, und diese wiederum sind Klassenverhältnisse, die als solche Gewaltverhältnisse sind, weil die Eigentumsrechte, die die sozialen Klassen voneinander unterscheiden, gegen allfällige Angriffe mit Macht und Recht verteidigt werden müssen. Geschichte, als Geschichte der Übergänge von einer Gesellschaftsordnung zur nächsten, ist somit immer auch eine »Geschichte von Klassenkämpfen«, wie Marx und Engels 1848 im *Kommunistischen Manifest* formulierten, und »die Gewalt«, so Marx im Kapitel über die ursprüngliche Akkumulation, »ist der Geburtshelfer jeder alten Gesellschaft, die mit einer neuen schwanger geht. Sie selbst ist eine ökonomische Potenz« (23:779). Niemand gibt sein Eigentum, die Grundlage seiner sozialen Existenz und Identität, freiwillig her – und so vollzieht sich der Übergang vom Mittelalter zur Moderne als Kampf um Enteignung und Zentralisierung der gesellschaftlichen Produktionsmittel, als revolutionäre Neuorganisation der Produktions- und damit der Lebensverhältnisse.

Wie dies genau geschah, ist Gegenstand des hier zu behandelnden 24. Kapitels. Wie Marx am Anfang des Buches dargelegt hatte, geht es im Kapitalismus darum, Kapital durch Kombination mit Lohnarbeit zu vermehren und das dabei gewonnene, zusätzliche Kapital dem vermehrungsfähigen Gesamtkapital hinzuzufügen, damit es sich zusammen mit diesem weiter vermehrt, auf einer nach oben offenen Akkumulationsskala. Damit nun aber ein solches, selbsttragendes Kapitalwachstum beginnen kann, muss zunächst einmal einsatzfähiges Kapital vorhanden sein, das selber nicht durch Einsatz von Kapital entstanden sein kann. Diesen Gedanken konnte Marx ähnlich bei Smith finden, der davon spricht, dass »die Akkumulation von Kapital natürlicherweise der Arbeitsteilung vorausgehen muss«[5] – erst die Fabrik, dann die Arbeitsteilung, nicht umgekehrt. Bei Marx erscheint dies dann als »ursprüngliche‹ Akkumulation ..., welche nicht das Resultat der kapitalistischen Produktionsweise ist, sondern ihr Ausgangspunkt« (23:741). Die an Smith anschließende »bürgerliche« politische Ökonomie behandle diese »wie de[n] Sündenfall in der Theologie, ... als Anekdote der Vergangenheit«: »In einer längst verflossnen Zeit gab es auf der einen Seite eine fleißige, intelligente und vor allem sparsame Elite und auf der anderen faulenzende, ihr alles, und mehr, verjubelnde Lumpen ... So kam es, dass die ersten Reichtum akkumulierten und die letztren schließlich nichts zu verkaufen hatten als ihre eigne Haut« (23:741). Festhalten können wir, dass das Sparsamkeitsnarrativ der Entstehung von Kapital und Kapitalismus bis heute erstaunlich verbreitet ist; so konnte man noch vor ein paar Jahren von Studierenden der Volkswirtschaftslehre hören, dass der Reichtum der russischen Oligarchen nach dem Ende des Kommunismus mit rigoroser Zurückhaltung beim persönlichen Konsum zu erklären sei.

Marx dagegen beschreibt, wie gesagt, die Entstehung des »Kapitalverhältnisses« als »historische[n] Scheidungsprozess von Produzent und Produktionsmittel« im Zusammenhang der Auflösung der vorkapitalistischen Feudalgesellschaft, als Prozess, der »einerseits die gesellschaftlichen Lebens- und Produktionsmittel in Kapital verwandelt, andererseits die unmittelbaren Produzenten in Lohnarbeiter« (23:742). »Für unsre bürgerlichen Geschichtsschreiber«, so Marx, gehe es hierbei allein um eine »Befreiung von Dienstbarkeit und Zunftzwang«; unerwähnt bleibe, dass »diese Neubefreiten« dadurch, dass ihnen »alle ihre Produktionsmittel und alle durch die alten feudalen Einrichtungen gebotnen Garantien ihrer Existenz geraubt sind«, gezwungen seien, zu »Verkäufer[n] ihrer selbst« zu werden. Es ist »die Geschichte dieser ihrer Expropriation«, laut Marx »in die Annalen der Menschheit eingeschrieben mit Zügen von Blut und Feuer« (23:743), die im 24. Kapitel am Beispiel Englands seit dem 15. Jahrhundert dargestellt wird, wo sie Marx zufolge in »klassische[r] Form« auftritt, als Geschichte des Zerfalls der mittelalterlichen Feudalordnung und der aus ihm hervorgehenden parallelen Herausbildung von Kapital und Lohnarbeit.

Was zunächst die Entstehung frei investierbaren Kapitals angeht, so erwähnt Marx die Enteignung der Kirchengüter und die Auflösung der Klöster im Zuge der Reformation, dann den Verkauf der Staatsdomänen im entstehenden Absolutismus und, in seinen Worten, »die Entdeckung der Gold- und Silberländer in Amerika, die Ausrottung, Versklavung und Vergrabung der eingeborenen Bevölkerung in die Bergwerke, die beginnende Eroberung und Ausplünderung von Ostindien, die Verwandlung von Afrika in ein Geheg zur Handelsjagd auf Schwarzhäute« usw., ergänzt durch die Erfindung handelbarer Staatsschulden in Gestalt von Papiergeld – alles »idyllische Prozesse«, die, so Marx, »in England … Ende des 17. Jahrhunderts systematisch zusammengefasst [werden] in Kolonialsystem, Staatsschuldensystem, modernem Steuersystem und Protektionssystem. Diese Methoden beruhen zum Teil auf brutalster Gewalt, z. B. das Kolonialsystem. Alle aber benutzen die Staatsmacht, die konzentrierte und organisierte Gewalt der Gesellschaft, um den Verwandlungsprozess der feudalen in die kapitalistische Produktionsweise treibhausmäßig zu fördern und die Übergänge abzukürzen« (23:779).

Kapital braucht zu seiner Vermehrung Arbeit, und so galt das besondere Interesse von Marx den »historisch epochemachend[en] … Momente[n], worin große Menschenmassen plötzlich und gewaltsam von ihren Subsistenzmitteln losgerissen und als vogelfreie Proletarier auf den Arbeitsmarkt geschleudert« wurden (23:744). »Vogelfrei« heißt, dass jemand wie ein Vogel nach mittelalterlichem Recht in dem Sinne »frei« ist, dass er niemandem gehört und ihn deshalb jeder sich aneignen darf. Ein solcher Moment war die Auflösung der Gefolgschaften – man könnte auch sagen: der Schlägertruppen – der örtlichen Feudalherren im Zuge der frühmodernen Zentralisierung der Staatsgewalt (23:746). Wichtiger aber war für Marx die Einzäunung *(enclosure)* und Aneignung des mittelalterlichen Gemeindelandes (der *commons)* durch eine neue Generation des Landadels,[6] die das noch aus germanischer Zeit stammende Gemeineigentum der Dorfgemeinschaften für herrenlos und anschließend zu ihrem Privateigentum erklärte, um es als Weide für Schafe zu verwenden, deren Wolle bei den Teppichmanufakturen in Flandern Höchstpreise erzielte. Ohne ihre Gemeinschaftsfelder verelendeten die Bauern und verließen ihre Dörfer, sodass nun das Land insgesamt von seinen »Usurpatoren« als Schafsweide genutzt oder verpachtet werden konnte.

Die *enclosures* waren für Marx deshalb so wichtig, weil bei ihnen alles zusammenkam: die Enteignung der vorkapitalistischen subsistenzwirtschaftlichen Produktionsmittel, ihre Privatisierung und Zentralisierung und ihre Umwidmung für die hochproduktive Massenproduktion von Waren für den Markt – also die Entstehung von Kapital zugleich mit der »Freisetzung« von Arbeit und damit der Herausbildung eines das entstehende Kapital erst zu Kapital machenden »Proletariats«, das nach seiner Vertreibung aus der geldlosen ländlichen Subsistenzwirtschaft später auch die für die weitere Entwicklung der industriell-kapitalistischen Produktionsweise unentbehrliche Nachfrage nach Konsumgütern lieferte.[7] Zu Zeiten von Smith und noch von Marx fanden die *enclosures* ihre Fortsetzung in den »Lichtungen« *(clearings)* der Ländereien *(estates)* der Großgrundbesitzer, in Deutschland »Bauernlegen« genannt, und der »Räumung« der Territorien der schottischen *clans*. Besonders blutig scheint es dabei in den schottischen Highlands hergegangen zu sein, wo die Stammeshäuptlinge sich nach englischem Vorbild zu Privateigentümern des früheren Gemeineigentums erklärten – Vorgänge,[8] die übrigens bei Smith, vor dessen Haustür sie sich abgespielt haben, mit keinem Wort Erwähnung finden. Zu den eindrucksvollsten Passagen des 24. Kapitels gehört die Beschreibung des Wandels der englischen Landschaft zusammen mit der Ausbreitung der kapitalistischen Wirtschaftsweise, zuerst die Entleerung und der Verfall der Dörfer, dann die Verwandlung der Felder in Schafweiden und später in Schottland die Ablösung der Wiesen durch Wälder und der Schafe durch Rotwild, als touristische Attraktion für die aufsteigende englische Kapitalistenklasse.[9]

Mit der Vertreibung der Landbevölkerung aus den Produktionsverhältnissen des Mittelalters war es freilich noch nicht getan. Auch die Eingliederung der vogelfrei gemachten Arbeitskraft in die warenproduzierende Markt- und Fabrikwelt ergab sich nicht von selbst. Niemand stellt sich aus eigenem Antrieb tagein, tagaus zwölf, acht oder wie viele Stunden auch immer zur Verfügung, damit jemand anders sein privateigenes Kapital vermehren kann. Die ursprüngliche Akkumulation wird denn auch bei Marx nicht als einmaliger Akt, sondern als sich über längere Zeit hinziehender, fundamentaler Umbau der gesellschaftlichen Verhältnisse mit Hilfe politischer Gewalt beschrieben.[10] So mussten zunächst die vom Land Vertriebenen, die sich »massenhaft in Bettler, Räuber, Vagabunden« verwandelt hatten, »zum Teil aus Neigung, in den meisten Fällen durch den Zwang der Umstände« (23:762) auch aus dem mittelalterlichen Wohlfahrtsstaat vertrieben werden, der die Armen dem Schutz der Kirche und der örtlichen Gemeinden unterstellte. Dazu diente die »Ende des 15. und während des ganzen 16. Jahrhunderts ... in ganz Westeuropa« betriebene »Blutgesetzgebung gegen Vagabundage«. Zu den zahlreichen von Marx zitierten Beispielen gehört ein englisches Gesetz aus dem Jahr 1547, demzufolge jemand, der sich weigert, für Lohn zu arbeiten, »als Sklave der Person zugeteilt werden« soll, »die ihn als Müßiggänger denunziert hat. Der Meister soll seinen Sklaven mit Brot und Wasser nähren, schwachem Getränk und solchen Fleischabfällen, wie ihm passend dünkt. Er hat das Recht, ihn zu jeder noch so eklen Arbeit durch Auspeitschung und Ankettung zu treiben. Wenn sich der Sklave für 14 Tage entfernt, ist er zur Sklaverei auf Lebenszeit verurteilt und soll auf Stirn oder Backen mit dem Buchstaben S gebrandmarkt, wenn er zum drittenmal fortläuft, als Staatsverräter hingerichtet werden ... Findet sich, dass ein Herumstreicher drei Tage gelungert hat, so soll er nach seinem Geburtsort gebracht, mit rotglühendem Eisen auf die Brust mit dem Zeichen V gebrandmarkt, und dort in Ketten auf der Straße oder zu sonstigen Diensten verwandt werden ...« usw., usw. (23:763 und passim).

Darüber hinaus galt es, der zukünftigen industriellen Arbeiterklasse die aus der mittelalterlichen Subsistenzwirtschaft stammende Neigung auszutreiben, nur so lange zu arbeiten wie zur Sicherung ihres gewohnten Lebensunterhalts unbedingt nötig. Stiegen die Löhne, vielleicht weil die Nachfrage am Arbeitsmarkt schneller zunahm als das aus der alten Gesellschaft herausgepresste Angebot, so konnte es geschehen, dass die Arbeiter schon am Freitagmittag nach Hause gingen oder am »blauen« Montag gar nicht erst zur Arbeit erschienen. Ohne Zufuhr »variablen Kapitals« aber lag das fixe Kapital der Kapitalisten brach und war mit ihm kein Profit zu machen.[11] Damit die Arbeiter des beginnenden kapitalistischen Zeitalters dessen Erfordernissen genügten, wurden mit staatlicher Gewalt Mindestarbeitszeiten und Höchstlöhne durchgesetzt, die erst sehr viel später, unter dem Druck von Gewerkschaften und Arbeiterparteien, von Höchstarbeitszeiten und Mindestlöhnen abgelöst wurden. So sollten die neuen Arbeiter dazu angehalten werden, so viel zu arbeiten, wie sie konnten, statt nur so viel, wie sie brauchten, um weiterzuleben, wie sie es gewohnt waren – in anderen Worten, den Ertrag ihrer Arbeitskraft zu maximieren, als sei diese ein Kapital, statt den Aufwand für einen gewohnheitsmäßig benötigten Ertrag zu minimieren und danach den Arbeitgeber einen guten oder auch bösen Mann sein zu lassen. Auch Max Weber war die Unentbehrlichkeit einer neuen, nicht-traditionalen Arbeitsethik für den neuen Kapitalismus bewusst, die von den Armen verlangte, dass sie sich wie Reiche verhielten, also ihr »Humankapital« bewirtschafteten, als sei es ein Sachkapital – nur dass er das Auftreten der neuen Arbeitsethik mit dem Protestantismus erklärte statt mit den erzieherischen Zwangsmitteln der Staatsgewalt.

So wurde aus dem vogelfreien Menschenmaterial, das im Zuge der Einzäunungen und Lichtungen aus den absterbenden mittelalterlichen Produktionsverhältnissen herausgeklopft worden war, allmählich eine moderne Arbeiterklasse – wurde »das von Grund und Boden gewaltsam expropriierte, verjagte und zum Vagabunden gemachte Landvolk durch grotesk-terroristische Gesetze in eine dem System der Lohnarbeit notwendige Disziplin hineingepeitscht, -gebrandmarkt, -gefoltert« (23:765). Welch ein Gegensatz zu dem einvernehmlichen In-die-Hände-Spucken der Sozialprodukt-Maximierer in der Smith'schen Stecknadelfabrik! Erst auf dieser Grundlage und »im Fortgang der kapitalistischen Produktion«, so Marx in einer seiner berühmtesten Passagen, in der er Webers Beschreibung des entwickelten Kapitalismus als eines »stählernen Gehäuses« vorwegnimmt,[12] »entwickelt sich eine Arbeiterklasse, die aus Erziehung, Tradition, Gewohnheit, die Anforderungen jener [der kapitalistischen – Anm. WS] Produktionsweise als selbstverständliche Naturgesetze anerkennt. Die Organisation des ausgebildeten kapitalistischen Produktionsprozesses bricht jeden Widerstand, die beständige Erzeugung einer relativen Überbevölkerung hält das Gesetz der Zufuhr von und Nachfrage nach Arbeit, und daher den Arbeitslohn, in einem den Verwertungsbedürfnissen des Kapitals entsprechenden Gleise, der stumme Zwang der ökonomischen Verhältnisse besiegelt die Herrschaft des Kapitalisten über den Arbeiter. Außerökonomische, unmittelbare Gewalt wird zwar immer noch angewandt, aber nur ausnahmsweise. Für den gewöhnlichen Gang der Dinge kann der Arbeiter den ›Naturgesetzen der Produktion‹ überlassen bleiben …« (23:765) sowie, nach Befreiung des Eigentums und seiner Eigentümer von überlieferten Teilungspflichten, der Konsumnot und dann dem Druck immer anspruchsvollerer gesellschaftlicher Konsumnormen.

Marx' Analyse der Privatisierung des mittelalterlichen Gemeindelandes in England und ihrer Bedeutung für das Wesen des Kapitalismus als Gesellschaftsformation ist eine nicht enden wollende Provokation der liberalen Wirtschaftstheorie und Wirtschaftsgeschichte. Allerdings wird Marx von dieser meist wie der leibhaftige Gottseibeiuns behandelt und nur selten, wenn überhaupt, beim Namen genannt – was auch in der bürgerlichen Normalsoziologie lange üblich war, bei einem Titanen wie Max Weber ebenso wie bei *local heroes* vom Schlag eines Parsons oder Luhmann. Ein häufig gegen Marx vorgebrachter Einwand ist, dass er den Beitrag der Einzäunungen und Vertreibungen im Vergleich zu anderen

Wegen der ursprünglichen Akkumulation übertreibt, wofür in der Tat einiges zu sprechen scheint. Grundsätzlicher wird die Kritik, wenn die private Aneignung der dörflichen Allmenden effizienztheoretisch statt als Raub als gemeinnützige Rationalisierungsmaßnahme erklärt wird. Letztendlich geht es dabei um die Rehabilitierung der liberalen Freiwilligkeitstheorie des Kapitalismus: Wenn Gemeineigentum weniger produktiv ist als Privateigentum,[13] ist der Weg vom einen zum anderen gleichbedeutend mit allgemein wünschenswertem gesellschaftlichen Fortschritt. So wird bei Douglass North, Nobelpreisträger der Wirtschaftswissenschaften, die gesamte europäische Geschichte seit dem Mittelalter als grundsätzlich einvernehmliche gemeinsame Arbeit an der Einrichtung immer effizienterer Institutionen beschrieben, gipfelnd, wie könnte es anders sein, im Kapitalismus der Vereinigten Staaten von Amerika.[14] Gewalt kommt hier, wenn überhaupt, nur als systemfremdes, kurzfristig bedauerlicherweise manchmal notwendiges Hilfsmittel zur Überwindung irrationalen, selbstschädigenden Widerstands gegen den unvermeidlichen, gemeinnützig-effizienzsteigernden Gang der gesellschaftlichen Dinge vor. Dass dieser notwendig auf Privatisierung der Produktionsmittel hinausläuft, wird freilich sogar außerhalb der marxistischen Theorie mitunter bezweifelt – etwa von der Politikwissenschaftlerin Elinor Ostrom, die sich um den Nachweis der Möglichkeit von Institutionen bemühte, die eine effiziente Bewirtschaftung von Kollektiveigentum ermöglichen.[15] Auch Ostrom erhielt den Nobelpreis für Ökonomie, allerdings im Krisenjahr 2009, als sich das Ansehen der orthodoxen Wirtschaftswissenschaft auf einem zeitweiligen Tiefpunkt befand, und blieb denn auch im ökonomischen Mainstream so gut wie unbeachtet.

Mit dem Eigentumsthema hatte Marx übrigens schon früh Bekanntschaft gemacht. 1842, ein Vierteljahrhundert vor dem Erscheinen des *Kapital*, berichtete er als 24-jähriger Redakteur der Kölner *Rheinischen Zeitung* unter der Autorenangabe *Von einem Rheinländer* über die Debatten des Landtags der Preußischen Rheinprovinz über ein »Holzdiebstahlgesetz« (*Debatten über das Holzdiebstahlsgesetz. Von einem Rheinländer*, MEW 1:109–147). Für den jungen Marx waren diese ein prägendes Schlüsselerlebnis, insofern als er hier zum ersten Mal konkret die Bedeutung der Ablösung mittelalterlicher, von gewohnheitsrechtlichen Gemeinwohlpflichten durchsetzter Eigentumsrechte durch moderne, kapitalismuskonforme, »rationale« Rechtsverhältnisse beobachten konnte. Ein Thema der Auseinandersetzung war, ob die Landbewohner in den nach neuem bürgerlichen Recht zu veräußerbarem Privateigentum gewordenen Wäldern weiterhin, wie sie es jahrhundertelang getan hatten, zum eigenen Gebrauch trockenes Holz sammeln durften oder ob sie damit neuerdings Diebstahl begingen. Was Marx dabei vor allem auffiel, war die Kaltschnäuzigkeit, mit der die früher feudalen, jetzt bürgerlich gewordenen Waldbesitzer ihre Landtagsmehrheit zur Durchsetzung ihrer Interpretation der Rechtslage nutzten. Dahinter erkannte Marx die klassenpolitische Logik eines bürgerlichen Rechtsfortschritts, der »die Mischung von Privatrecht und öffentlichem Recht beseitigte, wie sie uns in allen Institutionen des Mittelalters begegnet« – eine Mischung, die diesen »einen schwankenden Charakter« verliehen hatte, weil sie feudales Eigentum »nicht entschieden zum Privateigentum, aber auch nicht entschieden zum Gemeineigentum stempelte«. Die Rationalisierung des Rechts im frühen 19. Jahrhundert, die dieser Zweideutigkeit ein Ende setzte, erschien Marx einerseits als »eine große und bewunderungswürdige Arbeit, denn nur die Einseitigkeit formiert und reißt das Besondere aus dem unorganischen Schleim des Ganzen« (*Holzdiebstahl*, MEW 1: 118). Zugleich aber zerstörte sie ersatzlos die »Gewohnheitsrechte der Armen«, die in dem modernen, formalen Recht des aufkommenden Kapitalismus keinen Platz mehr hatten. Dieselbe Dialektik konnte Marx Jahrzehnte später in der Vor- und Frühgeschichte des englischen Kapitalismus bei der Einzäunung des Gemeindelandes wiederfinden, wobei ihm die Parallelen zwischen den historischen spätmittelalterlichen Debatten im englischen Parlament über Recht und Unrecht der *enclosures* und der Holzdiebstahlsdebatte im rheinischen Landtag seiner Gegenwart nicht entgehen konnten.

Im 25. und letzten Kapitel von Band 1 des *Kapital*, überschrieben »Die moderne Kolonisationstheorie« (23:792–802), führt Marx ein faszinierendes zeitgenössisches Beispiel dafür an, dass Kapitalismus nur mithilfe politischer Gewalt entstehen kann. Sein Ausgangspunkt sind dabei Diskussionen unter den Ökonomen seiner Zeit über die Schwierigkeiten beim Export des Kapitalismus in die noch unbesiedelten Landschaften neu eingerichteter Kolonien – Landschaften, die ja doch, so Marx, eigentlich ideale Orte für robinsoneske Gesellschaftsverträge sein müssten. Wo aber die für den Kapitalismus unentbehrlichen Arbeitskraftgeber als Alternative zu Arbeitsteilung und Fabrikdisziplin die Möglichkeit haben, sich auf freiem bzw. von seinen Ureinwohnern »gelichtetem« Land als unabhängige Bauern niederzulassen, ziehen sie dieses vor – und es zeigt sich wie in einem Laborexperiment, dass Reichtum, sei er noch so unternehmungslustig und vermehrungsfreudig, auf sich allein gestellt nicht zu Kapital werden kann. Mit charakteristischem Sarkasmus referiert Marx den Bericht eines zeitgenössischen Theoretikers und Praktikers des Kolonialismus, Edward Gibbon Wakefield (1796–1862), über den Versuch eines gewissen Peel, in der australischen Kolonie Kapitalismus zu betreiben: »Herr Peel ... nahm Lebensmittel und Produktionsmittel zum Belauf von 50 000 Pfd. St. aus England nach dem Swan River, Neuholland, mit. Herr Peel war so vorsichtig, außerdem 3 000 Personen der arbeitenden Klasse, Männer, Weiber und Kinder mitzubringen. Einmal am Bestimmungsplatz angelangt, ›blieb Herr Peel ohne einen Diener, sein Bett zu machen oder ihm Wasser aus dem Fluss zu schöpfen‹. Unglücklicher Herr Peel, der alles vorsah, nur nicht den Export der englischen Produktionsverhältnisse nach dem Swan River!« (23:793f.). Die Lösung, nach Wakefield und ähnlichen Repräsentanten derselben bürgerlichen Vernunft: Zwangsarbeit statt »freier Lohnarbeit«, also Sklaverei, oder Bodenrationierung über einen staatlich festgesetzten Preis, der hoch genug sein muss, »dass er die Arbeiter verhindert, unabhängige Bauern zu werden, bis andre da sind, um ihren Platz auf dem Lohnarbeitsmarkt einzunehmen« (23:800).

Was sollen wir aus alledem für unsere Gegenwart lernen? Zum Kapitalismus müssen Gesellschaften und ihre Mitglieder gebracht, gestoßen, ge- und erzogen werden. Niemand wird freiwillig Arbeiter, damit jemand anders Kapitalist werden kann – einen »Selbstexpropriationstrieb der arbeitenden Menschen zu Ehren des Kapitals«, wie Marx es ausdrückt, gibt es nur bei liberalen Ökonomen: »Die Menschheit«, zitiert Marx Wakefield, »adoptierte eine einfache Methode zur Förderung der Akkumulation des Kapitals... sie teilte sich in Eigner von Kapital und Eigner von Arbeit ... diese Teilung war das Resultat freiwilliger Verständigung und Kombination« (23:795). In der wirklichen Welt freilich zeigt sich, dass Kapitalismus nicht in öffentlichem Auftrag entsteht, damit es effizienter zugeht auf Erden, sondern kraft Eigentums und nach Durchsetzung eines machtbewehrten Rechts, mit diesem nach Belieben zu verfahren. Auch deshalb stand der Kapitalismus als Wirtschafts- und Gesellschaftsordnung stets auf der Kippe. Weitergehen kann es mit ihm immer nur so lange, wie die privaten Eigentümer des gesellschaftlichen Produktivkapitals genügend Nichteigentümer dazu bringen, ihnen ihre Arbeitskraft zur Bedienung und Vermehrung desselben zur Verfügung zu stellen, zuverlässig, gehorsam und, wie es heute heißt, »motiviert«[16] – solange wie, in anderen Worten, die unnatürliche Kopplung von Kapital, dessen Besitzer es arbeiten lassen können, ohne dabei sein zu müssen, und Arbeitskraft, die nur arbeiten kann, wenn ihre Besitzer persönlich und diensteifrig anwesend sind, immer wieder neu hergestellt werden kann. Früher, in der Zeit der Arbeitshäuser des 18. und 19. Jahrhunderts, geschah dies durch Zwang, einschließlich barbarischer Körperstrafen, später durch wirtschaftliche Not, noch später durch Appelle an Ehr- und Pflichtgefühle oder den jeweils als solchen geltenden gesunden Menschenverstand und heute zunehmend auch durch immer weiter hochgeschraubte Konsumnormen.

Schon bei Rosa Luxemburg, der großen marxistischen Gesellschaftstheoretikerin an der Wende vom 19. zum 20. Jahrhundert, findet sich der Gedanke, dass die ursprüngliche Akkumulation mehr war als ein einmaliger Gründungsakt, als ein fernes Ereignis in einer für immer abgeschlossenen Vergangenheit. Kapitalistischer Fortschritt, was später Wirtschaftswachstum genannt werden sollte, war für Luxemburg gleichbedeutend mit immer weiter politisch vorangetriebener Öffnung noch nicht kapitalistischer Länder, Lebensweisen und Lebensverhältnisse für Markt und Wettbewerb, mit fortschreitender Kolonisierung und Assimilierung von vorkapitalistischen Außen- wie Innenwelten, einem Prozess, den Luxemburg 1913 als »Landnahme« bezeichnete.[17] Kapitalismuskritische Autoren der Gegenwart, unter anderen Michael Burawoy,[18] David Harvey,[19] Nancy Fraser,[20] Michael Hardt und Toni Negri,[21] Michael Perelman[22] und Saskia Sassen,[23] haben den Gedanken einer *permanenten ursprünglichen Akkumulation* auf unterschiedliche Weise aufgegriffen und zur Deutung so verschiedener Phänomene wie der Zerschlagung vormoderner Gesellschaften an der globalen Peripherie und des Strukturwandels der Familie im Zuge der Ausweitung der weiblichen Erwerbstätigkeit seit den 1970er Jahren eingesetzt. Dabei geht es jeweils um das Grenzgebiet zwischen Markt und Gesellschaft, zwischen kapitalistisch und nichtkapitalistisch organisierter Vergesellschaftung, wobei kapitalakkumulierende Märkte nur bestehen können, solange es ihnen gelingt, sich in immer neue, noch nicht vermarktete und kapitalisierte Verhältnisse hineinzudrängen und sich auf deren Kosten auszudehnen.

Auch hierbei muss, wie beim historischen Übergang in die Moderne, Widerstand überwunden werden und bedarf es eines breiten Arsenals von Machtinstrumenten. Dabei scheint gegenwärtig der nötige Aufwand zu-, seine Wirkung aber abzunehmen. An den Rändern des kapitalistischen Weltsystems scheint die Zeit stabiler Satellitenstaaten, die Ruhe und Ordnung für kapitalistische Modernisierung sicherten, ausgelaufen zu sein, zusammen, angesichts von Schulden, Korruption, Elend, Krieg und immer zahlreicher werdenden *failed states,* mit der Glaubwürdigkeit der alten Versprechen von Entwicklung und Wohlstand. Gleichzeitig müssen die Bürger in den Metropolen dazu gebracht werden, immer absurdere Behauptungen zu glauben oder resigniert auf sich beruhen zu lassen. Zu ihnen gehört, dass der Kapitalismus von sich aus ›Wohlstand für alle‹ hervorbringt, obwohl man heute wissen kann, dass auch eine nur halbwegs faire Verteilung des in den Smith'schen Produktionsstätten produzierten Reichtums nur möglich ist, wenn sie dem auf seine unendliche Vermehrung programmierten Kapital mittels demokratischer Gegenmacht aus den Zähnen gezogen wird – was unter Bedingungen der ›Globalisierung‹ immer weniger gelingt. Ebenfalls geglaubt werden soll, dass die Akkumulation von Kapital durch privaten Profit als Gegenleistung wirtschaftliches Wachstum liefert, wo doch seit langem nur noch die Gewinne wachsen, während ›die Wirtschaft‹ trotz zunehmender Zerstörung von Gesellschaft und Natur stagniert.

Vor allem aber müssen heute die noch nicht aussortierten Geber von Arbeitskraft in den reichen kapitalistischen Ländern dazu bewogen werden, sich immer länger und schneller und disponibler zu verausgaben, obwohl sie schon lange mehr haben oder haben könnten, als sie brauchen – aus *Angst*, es zu verlieren, aus *Gier* nach immer demselben Neuen, aus *Neid* oder aus *Langeweile*, weil ihnen eine durchkapitalisierte Lebenswelt außerhalb von Erwerb und Konsum nichts mehr zu bieten hat. So gigantisch ist heute der Aufwand, der für die ununterbrochene Expansion des Kapitalismus als Wirtschafts- und Lebensweise betrieben werden muss, dass man, anknüpfend an das 24. Kapitel, durchaus von *bewusstseinspflegerischer Gewaltanwendung* sprechen kann. Die Marx'sche Analyse der »ursprünglichen Akkumulation« führt uns wie kein anderer klassischer Text die Wurzeln der über zwei Jahrhunderte zur Selbstverständlichkeit gewordenen Zwanghaftigkeit unserer Lebensweise vor Augen – mit ihrer an die rastlose Selbstbewegung des Kapitals gekoppelten und von ihr gnadenlos getakteten Rastlosigkeit. Zugrunde liegt dieser die existenzielle Abhängigkeit gesellschaftlichen Fortschritts im Kapitalismus von einem ungehinderten Fortgang privater Kapitalakkumulation, zu gewährleisten durch eine laufende Unterdrückung des menschlichen Hangs zu einem subsistenzwirtschaftlichen Traditionalismus durch das, was Schumpeter »schöpferische Zerstörung« genannt hat und was heute, im Jargon der Beratungsbranche, als ›Disruption‹ bezeichnet wird. Fortschritt im Kapitalismus tritt den Menschen wie eine fremde, objektive Gewalt entgegen und verlangt von ihnen selbst da gehorsame Anpassung, wo es, wenn es nach ihnen ginge, gut so weitergehen könnte wie bisher. Im entwickelten Kapitalismus müssen wir es für moralisch geboten halten, uns dem globalen Wettbewerb auszusetzen, damit wir ja nicht rasten und dabei rosten; wir müssen lernen zu konsumieren, damit wir produzieren können statt umgekehrt; und höhere Produktivität sollen wir für mehr Produkte, mehr Stecknadeln, nutzen statt für weniger Arbeit in den privateigenen Fabriken der unsichtbaren Elften, oder für mehr unbezahlte Arbeit für uns und die Unseren.«Weiter, immer weiter«– nichts bezeichnet zutreffender als der Wahlspruch eines berühmten deutschen Fußballtorwarts den Geist zwanghafter Unruhe, mit dem der Kapitalismus unser modernes Alltagsleben durchtränkt hat.

1 Adam Smith: *An Inquiry into the Nature and Causes of the Wealth of Nations* (1776), hg. von Kathryn Sutherland, Oxford u. New York 1993.

2 Ebd., 12; Übersetzung W.S.

3 Ebd., 12f., Übersetzung W.S.

4 So schon in der 1903 erstmals veröffentlichten, im Entwurfsstadium verbliebenen »Einleitung« der *Grundrisse der Kritik der politischen Ökonomie (Rohentwurf)* von 1857, wo es heißt: »Der einzelne und vereinzelte Jäger und Fischer, womit Smith und Ricardo beginnen, gehört zu den phantasielosen Einbildungen der 18.-Jahrhundert-Robinsonaden, die keineswegs … bloß einen Rückschlag gegen Überverfeinerung und Rückkehr zu einem mißverstandnen Naturleben ausdrücken. So wenig wie Rousseaus *contrat social*, der die von Natur independenten Subjekte durch Vertrag in Verhältnis und Verbindung bringt, auf solchem Naturalismus beruht … Es ist vielmehr die Vorwegnahme der ‚bürgerlichen Gesellschaft‘, die seit dem 16. Jahrhundert sich vorbereitete und im 18. Riesenschritte zu ihrer Reife machte. In dieser Gesellschaft der freien Konkurrenz erscheint der Einzelne losgelöst von den Naturbanden usw. die ihn in früheren Geschichtsepochen zum Zubehör eines bestimmten begrenzten menschlichen Konglomerats machen. Den Propheten des 18. Jahrhunderts, auf deren Schultern Smith und Ricardo noch ganz stehn, schwebt dieses Individuum des 18. Jahrhunderts – das Produkt einerseits der Auflösung der feudalen Gesellschaftsformen, andrerseits der seit dem 16. Jahrhundert neu entwickelten Produktivkräfte – als Ideal vor… Nicht als ein historisches Resultat, sondern als Ausgangspunkt der Geschichte … Diese Täuschung ist jeder neuen Epoche bisher eigen gewesen« (Marx 1953 [1939], 5f.).

5 Smith: *Wealth of Nations*, 160, Übersetzung W.S.

6 »Den alten Feudaladel hatten die großen Feudalkriege verschlungen, der neue war ein Kind seiner Zeit, für welche Geld die Macht aller Mächte« (23:746) – Geld, oder auch Schulden und die Notwendigkeit, diese abzuzahlen (vgl. dazu auch Christoph Türcke: *Mehr! Philosophie des Geldes*, München 2015).

7 Vgl. Joyce Appleby: »Ideology and Theory: The Tension between Political and Economic Liberalism in Seventeenth-Century England«, in: *American Historical Review* 81/3 (1976), 499–515.

8 »Als Beispiel der im 19. Jahrhundert herrschenden Methode genügen hier die ‚Lichtungen‘ der Herzogin von Sutherland. Diese ökonomisch geschulte Person beschloss gleich bei ihrem Regierungsantritt eine ökonomische Radikalkur vorzunehmen und die ganze Grafschaft, deren Einwohnerschaft durch frühere, ähnliche Prozesse bereits auf 15 000 zusammengeschmolzen war, in Schaftrift zu verwandeln. Von 1814 bis 1820 wurden diese 15 000 Einwohner, ungefähr 3 000 Familien, systematisch verjagt und ausgerottet. Alle ihre Dörfer wurden zerstört und niedergebrannt, alle ihre Felder in Weide verwandelt … So eignete sich diese Madame 794 000 Acres Land an, das seit undenklichen Zeiten dem Clan gehörte« (23:757f.).

9 Marx zitiert einen Autor von 1948, demzufolge die »Hochlands-Eigentümer … den Wildhandel ausschließlich mit einem Auge auf den Profit« betrieben: »Denn es ist Tatsache, dass ein Stück Bergland, in Jagdung angelegt, in vielen Fällen ungleich profitabler ist denn als Schaftrift … Der Liebhaber, der ein Jagdrevier sucht,

beschränkt sein Angebot nur durch die Weite seiner Börse ... Leiden sind über die Hochlande verhängt worden nicht minder grausam, als die Politik normännischer Könige sie über England verhing. Rotwild hat freieren Spielraum erhalten, während die Menschen in engen und engern Zirkeln gehetzt wurden ... Eine Freiheit des Volks nach der anderen ward ihm geraubt ... Und die Unterdrückung wächst noch täglich ...« (23:759f.)

10 In anderen Worten, als Revolution. Und eine Revolution, so Mao Tse Tungs berühmtes Diktum in seinem *Untersuchungsbericht über die Bauernbewegung in Hunan, März 1927*, ist eben »kein Gastmahl, kein Aufsatzschreiben, kein Bildermalen oder Deckchensticken; sie kann nicht so fein, so gemächlich und zartfühlend, so maßvoll, gesittet, höflich, zurückhaltend und großherzig durchgeführt werden«.

11 Dieses Thema ist Gegenstand vom 8. Kapitel, das den jahrhundertelangen Kampf um die Dauer des Arbeitstags behandelt.

12 Vgl. Max Weber: *Die protestantische Ethik und der »Geist« des Kapitalismus* (1904/5), in: ders., *Schriften 1894–1922*, hg. von Dirk Kaesler, Stuttgart 2002, 150-226.

13 Wobei, etwa bei der Vertreibung der nordamerikanischen Indianer, eine protestantische Lesart des Neuen Testaments an die Stelle noch unterentwickelter betriebswirtschaftlicher Kostenrechnungen trat, wonach es Gottes Wille sei, dass Güter demjenigen gehören sollen, der sie am effizientesten zu nutzen versteht. Siehe vor allem Matthäus 25, 14–30, das Gleichnis von den anvertrauten Talenten.

14 Douglass C. North und Robert Paul Thomas: *The Rise of the Western World: A New Economic History*, Cambridge 1973.

15 Elinor Ostrom: *Governing the Commons*, Cambridge 1990.

16 Sabine Donauer: *Faktor Freude: Wie die Wirtschaft Arbeitsgefühle erzeugt*, Hamburg 2015.

17 Rosa Luxemburg: *Die Akkumulation des Kapitals: Ein Beitrag zur ökonomischen Erklärung des Imperialismus*, Berlin 1913.

18 Michael Burawoy: »Facing an Unequal World«, in: *Current Science* 63/1 (2015), 5–34.

19 David Harvey: *The New Imperialism*, Oxford 2003.

20 Nancy Fraser: »Can society be commodities all the way down? Polanyian reflections on capitalist crisis«, in: *FMSH-WP-2012-18*, August 2012 und dies.: »Contradictions of Capital and Care«, in: *New Left Review* Nr. 100 (2016), 99–117.

21 Michael Hardt und Antonio Negri: *Empire*, Cambridge (MA) 2000.

22 Michael Perelman: *The Invention of Capitalism: Classical Political Economy and the Secret History of Primitive Accumulation*, Durham und London 2000.

23 Saskia Sassen: *Expulsions: Brutality and Complexity in the Global Economy*, Cambridge (MA) und London 2014.

MICHAEL QUANTE ÜBER
ENTFREMDUNG

Damit der »*Mensch*« zum Gegenstand des *sinnlichen* Bewußtseins und das Bedürfnis des »*Menschen als Menschen*« zum Bedürfnis werde, dazu ist die ganze Geschichte die Vorbereitungs/Entwicklungsgeschichte. Die Geschichte selbst ist ein *wirklicher* Teil der *Naturgeschichte*, des Werdens der Natur zum Menschen. Die Naturwissenschaft wird später ebensowohl die Wissenschaft von dem Menschen wie die Wissenschaft von dem Menschen die Naturwissenschaft unter sich subsumieren: es wird *eine* Wissenschaft sein.

Ökonomisch-philosophische Manuskripte, (MEW 40:543)

Die Freiheit in diesem Gebiet kann nur darin bestehn, daß der vergesellschaftete Mensch, die assoziierten Produzenten, diesen ihren Stoffwechsel mit der Natur rationell regeln, unter ihre gemeinschaftliche Kontrolle bringen, statt von ihm als von einer blinden Macht beherrscht zu werden; ihn mit dem geringsten Kraftaufwand und unter den, ihrer menschlichen Natur würdigsten und adäquatesten Bedingungen vollziehn. Aber es bleibt dies immer ein Reich der Notwendigkeit. Jenseits desselben beginnt die menschliche Kraftentwicklung, die sich als Selbstzweck gilt, das wahre Reich der Freiheit, das aber nur auf jenem Reich der Notwendigkeit als seiner Basis aufblühn kann. Die Verkürzung des Arbeitstags ist die Grundbedingung

Kapital, Band 3, (25:828)

In Marx' frühen Schriften, vor allem in den »Ökonomisch-philosophischen Manuskripten« von 1844, spielt das Motiv der »Entfremdung« eine zentrale Rolle. Im »Kapital« kommt das Wort nur viermal vor. Mit Untersuchungen über die Entwicklung des Marx'schen Denkens vom junghegelianischen, radikalen Philosophen zum Autor des »Kapital« und zum Begründer einer historischen Uni-

versalwissenschaft, die heute »historischer Materialismus« genannt wird, sind Bibliotheken gefüllt worden. Die Frage, ob es einen Bruch zwischen dem philosophischen, humanistischen (in den Zeiten des Kalten Krieges: des »guten«) Marx und dem Verfasser der »Kritik der politischen Ökonomie« gibt, wird unter Exegeten bis heute diskutiert. Entfremdung, das war bei Rousseau die Veräußerung eigener Rechte an die Gemeinschaft, bei Hegel die Selbstentäußerung des Geistes in die Geschichte und sein Zusichselbstkommen an deren Ende. Marxens philosophische Entwicklung beginnt mit der Kritik der politischen Entfremdung in der bürgerlichen Gesellschaft, welche den Bourgeois über den Citoyen und den Homme siegen lässt. Unter dem Einfluss von Friedrich Engels' »Umrissen zu einer Kritik der Nationalökonomie« (1:499–524) geht er den entscheidenden Schritt über die zeitgenössische Kritik an der Religion als einer projektiven Entfremdung des »menschlichen Wesens« hinaus. Dieses »menschliche Wesen« ist nur durch das »ensemble der gesellschaftlichen Verhältnisse« bestimmbar (6. These über Feuerbach, 1844/5; 3:6). Der Philosoph und politische Publizist Marx, der Mitbegründer des Bundes der Kommunisten, der Sympathisant und Kritiker der utopischen Sozialisten in Frankreich, der Mitverfasser des »Kommunistischen Manifests« beginnt nun im Londoner Exil seine kritischen Studien der (vornehmlich englischen) politischen Ökonomie – und über die Mischung dieser Elemente in seinem Denken gibt es so viele Theorien wie politische Richtungen innerhalb der unhandlichen und unerschöpflichen Schublade »Marxismus«.

MATHIAS GREFFRATH & MICHAEL QUANTE
DIALEKTIK UND ENTFREMDUNG
Zur Aktualität der Philosophie von Karl Marx: Ein Gespräch

MATHIAS GREFFRATH: *Warum gehört das* Kapital *in die philosophische Bibliothek? Ich könnte auch fragen: Warum steht es nicht schon lange darin? Oder: Wäre es heutzutage nicht eher angesagt, es in die volkswirtschaftlichen Fakultäten zu tragen?*

MICHAEL QUANTE: Wir können das Denken von Marx als philosophisches Denken reklamieren. Es ist von dem Theorietyp, von den Ansprüchen der Theorie und ihren Geltungs- und Funktionsweisen her keine Einzelwissenschaft, sondern es enthält umfassendere Ansprüche. Der Begriff der Totalität wäre ein Beispiel dafür. So weit ist man wahrscheinlich noch mit vielen anderen Philosophen im gleichen Boot. Auch mit denen, die Marx immer schon philosophisch gelesen haben. Aber nun zu sagen: Er ist der Abschluss oder der Vollender des Deutschen Idealismus – wie ich es getan habe – ist sicher provokativ, doch ich halte es aus zwei Gründen für vertretbar: Erstens, weil Marx selber, in seinem Nachwort zur zweiten Auflage des *Kapital* von 1873, sagt, er sei Schüler Hegels und er sei stolz darauf. Das tut er völlig ohne Not und nicht im Sinne einer nur kokettierenden, sondern einer durchaus robusten Inanspruchnahme.

Und zweitens: Wenn Marx die Philosophie kritisiert, dann kritisiert er seinen eigenen Werdegang in der junghegelschen Bewegung nach Hegels Tod, die mit Namen wie Ludwig Feuerbach, Bruno Bauer, Max Stirner verbunden ist. Den Jung-Hegelianern wirft er vor, dass sie große gesellschaftliche normative Debatten angezettelt haben, ohne irgendwelche Informationen über die realen empirischen Beschaffenheiten der Gesellschaft, über die sie reden, zu haben.

Was heißt das: eine philosophische Beschäftigung mit einer sozial- und wirt-
schaftswissenschaftlichen Einzelwissenschaft? Was ist das Philosophische
daran?

Es gibt Fragen, die Einzelwissenschaften als solche nicht stellen, sondern
die philosophischen Theoriebildungen voraussetzen. So hat Marx in den
Ökonomisch-philosophischen Manuskripten von 1844 wie auch im *Kapital*
von 1867 den Nationalökonomen aller Art vorgeworfen, sie würden ihre
Begriffe nicht auseinanderentwickeln, und sie könnten deshalb nicht zeigen, dass ihre Begriffe ein System darstellen, ein zusammenhängendes
Geflecht von Begriffen wie Phänomenen, die Strukturregelmäßigkeiten
aufweisen. Diesen totalisierenden Anspruch erhebt keine Einzelwissenschaft. Und das Zweite – das bei Marx dann schwierig wird: Es gibt bei
ihm eine verborgene, aber unverzichtbare Normativität, die rein be-
schreibende und positivistische Disziplinen nicht aufweisen.

Was bei Hegel der Gang des Geistes durch die Geschichte ist: die Selbstentäu-
ßerung, die Entfremdung des Geistes und das Wieder-zu-sich-selbst-kommen,
das heißt bei Marx: Die Geschichte ist ein notwendiger Durchgang durch die
Entfremdung, der Kapitalismus ist die totale Entfremdung, und danach kommt
die Menschheit wieder zu sich selbst. Wäre das die Figur, die Marx von Hegel
übernommen hat? Kann man daran das Vollenden oder das Übersteigen des
Deutschen Idealismus festmachen?

Es gibt zwei große Pakete des Erbes, die Marx antritt. Das eine – vor allem
in den frühen Schriften von 1844 – ist eine geschichtsphilosophische
These: dass die Menschheit ihre wesentlichen Eigenschaften und auch
das richtige Verständnis ihrer selbst nicht sofort hat, sondern in einer Art
Bildungsprozess sich erst aneignen muss. Für Hegel, aber auch für Marx
gehört zur Bildung das Entwickeln komplexerer Produktions- und Gesellschaftsformen hinzu. In diesen sieht Marx nicht nur eine Abfolge von
sich verändernden Strukturen, sondern eine Art des Zusichselbstkom-
mens des Subjekts – des Gattungssubjekts, wie es in den frühen Schriften
heißt – das am Anfang nicht weiß, was es ist, und das auch nur erkennen

kann, was es ist, wenn es zunächst sein Wesen außerhalb seiner produziert, um im nächsten Schritt zu erkennen: Das bin ich.

Da denke ich an die Stellen beim entwickelten Marx oder im Kapital oder in den Grundrissen, an denen er sagt: Zunächst gab es einfache handwerklich-bäuerliche Verhältnisse etwa, in denen war man nicht entfremdet, man verfügte über seine Lebensmittel, seine Werkzeuge. Es war ein, wenn auch beschränktes, aber doch transparentes Leben. Mit der Bourgeoisie, mit dem Kapitalismus kommt die Entwicklung der Produktivkräfte und mit dieser die Trennung von meinen Werkzeugen und so weiter. Es entsteht ein großes System, in dem ich mich nicht wiederfinde. Das ist das System der Entfremdung. Aber es geht nicht zurück zum Alten, es gibt nur einen Ausweg nach vorn, auf eine neue Stufe. Das wäre dann das Hegel'sche übersetzt in Gesellschaftstheorie, nein: Gesellschaftsphilosophie, müsste man wohl sagen.

Ja, Sozialphilosophie im umfassenden Sinne ist vielleicht das richtige Wort. – Die Idee der Transparenz, der Durchsichtigkeit übernimmt Marx recht früh aus Texten der utopischen Sozialisten wie Saint-Simon oder Dézamy. Sie gehörten zu den Ersten, die auf die Effekte einer marktförmigen Organisation gesellschaftlicher Prozessen reagierten und sagten: Das ist nicht akzeptabel, weil es keine Kontrolle über den Prozess gibt, weil niemand zum Zeitpunkt des Handelns weiß, ob sein Handeln erfolgreich sein wird. Marx hat bis zu seinem Lebensende gesagt: Die Kontrolle über die komplexer werdende Produktion muss darin bestehen, dass diese nicht durchschauten Zusammenhänge transparent werden. Dies führte dann zur Planungsidee. Wir haben heute die Aufgabe zu überlegen, wie man Transparenz jenseits einer Vorabplanung in das System einspeisen kann, weil die Planungsstruktur andere Nachteile hatte, von denen Marx so noch nicht wissen konnte.

Sozialphilosophie ist das eine Hegel'sche Erbe. Und das andere?

Das Zweite ist, dass Marx sich ganz bewusst entscheidet, sein Hauptwerk, *Das Kapital,* in Analogie zu Hegels *Logik* zu organisieren. Letztere ist keine geschichtsphilosophische, sondern, wenn man so will, eine Kategorienlehre. Hegel hatte die Idee, alle für Denken überhaupt notwendigen und hinreichenden Kategorien auseinander zu entfalten und zu zeigen: Es gibt diese Kategorien und es kann auch keine anderen geben; das zeige ich mit einer rein internen Entfaltung der Bedeutung dieser Kategorien.

Das wäre eine Darstellungsweise, als wenn man den Körper des Menschen erklärt, indem man mit der Zelle anfängt und dann eine Schicht, eine Ebene nach der anderen daraus begrifflich entwickelt bis man beim fertigen Körper angelangt ist. Man rekonstruiert gleichermaßen systemischen Zusammenhang und einen historischen, wenn man mit der Zelle anfängt. Das wäre, grob gesprochen für die Landbevölkerung, die Hegel'sche Methode?

Die historische Ebene müssen wir dabei einklammern. Für Hegel ist die Logik zeitlos, weshalb er sie im Vorwort zur *Wissenschaft der Logik* als die Gedanken Gottes vor der Schöpfung bezeichnet. Damit will er sagen: Es geht hier um rein logische Verhältnisse. Im *Kapital* kombiniert Marx die beiden Ebenen; das macht sein Buch stellenweise schwierig. Aber das, was über Einzelwissenschaften hinausgeht, ist genau dieses Theorieideal, das Marx von Hegel übernommen und zeitlebens beibehalten hat: Eine philosophische Theorie muss ihren Gegenstand immer als eine Totalität darstellen, eine Voraussetzung, die besonders in den 1857/58 entstandenen *Grundrissen* klar erkennbar ist. Mit anderen Worten: Man zeigt, dass alle Dinge miteinander zusammenhängen, dass keines unabhängig von allen anderen ist, dass es nicht drei oder vier Grundbausteine gibt, die für sich stehen, sondern dass es zwischen allen erklärbare Strukturzusammenhänge gibt und alle Gesetzmäßigkeiten sich als Varianten einer Grundstruktur rekonstruieren lassen. Das Ganze ist eine Darstellungsweise, die – wie Marx im Nachwort zur zweiten Auflage sagt, – »das Leben des Stoffs ideell widerspiegelt«.

Man würde das heute Systemtheorie nennen.

Genau. Die Systemtheorie, die in Deutschland durch den Namen Niklas Luhmann besetzt ist, versucht ähnlich, wie schon Hegel, eine systemische Selbstdifferenzierung und Entfaltung darzustellen, blendet dabei aber normative und teleologische, also auf Ziele oder Zwecke gerichtete Aspekte aus. Das wiederum möchten weder Hegel noch Marx sich einhandeln. Sie kombinieren deswegen ihre Systemkonstruktion mit einer bestimmten Vorstellung von Zielgerichtetheit und Sinnhaftigkeit.

Das Kapital heisst im Untertitel Kritik der politischen Ökonomie. Was ist das für ein Kritikbegriff?

Dieser Kritikbegriff ist ein komplizierter. Kritik kann *erstens* heißen: normative Kritik an etwas, was man falsch findet, das ist die moralische Ebene. Wobei die normative Kritik am Kapitalismus (und an den Theorien über ihn) bei Marx keine gerechtigkeitstheoretische Kritik ist. Denn in seiner Darstellung des Tauschsystems (die auf den Theorien der bürgerlichen Ökonomen ruht) bekommt jeder Akteur nach den Gerechtigkeitsvorstellungen des Tausches das, was für seine Ware ein Äquivalent ist. Der Arbeiter erhält die Mittel zum Überleben, der Kapitalist den Gebrauchswert der Arbeitskraft, und deren Einsatz schafft den Mehrwert. Dazu sagt Marx: wunderbar, alles ist in Ordnung, keiner wurde betrogen. Und trotzdem entsteht ein Zustand daraus, in dem es dem einen hinterher besser geht, und dem anderen so schlecht wie zuvor. Wenn aber das Ergebnis eines Spiels, in dem alle Regeln eingehalten worden sind, moralisch unbefriedigend ist, dann sind die Spielregeln nicht in Ordnung. Und da setzt Marx' Kritik an ...

... als Systemkritik ...

... er will einen Systemwechsel. Er ist politisch auch für höhere Löhne, weil er nicht inhuman ist nach dem Motto: mehr Verelendung, damit es explodiert. Aber theoretisch sagt er: Das ist nur Reparatur, deshalb braucht es einen Systemwechsel, was immer das dann genau bedeuten mag.

Kritik kann *zweitens* heißen: die Leistungsfähigkeit, aber auch die Grenzen der Leistungsfähigkeit des Kritisierten zu bestimmen. Das ist das Projekt bei Kant: Die Vernunft soll ihre Grenzen kennen und ihre Leistungsfähigkeit bestimmen. Kritik der politischen Ökonomie kann dann heißen: Ich zeige, dass der Kapitalismus ein System ist, das bestimmte Dinge leistet, jedoch an bestimmten Stellen auch an seine Grenzen kommt.

Der *dritte* Kritikbegriff, ein aufklärendes Motiv, ist zu sagen: Menschen bilden Bewusstsein in ihren sozialen Kontexten, relativ zu ihren sozialen Rollen aus. Dieses Bewusstsein über die Situation, in der sie leben, ist formiert durch die Situationen, in denen sie leben. Kritik kann dann heißen, den Menschen zu helfen, diese Deformationen, die das Soziale ihrem Denken und Erkennen zufügt, aufzuklären, um sie so in die Lage zu versetzen, das, was hinter dem Oberflächenphänomen vorgeht, zu durchschauen. Zu begreifen, dass da etwas erscheint, und dass dahinter ein anderes Wesen steckt, diese Struktur zeigt sich schon im ersten Satz des Kapitals ...

In dem es heißt: »*Der Reichtum der Gesellschaften, in welchen kapitalistische Produktionsweise herrscht, erscheint als eine ›ungeheure Warensammlung‹«.*

... Wesen und Erscheinung, das ist eine der zentralen Denkfiguren der Hegel'schen Dialektik. Keine Gesellschaftstheorie, die sich positivistisch versteht, wird diese Dialektik von Wesen und Erscheinung in Anschlag bringen – einer Erscheinung zumal, die das Wesen vielleicht gar nicht abbildet, sondern eine Verzerrung erzeugt.

Kritik heißt, so sagten Sie: die Leistungsfähigkeit eines Systems testen. Nun wird ja im Kapital *nicht gesagt: In so und so viel Konjunkturzyklen bricht der Laden zusammen – auch wenn das manche geglaubt haben. Die Prognosen bleiben ja relativ allgemein, in Äußerungen wie der etwa, dass das Kapital letztlich die Quellen des Reichtum zerstöre: die Erde und den Arbeiter.*

Man kann sich das so vorstellen: Wenn in einem System ein Mechanismus zur Selbstzerstörung angelegt ist und das System darüber Kenntnis erlangt, dann gibt es die Möglichkeit, Kontrollen und Schranken einzuführen, die gegen seine eigenen, zerstörerischen Dynamiken wirken. Also, wenn Sie einen freien Markt wollen, dürfen Sie ihn nicht unkontrolliert lassen. Mehr Markt bedeutet: mehr Kontrollen, weil sonst die freigelassenen Kräfte Bedingungen schaffen, unter denen Markt nicht mehr möglich ist. Das weiß heute jeder. Auch ein nichtmarxistischer Ökonom wird heute sagen: Markt braucht Kontrolle, also marktfremde Steuerungsmechanismen.

Im Vorwort zum Kapital *heißt es, der »letzte Endzweck« des Werkes sei es, das Bewegungsgesetz der kapitalistischen Gesellschaft zu enthüllen, damit diese Gesellschaft sich verändern kann. Sie könne zwar »naturgemäße Entwicklungsphasen« nicht überspringen, aber die »Geburtswehen abkürzen«. Da geht es ihm gar nicht um die Revolution, sondern um die englischen Gesetze zum Schutz der Arbeiter.*

An solchen Formulierungen sieht man: Marx war ein Denker des 19. Jahrhunderts, in dem die Idee weit verbreitet war, man könnte geschichtsphilosophische Notwendigkeiten, also deterministischen Naturgesetzen analoge gesellschaftliche Gesetze finden. Davon sind wir heute weit entfernt und es ist philosophisch nicht mehr plausibel. Aber wenn wir das Geschichtsphilosophische einklammern, bleibt bei Marx immer noch eine brillante Analyse des Systems und der Nachweis seiner strukturellen Anfälligkeiten und Selbstdestabilisierungsmechanismen. Ob man daraus nun folgert: Der Kapitalismus wird sich zersetzen und dann kommt etwas Neues; oder ob man sagt: Der Kapitalismus war extrem erfolgreich darin, diese Mechanismen rechtzeitig zu entdecken und effiziente Ventile zu finden, seine Grundfunktionen beizubehalten, Sicherheitsbausteine einzuführen, sich allmählich zu transformieren, um sich innerhalb selbst gesetzter Grenzen umso kräftiger zu entfalten – das ist eine andere Frage.

Die zweite Variante liefe auf eine relativ offene Systemtheorie des Kapitalismus hinaus, die aber trotzdem einen Schurken hat. Und der heißt, ganz klar: das Kapital. Und das zeigt sich nicht in einem gewissen polemischen Überschuss der Darstellung. Marx ist ja nicht nur empört über die Ausbeutung, die dazu führt, dass die Leute 28 Stunden arbeiten müssen. Sondern er redet vom »Vampyrismus« des Kapitals, vom »automatischen Subjekt«, also von etwas Unbelebtem, vom Sieg der toten Arbeit über die lebendige Arbeit. Sind das polemische Zutaten zur Analyse oder steckt da mehr darhinter?

Sie sprechen da etwas sehr Wichtiges an Es gibt zum einen im *Kapital* lange Kapitel mit empirischen Studien, in denen Marx Beschreibungen der elendigen Lebensverhältnisse gibt, in denen er sich moralisch empört oder sarkastisch wird und sagt: das ist unmenschlich ...

... und die sind brillant geschrieben....

... brillant, aber auf einer anderen Theorieebene als diese Kategorienentwicklung zu verorten. Das muss man sehen und kann dann zeigen, dass diese langen Studien dazu dienen, bestimmte Kategorien der Theorie als empirisch unterfüttert auszuweisen. Die Art, wie Marx das Kategoriensystem organisiert, und die Bilder, die er benutzt, um die Funktionsweise des Systems zu beschreiben oder zum Ausdruck zu bringen, haben eine expressive Komponente, sind normativ aufgeladen. Das »automatische Subjekt« ist so ein Bild. Mit lebensähnlichen Funktionen ausgestattet – man könnte heute an K.I. denken oder auch Pflegeroboter – fehlt etwas für menschliches Leben Entscheidendes. Es ist eben automatisch. Das ist – auch für Marx – kein positiver Begriff, sondern hat so etwas wie diese Roboter, die sich so ungelenk bewegen, so eiskalt sind, mit dieser starren Mimik. Sie kennen das aus den Science-Fiction-Filmen ...

Irgendwo redet Marx vom Juggernaut-Rad, von diesem indischen Riesenrad, unter das die Menschen zu Tausenden gepresst werden ...

... und das hat ja Charly Chaplin in Modern Times ins Bild gesetzt. Es gab aber schon im 18. Jahrhundert dieses Motiv vom inhumanen Staat als einer Maschine. Dagegen sollte der organische, lebendige Staat gesetzt werden. Und das zweite: Das Kapital ist das, was diesen Strukturprozess in Gang hält, und zugleich ist es ein Untoter, ein Vampyr. Es braucht die Energie der wirklichen Menschen, erzeugt sich durch ihre undurchschauten sozialen Netze und saugt das, was Menschen sind, nämlich sozial interagierende leibliche Wesen, in sich auf und schafft dabei Strukturen, in denen Zwecke und Mittel verkehrt werden

Und das wäre nicht nur eine Metapher?

Das ist keine Metapher, sondern bringt zum Ausdruck, was Marx in den Frühschriften »Entfremdung« genannt hat. Sie wird hier auf ihre strukturelle Grammatik heruntergebrochen und dann mit einem Bild zum Ausdruck gebracht, nicht nur metaphorisch illustriert.

Das ist das, was bei meinem Großvater hieß: Geld regiert die Welt. Und genau das machte ja die Anziehungskraft dieser Theorie für das Proletariat oder die Arbeiterbewegung aus, dass die Kategorien eigener Erfahrung stärker entsprechen, als die in einem Lehrbuch der Nationalökonomie.

Es ist vor allem ein großer Unterschied zur Systemtheorie Luhmann'scher Art, weil die sich jeder Wertung enthält. Die Marx'sche Systemtheorie ist eine, in der das rein Systemische als Ausdruck des scheiternden Lebens verstanden wird, weil die Sinnhaftigkeit durch den Automaten ersetzt ist. Was vielleicht für die Menschen noch griffiger ist: diese allgegenwärtige Rede von den sogenannten Sachzwängen. Marx würde sagen: Das ist keine Metapher. Die Sachen zwingen uns, weil wir ihnen die Macht gegeben haben, ohne es zu merken. Gleiches gilt für andere Redeweisen: Etwas entsteht hinter unserem Rücken, oder: Die Menschen wissen es nicht, aber sie tun es; oder: Sie handeln wie Faust: Am Anfang ist die Tat und der Gedanke kommt später. In allen klingt dieses Hegel'sche Motiv an: Ich bringe erstmal etwas in die Welt und muss es nachher durchschauen, um es mir wirklich anzueignen.

Und darin steckt die Hoffnung: Wenn ich das durchschaue, was ich hinter meinem Rücken angestellt habe, dann werde ich auch anders handeln können.

Dann habe ich zumindest die Chance, zu sehen, an welchen Stellen ich intervenieren muss. Das ist jetzt der Punkt, an dem ein geschichtsphilosophischer Determinismus mit diesem emanzipatorischen Anliegen in Konflikt gerät. Denn wenn es darum geht, Menschen zu motivieren, Dinge zu erkennen und zu ändern oder auch Einstellungen zu verändern in ihren eigenen Leben, dann kann ein geschichtsphilosophischer Automatismus nicht helfen. Denn der sagt ja: Entweder das Scheitern oder der Erfolg ist garantiert. Deshalb hat man immer die Spannung bei Marx: zwischen dem auf Veränderung hin motivierenden Gestus der Theorie und diesem anderen Strang, den Marx manchmal als dieses »Wir-werden-schon-gewinnen«-Spiel in politischen Debatten benutzte.

Man muss, wenn man über Entfremdung redet, über einen positiven Gegenbegriff verfügen. Ernst Bloch sagte: Entfremdung könne nicht verurteilt werden, wenn es nicht ein Maß ihres Gegenteils oder keinen Hinweis auf ihr Gegenteil gebe. Dieses Gegenteil: Was ist das bei Marx? Eine positive Anthropologie der Arbeit?

Da muss man auch wieder sagen: Wir finden dafür Indizien nur im Frühwerk von Marx und in seiner Anthropologie: 1844 in diesen berühmten Mill-Exzerpten, wo er einmal aus der Deckung geht und fragt: Was passiert denn, wenn wir unentfremdet produziert hätten. Da sagt er: Ich genieße es, wenn Du mein Produkt rezipierst, dass ich unmittelbar Dein Wesen realisiere. Das zielt auf schrankenlose Vereinigung, eine romantische Denkfigur dieser Zeit. Im *Kapital* ist Marx älter, realistischer geworden und weiß, dass das keine vollständig gelingende Beschreibung für komplexe Gesellschaften ist. Er ersetzt dann diese unmittelbare Ich-Du-Nähe durch die Idee der strukturellen Solidarität und der Transparenz einer Gesellschaft, die diesen Klassenantagonismus nicht mehr aufweisen soll. Das heißt, es wird alles ein bisschen realistischer für Komplexitäten, und es wird von diesem Pathos heruntergefahren in Strukturanalysen.

Es hat in den sechziger Jahren ja ein Riesenbohei gegeben um diese frühen Schriften von Marx, vor allem die Pariser Manuskripte, *die genau das versprachen, was Sie eben entwickelt haben: irgendeine Art Erlösung von Gesellschaft und ihren Härten. Im* Kapital, *so sagten Sie, ist Marx nüchterner geworden. Was ist denn von der Emphase noch übrig im* Kapital? *Taucht dieser Entfremdungsbegriff und seine Aufhebung überhaupt noch auf?*

Wenn man sich das in den Frühschriften anschaut: Es gibt nur acht Seiten in dem ganzen Werk, wo Marx sich selbst und dem Leser erklärt, was er unter Entfremdung genauer versteht. Da gibt es vier Aspekte und alle tauchen als einzelne Strukturmerkmale in der Kapitalanalyse wieder auf. Aber sie werden nicht mehr unter eine generelle Kategorie gepackt, sondern weiter ausdifferenziert. So, eine Stufe tiefer, verlieren sie ihr ursprüngliches emphatische Pathos. Dass es eine Zweck-Mittel-Verkehrung gibt, dass die Tätigkeit als sinnentleert erlebt wird, wird nicht mehr abstrakt benannt, sondern in den Phänomenen aufgezeigt. Marx vertraut darauf, dass jeder, der in einer solchen Gesellschaft lebt, die Beschreibung versteht. Dass er das Scheitern des gelingenden Lebens sozusagen erzählt bekommt. Dafür braucht es keine abstrakte philosophische Kategorie mehr, sondern das Gefühl der Entfremdung wird dem Leser durch das Lesen nahegelegt. Es ist wie bei Kafka: Da steht nicht die Kategorie Platzangst im Text, aber das Lesen der Romane erzeugt Platzangst. Marx transportiert untergründig vieles von dem Pathos der frühen Schriften weiter, nimmt den kritischen Impuls mit und verschiebt beides in die Darstellung, in den Vampirbegriff, in die Bilder. Dafür braucht er jetzt keine abstrakten Begriffe, sondern das ganze System strahlt Entfremdung aus. Weil der Entfremdungsbegriff auf sein Gegenteil hin angelegt ist, muss man natürlich wissen: Ist das ein konsistenter Begriff oder nicht? Marx selbst hat sich nie klargemacht, dass dieser frühe, feuerbachsche Begriff (des Gattungssubjekts) eine Überforderung für komplexe Gesellschaften erzeugt, und dass man, wenn man es realistischer betrachtet, die normative Faszination und die Bewertung der negativen Seite etwas herunterfahren müsste. Dieses Problem hat er, allerdings nur vordergründig, gelöst, indem er die Versachlichung der Empörung betreibt, ohne die ihr eingeschriebenen Standards zu reflektieren. Dazu hätte er Ethik betreiben müssen, doch diese finden wir bei ihm nicht. Hierin liegt heute unsere Aufgabe.

Oder er hätte dafür Planungstheorie betreiben müssen. Ich denke jetzt natürlich an die Stelle im Kapitel über den »Fetischcharakter der Ware«, wo er sich, um den Kontrast zu einer warenproduzierenden Gesellschaft zu zeigen, die vom Kapital dirigiert wird, einen »Verein freier Menschen« vorstellt, die kooperativ arbeiten und rational und transparent über die Verwendung der notwendigen Arbeit und des gesellschaftlichen Produkts beschließen: so und so viel Arbeit für Textilien, so viel für Lebensmittel, so viel für Werkzeuge usw. Diese Arbeit müsste eine nicht entfremdete Gesellschaft im großen Maßstab leisten. Das wäre die Aufgabe, vor der wir heute stünden.

Das Problem mit dieser Textstelle ist: Marx führt diesen Verein als Gedankenexperiment ein (übernommen von einem dieser französischen Frühsozialisten). Es gilt nur für kleine Gemeinschaften. Das ist wie bei Rousseau: Bestimmte demokratische Verfahren gehen nur für kleine Gebilde, nicht für die großen Gesellschaften. Das sehen wir ja heute am Beispiel direkter Demokratie, die auch an Grenzen kommt.

Und Small is Beautiful *klingt gut, ist aber nicht zu machen.*

Es wird schnell inhuman, wenn man an acht Milliarden Menschen auf dieser Erde denkt. Das muss man sich in aller Konsequenz verdeutlichen. Außerdem hat Marx vielleicht doch diese Hegel'sche Vision geteilt, am Ende könne etwas gefunden werden, wo die Rechnung aufgeht, wo sich alle Konflikte und Widersprüche auflösen. Das steckt in dem Begriff der Totalität, jedenfalls aber in dem »des Wahren« drin.

Jedenfalls könnten sich alle Probleme, die aus dem gemeinsamen Produzieren und Verteilen kommen, lösen. Aber auch im Kommunismus – so sagt Marx irgendwo, so erinnere ich mich jedenfalls –, auch wenn wir das ökonomische Problem geregelt haben, wird es noch Probleme geben, aber es werden »menschliche Probleme« sein.

Wenn Sie Ernst Bloch lesen: der hat den Entfremdungsbegriff auf die gesamte existentiale Dimension bis hin zum Tod und Liebe ...

... ich denke, es ist so schon schwierig genug ...

... sicher, ich sage nur, in Blochs Denken sieht man das utopische Potenzial im Entfremdungsbegriff. Es muss, glaube ich, genau dieser utopische Überschuss gewesen sein, der in einer restaurativen Bundesrepublik mit einer konservativen Regierung, einer nicht aufgearbeiteten Vergangenheit und den ganzen Sachzwängen des Wirtschaftswunders der damaligen jungen Generation in den sechziger Jahren den Mangel an Sinn und Wärme dieser Gesellschaft klargemacht hat. Weil diese Texte ein menschliches Grundbedürfnis artikulieren. Die Frage ist nur: Ist das ein Zielpunkt, den man als Reales politisch umsetzen kann? Oder muss man diese Unterscheidung ins Auge fassen, die Marx selbst einführt: einerseits eine möglichst rationale Organisation dessen, was der Mensch auch an Mühsal ertragen muss, und daneben die freie Zeit für Kulturbildung? Also diesen Unterschied, den er am Ende des dritten Bandes des *Kapital* andeutet: von Reich der Notwendigkeit und Reich der Freiheit?

Ich will mal über das Utopischste in den späteren, also ökonomischen Texten reden: Da gibt es gewisse Passagen in den Vorstufen zum Kapital, *wo aus der Steigerung des relativen Mehrwerts durch immer mehr Technik am Schluss eine Wirtschaftsstruktur entsteht – und der sind wir ja heute ein bisschen ein Stückchen näher gerückt –, wo die Produktion immer automatischer wird. Automation 4.0 heißt es heute. Und daraus könne eine Gesellschaft entstehen, in der durch Arbeitszeitverkürzung und durch die Automatisierung aller üblen Arbeiten so etwas wie ein »Reich der Freiheit« entsteht. Was man da bei Marx fälschlicherweise reinlesen kann, wäre: dass das ein automatischer Prozess ist. Letztlich kann man aber doch das* Kapital *wohl nicht denken – und da helfen die Frühschriften – ohne diesen Antagonismus, das heißt: ohne Klassenkampf. Was bleibt von dem Buch denn übrig, wenn man Klassenkampf oder das »historische Subjekt«, das sich dem Kapital entgegenstellt, wegdenkt?*

Was auf jeden Fall bliebe für Wesen, wie Menschen es nun einmal sind: dieser Zielkonflikt, nach Lebensformen zu streben, in denen die Mühsal der Arbeit minimiert wird, in denen man sich aber zugleich in Arbeit selbst verwirklichen kann. Die vollständige Automation wäre für Marx keine Zielutopie, weil der Mensch das, was er seinem Wesen nach ist, in Tätigkeit ausarbeitet. Bloßes Spiel ohne Ernst nimmt dem Leben seine Würde und seinen Sinn. Das hätte Marx als guter Bildungsbürger gar nicht positiv gefunden. Er ist kein Hedonist, der sagt: Wir brauchen die perfekte automatische Produktionsstraße, damit wir alle Brot und Spiele haben können. Er meinte, es müsse human gestaltete Arbeitsverhältnisse geben, die zugleich Freiheit lassen für persönliche Entfaltung. Diese Spannung zwischen der notwendigen, manchmal auch unangenehmen Arbeit und der Selbstverwirklichung ist ein gesellschaftlicher Zielkonflikt unserer Lebensform. Ob man diese Dualität zwingend auf soziale Gruppen verteilen muss, wie das im Kapitalismus organisiert ist, da bin ich nicht sicher. Das ist nur so lange so, wie eine der Gruppen ihre Existenz nur über den Verkauf ihrer Lohnarbeit sichern kann, und das System auf der anderen Seite einen Impetus hat, den Einkauf von Arbeitskraft immer weniger notwendig zu machen durch Automatisierung – also Menschen überflüssig macht.

Mit der Emanzipation der Arbeiterklasse zur arbeitenden und konsumierenden – und gar nicht so schlecht konsumierenden – Klasse ist uns, klassisch gesprochen, das historische Subjekt abhanden gekommen. Was können wir jetzt noch mobilisieren, um die Verhältnisse menschlicher zu machen?

Man muss – das wäre jetzt mein Vorschlag als Philosoph – diese Überlegungen in einer anthropologisch fundierten Ethik des guten und gelingenden Lebens sowie angesichts ökologischer Probleme auch mit den Fragen, wieviel Konsum vertretbar und was sinnvolle Aktivitäten sind, verbinden. Das geht in eine Richtung, die bei Marx im *Kapital* nicht entwickelt wird. Ein zweiter Punkt: Wenn man auf die Weltgesellschaft guckt, dann gibt es natürlich die Ausgegrenzten, die Verhungernden, und sie werden nicht weniger. Die Verelendung, das dürfen wir nicht vergessen, findet im Moment primär anderswo statt, aber diejenigen, die jetzt zu uns kommen, zeigen uns, dass das Problem nicht aus der Welt, sondern zunehmend sehr nahe ist ...

... das heisst: das Proletariat ist gar nicht verschwunden ...

... es gibt diese Verelendeten. Die Idee des Proletariats hat aber bei Marx zwei Bedeutungen: Es ist einerseits eine soziale Gruppe und andererseits der Motor in einer geschichtsphilosophischen Konstruktion. An Letztere kann man nicht mehr mit guten Gründen glauben, auch wenn manche als politischen Hoffnungsträger so etwas suchen ...

... und ein Weltproletariat ist schlechterdings nicht zu organisieren ...

... aber man kann sagen, es gibt genügend Gründe, aus moralischen, ethischen Kriterien des gelingenden Lebens heraus, Veränderungen der Spielregeln zu fordern, die auch etwas mit der Veränderung unserer eigenen Lebensstilfragen zu tun haben. So gesehen hat sich das historische Subjekt enorm erweitert.

Marxens Kapital *endet, auch wenn er das nicht ausgeführt hat, mit dem Weltmarkt. Der Kapitalismus wächst und wächst und wächst. Das heißt, wenn ich mir eine zutreffende Vorstellung von der Welt machen will, in der ich lebe, in der ich funktioniere, die mich ernährt, dann muss ich über den Weltmarkt nachdenken. Wenn ich über den Weltmarkt nachdenke, muss ich über die Elenden im Süden nachdenken, und dann muss ich über meine Bedürfnisse nachdenken. Um zu verstehen, wer und was ich bin, muss ich meinen Erkenntnishorizont enorm erweitern. Das geht ja vielleicht sogar. Aber die verrückte Aufklärungshoffnung, die da drin steckt, heißt, dass mich eine wahre Erkenntnis zu wahrem Handeln führt. An der Stelle aber droht dann Hegel: Die Weltgeschichte ist das Weltgericht. Wenn wir uns nicht nach dem richten, was wir erkennen, wird es übel enden ...*

... dann zahlen wir die Preise. Doch bei Marx ist es noch einen Dreh anders. Er verzichtet in gewissem Sinne auf Moral, wenn er sagt: Soziale Verhältnisse verändere ich nicht, indem ich den Leuten Moral predige; das muss durch soziale Taten passieren. Deshalb adressiert er ja nicht die Ideologen, also diejenigen, die Theorien machen, sondern er will die sozialen Gruppen, die Akteure aufklären. Die Richtung seiner Kritik enthält natürlich eine Minimalvorstellung des gelingenden Lebens; ohne sie wäre die Kritik ziellos und blind. Sobald wir nicht mehr denken: »Die Geschichte läuft von alleine auf ein Ziel hin!«, sondern sagen: »Wir sind diejenigen, die Ziele definieren, indem wir ermitteln, wer wir sind und was wir wollen!«, erhält das ganze Projekt eine ethische Imprägnierung, aber nicht im Sinne einer Moralpredigt. In einem solchen Sinne ist, so glaube ich, bei Marx nichts gegen normative Ideen gedacht. Er stellt ein Bilderverbot auf. Er sagt: Ich male hier keine Utopien. Das hat mehrere Gründe. Der eine Grund ist: Im französischen Sozialismus, für den er eine Zeit lang große Sympathien gehabt hat, gab es diese Gemälde. Marx korrigiert sich hier, wie so oft in seinen Schriften, selbst. Der zweite Grund ist: Er möchte das *Kapital*-Buch nicht wie die wahren Sozialisten als ein Pamphlet, eine moralische Alternative, sondern als nüchterne wissenschaftliche Analyse schreiben, als eine Diagnose. Letzteres kann man nur machen, wenn man weiß, nach welcher Krankheit man sucht. Der Krankheitsbegriff verweist immer auf den der Gesundheit. Das sind normative Begriffe, auch wenn ihre Normativität an der Oberfläche nicht sichtbar ist. Von der Pathologie des kapitalistischen Lebens zu reden, ist eine ethische Äußerung, nur nicht im Sinne einer abstrakt moralisierenden Rede von Freiheit, Gleichheit, Brüderlichkeit, den bürgerlichen Werten, die nach Marx wunderbar zu den immanenten Spielregeln des Kapitalismus passen, sondern im Sinne einer Anklage des nicht gelingenden Lebens.

Die Grenze der Analogie ist nur die: Wenn wir vom kranken Menschenkörper reden, dann haben wir irgend eine relativ zutreffende Vorstellung von Gesundheit. Wenn wir von einer kranken kapitalistischen Gesellschaft reden, haben wir nicht unbedingt eine Vorstellung von einer »gesunden Gesellschaft«. Schon der Begriff ...

... das stimmt, aber ich würde den Satz auch anders formulieren. Marx diagnostiziert den Kapitalismus als eine Krankheit der Menschheit, nicht als einen kranken Kapitalismus. Die Frage ist nur: Ist es eine Krankheit, die man heilen kann, oder ist es eine, die man so weit therapieren kann, dass sie nicht zerstörend wirkt. Das ist die Frage einer radikalen Alternative oder einer Beschränkung ihrer zerstörerischen Funktion. Und das ist der Streit ums Ganze.

Wo sehen Sie heute die theoretischen Erben von Marx?

Also Marx – das ist eine unendliche Erfolgsgeschichte. In einem bestimmten Sinne sind wir alle Schüler von Marx. Es gibt so viele Dinge, die Marx zum ersten Mal in der Philosophie als Thesen verbreitet hat, die wir uns so sehr zu eigen gemacht haben, dass wir es gar nicht mehr merken. Das ist so ähnlich, wie wenn heute jemand sagt: Das habe ich verdrängt. Verdrängung ist ein Konstrukt, das es vor Sigmund Freud nicht gab. Es ist doch der höchste Triumph einer wissenschaftlichen Theorie, ob sie nun richtig oder falsch ist, wenn ihre Kategorien ins Alltagsbewusstsein eingehen. Ich glaube, sehr viele Deutungen – etwa dass menschliches Denken durch soziale Strukturen geprägt ist oder dass moralische Positionen von Interessen, die man in sozialen Netzen hat, beeinflusst werden – sind uns so in Fleisch und Blut übergegangen, dass wir uns wundern würden, wenn jemand etwas anderes behauptete. Das ist der Erfolg, durch den sich ein Philosoph fast überflüssig macht, wenn seine Vision oder seine Aufklärung zum allgemeinen Bewusstsein wird. Er wird aufgesogen, das allgemeine Bewusstsein erreicht den Stand, den sein Bewusstsein hatte. Er hat sein Ziel erreicht, so wie jeder gute Erzieher sich dadurch auszeichnet, sich überflüssig zu machen.

Das andere ist: Marx hat natürlich eine ungeheure Ausstrahlung auf alle möglichen Einzeldisziplinen gehabt. Wir haben das in unser *Marx-Handbuch* aufgenommen, diese Wirkung in den Einzelwissenschaften, ob nun Geschichtswissenschaften, Pädagogik, Psychologie, Religionswissenschaft, Rechtswissenschaft, Literaturwissenschaft, aber auch die Naturwissenschaften oder die Mathematik. Viele seiner Überlegungen sind

Anregungen zu Forschungsprogrammen geworden. Ich glaube, dass das *Kapital* nicht fertig geworden, sondern ein riesiger Torso geblieben ist. Das liegt auch daran, dass es ein Forschungsprojekt war, welches wir heute mit einer interdisziplinären Forschungsgruppe angehen würden, die vielleicht zwanzig Jahre arbeitet und sehr gut ausgestattet ist: mit Gesellschaftswissenschaftlern, mit Ökonomen, auch mit Agrarchemikern, die sich überlegen, wie man die Produktion steigern kann. Also alles Mögliche ...

... die waren ja extrem neugierig, diese beiden, Marx und Engels, in alle Richtungen ...

... die haben die ersten interdisziplinären Forschungsprojekte unternommen, Engels noch viel mehr als Marx. Engels hatte etwas nicht, was ich an Marx so spannend finde: diese Hegel'sche Totalisierungsidee. Marx wollte wie Hegel ein empirisch einzelwissenschaftlich maximal informierter Systemdenker sein, deshalb meine These: Er ist der Vollender des Deutschen Idealismus. Engels dagegen, der immer sehr skeptisch war gegenüber dieser Hegel-Marotte seines Kumpels, hat vielmehr gedacht: Wir machen hier interdisziplinäre Forschung und tragen die Ergebnisse transdisziplinär in die Welt. Das führt dann in eine viel weniger philosophische, sondern eher in eine Art von Verbundforschung. Marx: Das ist ein interdisziplinäres Forschungsprojekt, das die Ergebnisse in einem philosophischen Rahmen integriert. Es ist, hierin war er mit Engels immer einig, ein praktisches Gesellschaftsprojekt, darauf gerichtet, Missstände des nicht gelingenden Lebens zu identifizieren und Vorbedingungen eines besseren Lebens zu schaffen. Wo möglich, Abhilfe zu schaffen. Das *Kapital* ist keine bloße Systemtheorie, die einfach nur darstellt, wie die Dinge sich differenzieren, entdifferenzieren und wieder differenzieren. Die Autoren des Marxismus hatten ein Anliegen, und angesichts der Welt, in der wir leben, kann man sich davon immer noch inspirieren lassen. Tragfähige Antworten müssen wir heute selber finden. Das bleibt unsere Aufgabe.

PAUL MASON
ÜBER AUTOMATION

Die wahre Schranke der kapitalistischen Produktion ist das Kapital selbst, ist dies: daß das Kapital und seine Selbstverwertung als Ausgangspunkt und Endpunkt, als Motiv und Zweck der Produktion erscheint; daß die Produktion nur Produktion für das Kapital ist und nicht umgekehrt die Produktionsmittel bloße Mittel für eine stets sich erweiternde Gestaltung des Lebensprozesses für die Gesellschaft der Produzenten sind. (…) Das Mittel – unbedingte Entwicklung der gesellschaftlichen Produktivkräfte – gerät in fortwährenden Konflikt mit dem beschränkten Zweck, der Verwertung des vorhandnen Kapitals. Wenn daher die kapitalistische Produktionsweise ein historisches Mittel ist, um die materielle Produktivkraft zu entwickeln und den ihr entsprechenden Weltmarkt zu schaffen, ist sie zugleich der beständige Widerspruch zwischen dieser ihrer historischen Aufgabe und den ihr entsprechenden gesellschaftlichen Produktions-verhältnissen.

Kapital, Band 3, 3. Abschnitt:
Gesetz des tendenziellen Falls der Profitrate (MEW 25:260)

Im dritten Band des »Kapital« findet sich das sogenannte »Gesetz des tenden-ziellen Falls der Profitrate«. Kurzgefasst lautet es: Technischer Fortschritt hat unter kapitalistischen Bedingungen eine dreifache Wirkung: er vermehrt die Pro-duktmenge, er produziert technologische Arbeitslosigkeit und er lässt auf Dau-er die Profite sinken. Dieses »Gesetz« wurde in der Geschichte des Marxismus oft als Begründung des unabwendbaren Niedergangs und Zusammenbruchs des Kapitalismus verstanden. Allerdings hat das Wirken der von Marx so ge-nannten »entgegenwirkenden Ursachen« (von Markterweiterung und Rationa-lisierung über verschärfte Ausbeutung bis Kapitalexport und Kapitalvernich-tung) noch immer, wenn auch durch Krisen hindurch, die Profitabilität des

Kapitals auf neue Stufen gestellt. Alle »Zusammenbruchstheorien« in der Ge-
schichte des Marxismus wurden durch die Entwicklung dementiert: durch die
enorme Produktivität des Kapitalismus, die, wenn auch nur getrieben durch die
Arbeiterbewegung, nicht zu einem verelendeten Proletariat, sondern zu einer ins
System integrierten und konsumierenden Lohnarbeiterschicht führte; vor allem
aber durch die ›langen Wellen‹, in denen die kapitalistische Industriegesell-
schaft sich periodisch durch Basisinnovationen auf immer neue technologische
Grundlagen stellte: Eisenbahnbau, Elektrifizierung, Motorisierung, Elektronik.

Seit den sechziger Jahren sinken nun in den Ländern des entwickelten Ka-
pitalismus zunehmend die Wachstumsraten, die Kapitalverwertung stockt, spe-
kulative Blasen und daraus folgende Krisen waren die Folge. Gleichzeitig hat
sich die Informationstechnologie so rasant entwickelt, dass wir vor einer kom-
menden neuen Welle technologischer Arbeitslosigkeit stehen. Noch scheint es
unklar, ob auch die informationstechnologische Revolution eine neue Stufe
langfristigen Wachstums begründen wird – oder ob diesmal andere Mechanis-
men wirken.

PAUL MASON
BEFREIT DIE MASCHINEN – DENN SIE BEFREIEN UNS

1602 schrieb Galileo eine Abhandlung über die Funktionsweise von Maschinen. Angeregt dazu hatte ihn die Beobachtung, dass die Ingenieure seiner Zeit oft Maschinen bauten, die nicht funktionierten. Galileo wollte herausfinden, warum das so war. Sein Ergebnis lautete: »Diese Werkmeister waren fest davon überzeugt, dass Maschinen mit einem kleinen Krafteinsatz große Gewichte bewegen und heben können.«[1]

Auf dreißig Seiten konzentrierter Mathematik bewies Galileo dann ein grundlegendes Prinzip der Physik: Maschinen verstärken nicht die Kraft, sondern transformieren sie. Es gibt keine geheimnisvollen physikalischen Kräfte im Inneren von Maschinen.

175 Jahre nach Galileo, in der zweiten Hälfte des 18. Jahrhunderts, begann der Aufstieg des Industriesystems. Damals glaubten viele Ökonomen, dass Maschinen Wert schöpfen. Adam Smith entmystifizierte diesen Glauben. Nach seiner Arbeitswerttheorie fügen Maschinen dem Produkt keinen Wert zu; sie geben lediglich den Wert der Arbeit, die zu ihrer Herstellung nötig war, in kleinen Portionen an die Produkte weiter. Nicht nur physikalisch, auch ökonomisch wirken also keine geheimnisvollen Kräfte im Inneren von Maschinen.

100 Jahre nach Smith fiel es dann Karl Marx zu, die Frage zu beantworten, die aus Smiths Erkenntnis folgte: Was lässt den Reichtum von Industriegesellschaften wachsen, wenn es nicht die Maschinen sind? Marx' Antwort hieß, wie bekannt: Arbeit. Genauer gesagt: die Mehrarbeit, die durch eine militärische Form der Organisation und den Rhythmus der Maschine aus den Arbeitern herausgepresst wird.

Und heute, 150 Jahre nach Marx, halten neuartige Maschinen Einzug in viele Produktions- und Lebensbereiche: Computer, Software,

Netzwerke, Automaten. Die Preise dieser Informationstechnologien fielen in den letzten dreißig Jahren exponentiell. Das hat den Glauben an mysteriöse, Wert setzende Kräfte im Inneren von Maschinen wieder einmal neu belebt. Von ›kognitivem Kapital‹ wird geredet, von ›immaterieller Arbeit‹ oder ›virtueller Industrieproduktion‹. In den Bilanzen taucht zunehmend die Kategorie der ›immateriellen Anlagewerte‹ auf. Das Sozialprodukt stagniert, aber IT-gestützte Unternehmen machen massive Profite. All das befördert die Illusion, dass wirtschaftlicher Wert sich irgendwie von physischen Gegenständen und von der Arbeit abgelöst hat.

150 Jahre nach der Veröffentlichung des *Kapital* müssen wir uns also – jedenfalls wenn wir den Spuren von Galileo, Smith und Marx folgen wollen – an die Aufgabe machen, die Informationsmaschine zu demystifizieren. Müssen uns fragen: Worin besteht der Wert von Information, und wie beeinflusst der technologische Schub die Dynamik der kapitalistischen Wirtschaft?

Ich möchte diese Fragen aus der Perspektive des dritten Bandes des *Kapital* beantworten. In ihm entwickelt Karl Marx »das Gesetz vom tendenziellen Fall der Profitrate«. Dessen Kernaussage lautet: Wenn nicht Maschinen den Produkten Wert zufügen, sondern nur die Arbeit, dann untergräbt der technische Fortschritt ab einem bestimmten Punkt den Kapitalismus. Und meine Vermutung lautet, dass wir uns mit der Informationstechnologie diesem Punkt rasant nähern.

Warum – das hat etwas mit diesem Gesetz zu tun. Und das wiederum beruht auf der Marx'schen Theorie des Mehrwerts. In ihr machte Marx eine grundlegende Unterscheidung, die für die Fabriken des 18. ebenso gilt wie für die Online-Shops des 21. Jahrhunderts: *Ein* Teil des eingesetzten Kapitals ist die Geldsumme, mit der ein Unternehmer Maschinen, Rohstoffe und Energie kauft. Diese setzen den Produkten keinen Wert zu, sondern geben lediglich ein Quantum ihres Werts an sie weiter – Marx nennt diesen Teil »konstantes Kapital«. Der andere Teil ist die Summe, die in den Lohn von Arbeitern fließt. Deren Arbeit schafft neuen Wert – Marx nennt diesen Kapitalanteil »variables Kapital«. Und diese Unterscheidung in konstantes und variables Kapital dient Marx zur Begründung der Behauptung, dass unter kapitalistischen Produktionsverhältnissen die Profitabilität des Kapitals sinken muss – jedenfalls auf lange Sicht. Warum ist das so? Von der Konkurrenz getrieben, müssen Unternehmer die Lohnstückkosten senken. Das probateste Mittel dazu ist es, Maschinen einzusetzen, mit denen die menschliche Arbeit produktiver wird. Wenn nun aber, so die Marx'sche Theorie, ein immer größerer Teil des investierten Kapitals für Maschinen ausgegeben wird – die keinen Wert schaffen – und ein immer kleinerer Teil für Arbeitskräfte, dann sinkt, weil allein die Arbeit die eigentliche Quelle des Profits ist, logischerweise die Mehrwert- und damit die Profitrate. Jedenfalls der Tendenz nach. Und dieser »tendenzielle Fall der Profitrate« ist für Marx ein »Grundgesetz des Kapitalismus«.[2]

In den vergangenen 150 Jahren waren viele Marxisten geradezu besessen von diesem Gesetz – für viele ließ es den Zusammenbruch des Kapitalismus als unabwendbar erscheinen. Aber im *Kapital* findet sich kein derartiges schlichtes ›Zusammenbruchsgesetz‹. Denn das Sinken der Profitraten, so führt Marx aus, löst Gegenmaßnahmen aus, die in ihrer Wirkung die grundlegende Tendenz, wie Marx schreibt: »durchkreuzen und aufheben« (MEW 25:242).

Ich nenne nur einige dieser »entgegenwirkenden Ursachen«: Wenn die Profite sinken, wenden sich die Kapitalisten neuen Märkten zu, auf denen höhere Gewinne winken. Sie senken die Kosten der Arbeit durch Lohnkürzungen und die Rekrutierung billiger Arbeitskräfte im Ausland. Die industrielle Nahrungsproduktion unterstützt diese Tendenz, denn sie senkt die Lebenshaltungskosten. Unternehmer weiten ihre Märkte aus, durch Export und Imperialismus. Sie unterlaufen die Konkurrenz mit Monopolbildung. Und schließlich und am wirksamsten: Sie machen die Maschinen, die die Produktivität erhöhen, billiger und senken so den Anteil des konstanten Kapitals am Gesamtkapital – was wiederum die Mehrwertrate steigen lässt.

Ein technischer Fortschritt, der Maschinen nicht nur effektiver, sondern auch billiger macht, wirkt also auf beiden Seiten des tendenziellen

Falls der Profitrate – an diesem dialektischen Verhältnis sieht man deutlich, wie sich Tendenz und Gegentendenzen »durchkreuzen« und »aufheben« – und zwar nicht nacheinander, sondern in einem andauernden Prozess und oft in ein und demselben Prozess. Die Tendenz sinkender Profite und die Gegenmaßnahmen zu ihrer Stabilisierung spielen permanent ineinander. Und in den guten Perioden des Kapitalismus balancieren sie einander aus und erhalten so die Profitabilität des Kapitals.

Dieses Wechselspiel von Tendenz und Gegentendenzen wirkt auch in den großen epochalen Metamorphosen, in denen sowohl die industrielle Basis des Kapitalismus wie seine ökonomischen Formen mutieren. Jedes Mal bereiten Niedergangsphasen die neue Stufe vor: Wenn die Profitabilität der etablierten Kapitale mit Gegenmaßnahmen nicht mehr zu sichern ist, strömt Kapital in Spekulation oder in Bereiche, in denen neue Technologien und Strukturen erfunden und erprobt werden. Dabei wird viel Geld vernichtet, aber so entstehen auch die Innovationen, mit denen die nächste Phase durchstartet.

So verwandelte sich nach 1850 mit dem Entstehen von Aktiengesellschaften der frühe Fabrikkapitalismus in den schwerindustriellen der Stahl-Eisenbahn-Dampfschiff-und-Telegrafie-Periode. So mutierte der Kapitalismus nach der Depression, die auf den Gründerkrach von 1873 folgte, zu einer Ordnung von großen Monopolen. Wissenschaftliche Betriebsorganisation und Fließband hielten Einzug, es begann der Aufstieg der elektrotechnischen und chemischen Industrien, und nach der Weltwirtschaftskrise von 1929 und der folgenden kriegerischen Kapitalvernichtung ruhte das Wachstum der Nachkriegsjahrzehnte zunehmend auf staatlichen Investitionen und erweitertem Massenkonsum.

Und auch in der neoliberalen Ära unserer Tage kann man das Wechselspiel vom Sinken der Profite, vom Einsetzen und vom allmählichen Versagen der Gegentendenzen studieren: Seit den sechziger Jahren, nach dem Ende des Nachkriegsaufschwungs, sanken allmählich die Profite in den entwickelten kapitalistischen Wirtschaften. Mit Beginn der achtziger Jahre wurden dann die Gegentendenzen ins Werk gesetzt: In England begann die Thatcher-Ära, in Deutschland wurde die SPD-Regierung durch Helmut Kohl abgelöst. Und es setzten die von Marx beschriebenen Mechanismen ein: Der Anteil der Löhne an der Gesamtwirtschaft sank, ergo wurde die Ausbeutungsrate erhöht. Um die sinkenden Löhne zu kompensieren, stieg in den Folgejahren die private und öffentliche Verschuldung massiv an, Produktionsverlagerungen ins Ausland ermöglichten eine systematische globale Unterbezahlung der Lohnarbeiter. Globalisierung führte zu ungleichen Lohnniveaus, das senkte die Kosten für Lebensmittel, Spielzeug und Kleidung für die Arbeiter in den entwickelten kapitalistischen Nationen. Arbeitsintensive und deregulierte Formen der Produktion erlebten eine Renaissance – das ging einher mit einer Schwächung der Gewerkschaften. Das Kapital erschloss sich durch die Privatisierung gesellschaftlicher Infrastrukturen neue Profitquellen. Der Finanzsektor durchsetzte die Wirtschaft, wodurch normale Kleinanleger sich mit einem geringeren Anteil des Profits abfinden müssen und die Banken den Löwenanteil behalten.

Mit diesem Programm ist es seit 1982 gelungen, für eine Weile die Profitabilität des Kapitals wiederherzustellen – aber am Ende stand dann, nach einer Blüte von Spekulation und Betrug, 2008 die Mutter aller Finanzkrisen; und nun wird Kapital abgeschrieben durch Bankrotte, negative Zinsraten und Deflation. Damit ist ein Punkt erreicht, an dem die profitstabilisierenden Mechanismen nicht mehr greifen. Frühere US-Finanzminister sagen langandauernde Stagnation voraus und Zentralbanker den Untergang des Systems. Und in unseren Tagen – mit Brexit und Donald Trump – haben die Wähler in einigen westlichen Demokratien dafür gestimmt, das Modell zu verschrotten.

Es sieht also so aus, als erlebten wir das Ende einer Epoche. Und wieder einmal sind wir Zeugen einer Umwälzung der technischen Grundlagen des Kapitalismus. Aber diesmal scheint die Metamorphose nicht so gut zu funktionieren, wie die Leute aus dem Silicon Valley es uns weismachen wollen. Der letzte Grund dafür aber liegt nicht in den Sphären von Finanzwirtschaft, der Inflation, des Konsums oder des internationalen Handels. Sondern in der Sphäre der Technologie selbst.

Denn die Informationstechnologie – die digitale Maschine – unterscheidet sich von allen Maschinen vor ihr. Anders als die Maschinen aus Galileos oder Marx' Zeit bewirkt eine Informationsmaschine etwas anderes als eine einfache Transformation von Energie oder Material. Sie produziert Information. Und Information ist eine spezielle Ware. Der Gebrauchswert einer Informationsmaschine besteht darin, dass sie – einmal in Form eines Silikonchips in Betrieb genommen – andere Informationsgüter, also andere Gebrauchswerte herstellen kann, mit winzigsten Mengen von Energie und Material und ohne dass zusätzliche Arbeit anfällt.

Wie wird sich also, so müssen sich nicht nur Marxisten fragen, die Informationstechnologie auf die Profite, ihren tendenziellen Fall und auf die entgegenwirkenden Mechanismen auswirken?[3] Erstens zersetzen Informationen das Preissystem. Wenn die Produktionskosten einer Ware gegen null gehen, sollte Ihr Preis ebenfalls gegen null tendieren – jedenfalls, wenn Markt und Wettbewerb funktionieren. Das ist kein Marxismus, sondern klassische Grenznutzentheorie. Man kann es aber auch mit der Arbeitswerttheorie begründen: Wenn die Arbeit, die man investieren muss, um etwas zu produzieren, gegen null geht, entsteht auch kein neuer Wert. Dinge, die unendlich kopiert oder gleichzeitig von einer unendlichen Menge von Menschen verwendet werden können, ohne sich abzunutzen, werden schließlich am Ende sehr wenig kosten – vorausgesetzt, es gibt einen freien Markt.

Nicht nur die Kosten der Software oder der IT-gestützten Dienstleistungen sind abgestürzt; auch die Kosten von Breitbandnetzen, Speichermedien und Computern sind in fünfzehn Jahren kollabiert. Expertensysteme und 3D-Drucker erleichtern die Herstellung von Prototypen, beschleunigen so die Ingenieursarbeit und verringern deren Fehlerquote. Das senkt die Entwicklungskosten. Informationstechnik ermöglicht eine höhere Kapazitätsauslastung von Maschinen und eine nachhaltigere Verwendung von Material und Energie. Dies wiederum führt zu sinkenden Kosten von Produkten, Maschinen, und Bauten.

Der Preis für die Analyse des gesamten DNA-Genoms eines Menschen ist – um nur ein Beispiel zu nennen – in fünfzehn Jahren von 100 Millionen Dollar auf 1000 Dollar gefallen. Und das ist nur eine der vielen realen physischen Waren, deren Preis wegen des in ihnen enthaltenen hohen Informationsanteils zusammengebrochen ist.[4]

Die Antwort des Kapitalismus auf diese Diskrepanz zwischen Arbeitswert und Geldpreis – anders gesagt: auf diesen Überfluss – ist es natürlich, große Monopole zu schaffen, mit denen sich Marktpreise weit über den Produktionskosten stabilisieren lassen. So ist – wenn man die Arbeitswerttheorie zu Grunde legt – in einem Musiktrack, den ich herunterlade, spektakulär weniger gesellschaftliche notwendige Arbeitszeit vergegenständlicht, als es die 99 Cent ausdrücken, die iTunes uns dafür abnimmt, ja sogar spektakulär weniger, als der Betrag, auf den man käme, wenn man die 9,99 Euro zugrunde legt, die Spotify für unbegrenzte Zugriffe berechnet.

Monopole einer Größenordnung, die selbst in den Vereinigten Staaten vor 1914 nicht vorstellbar waren, schützen das geistige Eigentum der Firmen, halten die Preise hoch, unterdrücken die Marktkräfte im IT-Sektor. Im Zeitraum von bloß fünfzehn Jahren entstanden so Apple, Google, Samsung, Amazon, Microsoft, Facebook, WhatsApp – Monopolunternehmen, deren Bewertung jede mögliche Vorhersage zukünftiger Erträge übersteigt. Nicht nur das: Diese neuen IT-gestützten Monopole privatisieren unaufhaltsam nicht-marktgängige Lebensbereiche und verwandeln unsere Freizeit in ihren Profit – wie wir es mit Uber, Airbnb, Facebook usw. erleben. In ihren Netzwerken entstehen völlig neuartige Informationsgüter: die enormen Datenmengen, die Kunden, Nutzer öffentlicher und privater Dienste und Bürger liefern, und die nun von großen Informationsmonopolisten und staatlichen Instanzen angeeignet und ausgebeutet werden.

Informationstechnologie, das ist die zweite große Auswirkung, ermöglicht dezentrales Produzieren bei zentralisierter Kontrolle. Damit löst sie die hierarchischen und zwanghaften Organisationsmodelle ab, auf denen die kapitalistische Industrie seit 240 Jahren beruhte. Zugleich aber schleift sie damit die Grenzen zwischen Arbeitszeit und Freizeit, und untergräbt so das Verhältnis von Arbeitszeit und Lohn. Nun stehen wir dem Betrieb auch in der Zeit zur Verfügung, die eigentlich unserer Erholung dienen sollte. Bei Marx heißt das: Erhöhung der Ausbeutungsrate. Aber stärker als all diese Methoden, die Ausbeutungsrate zu erhöhen und die Kosten für Arbeitskräfte zu senken, wird in letzter Instanz eine andere Wirkung von IT sein: Sie wird in vielen Produktionsprozessen Arbeiter weitgehend durch Maschinen ersetzen – auch in der Informationstechnologie selbst.

Die technologische Arbeitslosigkeit hat schon jetzt zu arbeitsintensiven Dienstleistungssektoren geführt, in denen Menschen mit Mindestlöhnen oder noch schlechter bezahlt werden: das neue Prekariat der Lieferdienste, des Pizza-Service oder der Kaffee-Shops; die Frauen, die unsere Nägel lackieren; die Migranten ohne Pass, die Autos billiger reinigen als die automatische Waschanlage. Kurzum all das, was nicht nur der Anthropologe David Graeber »Bullshit-Jobs« nennt – Millionen von Jobs, die es beim Stand der Technik eigentlich nicht mehr geben müsste. Mit dieser superausgebeuteten neuen Dienstbotenklasse, mit Schwarzarbeitern, Migranten und Arbeitslosen wächst so eine extrem arme, politisch ohnmächtige Arbeiterschicht.

Ich fasse zusammen: Die Verbilligung von Informationstechnologie führt zu effektiveren und billigeren Maschinen und Produktionsverfahren. Das sichert die Profite der Unternehmen. Es verstärkt die Monopolisierungstendenzen, setzt immer mehr Arbeiter frei und lässt den Sektor schlecht bezahlter, unqualifizierter Arbeit anwachsen.

Wohin wird diese Entwicklung führen? In den Vorarbeiten zum *Kapital* stellt Marx ein Gedankenexperiment an. Er stellt sich eine Maschine vor, die nichts kostet. Was, so fragt er, wäre die Konsequenz? Es wäre dasselbe, so sagt er, als wenn eine Maschine ewig halten würde. Sie würde dann Güter herstellen, aber den konstanten Kapitalanteil sinken lassen und so den Mehrwert steigern – »ohne dass es das Kapital auch nur das geringste kostete« (*Grundrisse*, MEW 42:657). Aber es gibt, so denkt Marx weiter, noch zwei andere »Maschinerien«, sprich produktive Kräfte, die das Kapital nichts kosten. Das eine ist die Arbeitsteilung: Zehn kooperierende Arbeiter schaffen mehr als zehn vereinzelte. Das andere ist die Wissenschaft: als wissenschaftliche Betriebsorganisation und als technologischer Fortschritt.

Marx stellt sich dann eine Volkswirtschaft vor, in der Wissen zur wichtigsten Produktivkraft geworden ist. Eine Gesellschaft, in der die Wertschöpfung in hohem Maße sowohl von den Ergebnissen der Wissen-

schaft wie vom gesellschaftlich geteilten Wissen, sprich vom Bildungs-
niveau der gesamten Gesellschaft, bestimmt wird. In einer solche Gesellschaft würde, so Marx,»die Schöpfung des Reichtums unabhängig von
der auf sie angewandten Arbeitszeit«. Und dann kommt die radikale
Schlussfolgerung: Wissen und Kommunikationsdichte einer Gesellschaft
sind, wie Marx schreibt,»für das Kapital nur Mittel ... in fact aber sind
sie die materiellen Bedingungen, um (den Kapitalismus) in die Luft zu
sprengen« (*Grundrisse*, MEW 42:602).

Eine Maschine, die nicht verschleißt, die Kooperation steigert, kaum
Kosten verursacht und die kapitalistische Verwertungslogik sprengt – für
Marx im Jahre 1857 war das ein Gedankenexperiment, eine Metapher für
eine vollständig verwissenschaftlichte Produktion. In unseren Tagen
wird das heute in vielen Bereichen zunehmend zur Realität. Die Erfindung und Anwendung von Maschinen, die so gut wie keinen Tauschwert
enthalten, also reine Gebrauchswerte sind – die Erfindung solcher Maschinen ist nicht länger nur eine theoretisches Gedankenspiel. Sie geschieht täglich, in allen Branchen der Produktion, der Verteilung und des
Konsums, überall dort, wo Informationstechnologie zur Anwendung
kommt.

Es ist, wie Marx es vorausgesehen hat. Von der Notwendigkeit der
Konkurrenz und einer fallenden Profitrate getrieben, können die Kapitalisten nicht anders, als eine technische Entwicklung zu befördern, die ent-
wicklungsnotwendig in Richtung der»Maschine, die nichts kostet aber
ewig hält« führt. Auch wenn diese Maschine nur der Fluchtpunkt der Entwicklung ist, so lässt Informationstechnik schon heute den Tauschwert
einiger Produkte exponentiell fallen und macht einige ganz umsonst. Damit steigt die Differenz zwischen den Produktionskosten und dem Ver-
kaufspreis – ob es nun um Musiktitel oder wissenschaftliche Aufsätze
geht, um Güter mit einem hohen Anteil an wissenschaftlichem Wissen,
wie es patentgeschützte Medikamente sind, oder um solche, in denen
viel Marketing-Wissen steckt wie Turnschuhe. Das ist für Monopolkapi-
talisten eine feine Sache. Aber gleichzeitig verschärft diese Tendenz den
Widerspruch zwischen technischen Produktivkräften und gesellschaftlichen Produktionsverhältnissen, genau so, wie Marx es voraussah.

Marx hat seine Gedanken über die revolutionären Folgen einer »Maschine, die nichts kostet«, nicht in sein *Kapital* aufgenommen. Schien sie ihm zu kühn, zu weit vorgreifend? Nur in einem Satz im ersten Band, am Ende des Kapitels über die immer größeren und leistungsstärkere »Maschinerie« der kapitalistischen Wirtschaft, scheint dieser Gedanke kurz auf: »Mit der Konzentration des Kapitals und der Alleinherrschaft des Fabrikregimes ... reifen die Widersprüche und Antagonismen des Produktionsprozesses in seiner kapitalistischen Form, daher gleichzeitig die Bildungselemente einer neuen und die Umwälzungsmomente der alten Gesellschaft.« (MEW 23:526)

Die »Bildungselemente einer neuen und die Umwälzungsmomente der alten Gesellschaft« – zu denen gehörte für Marx nicht nur Technik und Wissenschaft, sondern auch die Bildung einer klassischen, sozialistischen Arbeiterklasse, die unter dem Druck des Fabriksystems Kooperation und Solidarität gelernt hat. Diese gewerkschaftlich organisierte, hochqualifizierte, klassenbewusste Arbeiterklasse gehört – jedenfalls bei uns – der Vergangenheit an. Aber mit dem Aufkommen einer auf Informationstechnologie ruhenden Ökonomie erhält der Widerspruch zwischen den Produktivkräften und ihrer kapitalistischen Form eine neue Gestalt: Einerseits sind die großen Kapitale bestrebt, sich alle unsere freie Zeit und unser Wissen zu unterwerfen, sie ökonomisch zu kolonisieren. Sie bedienen sich dabei der Informationstechnologie zur Intensivierung, Kontrolle und Verbilligung der Arbeit, zur Monopolisierung ihrer ›geistigen Eigentumsrechte‹ und zur Ausbeutung der Konsumentendaten. So gibt es jetzt massenhaft billige Maschinen nur zu dem Zweck, Menschen zu zwingen, bis an die Grenzen ihrer körperlichen und geistigen Belastbarkeit zu arbeiten – aber keinen Anreiz, die Arbeitsaufgaben zu automatisieren, sodass technisch überflüssige Arbeitsplatz verschwinden können.

Gleichzeitig aber stärkt die Informationstechnologie die »Bildungselemente einer neuen Gesellschaft«: Netzwerke, in denen kostenlose Güter kommerziell erzeugte verdrängen. Wikipedia ist ein Raum, der nicht kommerziell genutzt werden kann. Informationsnetzwerke, Wörterbücher, Betriebssysteme, Wissensbanken aller Art ermöglichen den Aufstieg von nicht-marktwirtschaftlichen Produktionsformen: Genossenschafts-banken, Kooperativen von Produzenten und Konsumenten, Tauschöko-nomien, Dienstleistungsringe, Energieversorgungsunternehmen in Bür-gerhand, die mit Hilfe von Netzwerktechnologien aufgebaut werden. In solchen Pionierunternehmen entstehen Räume, in denen wir uns der ökonomischen Rationalität widersetzen und verweigern können.

Auch wenn wir noch nicht »morgens jagen, nachmittags fischen, abends Viehzucht treiben und nach dem Essen kritisieren«,[5] wie der jun-ge Marx seine Utopie formulierte – oder zeitgemäße Äquivalente für die-se vorindustriellen Tätigkeiten entwickelt haben –, so haben viele von uns inzwischen so viel von dieser freien Zeit (auch als Folge der Auto-matisierung), dass es nicht nur eine ganze Menge nicht-kommerzieller kooperativer Güter gibt, sondern auch Aktivisten ihrer Durchsetzung. Diese ersten Gehversuche einer kooperativen Wirtschaftsweise und einer Allmendeproduktion – also der Bereitstellung allgemeiner, von allen nutzbarer Güter – werden aber auf Dauer nur Bestand haben, wenn der Staat das Umfeld für diese neuen Formen wirtschaftlichen Handelns schafft. Wenn er die Monopole wieder einfängt und intelligente Netz-werke in Energieversorgung, Verkehr, Gesundheitswesen in seiner Regie behält.

Das Wachsen eines kooperativen Sektors inmitten der kapitalisti-schen Wirtschaft – und eine Informationstechnik, die den Wertanteil von Kapital und Arbeit in vielen Produkten exponentiell sinken lässt: bei-de verweisen auf einen Weg, der aus einem Marktsystem, das auf künst-lichem Mangel beruht, in eine Gesellschaft des Überflusses führen kann – Überfluss an Information, freier Zeit und an physischen Gütern, die von Computern und Robotern hergestellt werden. Technologisch sind wir auf dem Weg zu kostenlosen Gütern, nichtmessbarer Arbeit, expo-nentiellen Produktivitätszuwächsen und der umfassenden Automatisie-rung physikalischer Prozesse. Gesellschaftlich sind wir Gefangene einer Welt, die von Monopolen, Ineffizienz, den Ruinen eines vom Finanzsek-tor beherrschten freien Markts und der Ausbreitung von »Bullshit-Jobs« geprägt ist. Der wesentliche innere Widerspruch des modernen Kapita-lismus ist der zwischen der Möglichkeit kostenloser, im Überfluss vorhandener Allmendeprodukte und einem System von Monopolen, Banken und Regierungen, die versuchen, ihre Kontrolle über die Macht und die Informationen aufrechtzuerhalten. Mit anderen Worten: der Krieg zwischen Netzwerk und Hierarchie.

Im 20. Jahrhundert begingen viele Marxisten den Fehler, den schließlichen Niedergang des Kapitalismus von seinen Krisen zu erwarten. Das führte zu einer Abfolge von Fehlprognosen, hinter denen die grundsätzliche Behauptung Marx', die im dritten Band des *Kapitals* erhoben wird, vergessen wurde: die Behauptung, dass es letztlich der technische Fortschritt ist, der die Selbstzerstörungstendenzen des Kapitalismus befördert. Mit Marx' Worten: dass es die Produktivkräfte sind, die die alten Produktionsverhältnisse sprengen. Ein Marxismus für das 21. Jahrhundert sollte deshalb untersuchen, wie der technologische Wandel den Preismechanismus auflöst, die Verbindung von Lohn und Leistung immer weiter lockert und damit herrschende Formen des Eigentums und der Organisation in Frage stellt.

Im dritten Band des *Kapitals* finden sich die Begriffe und das Muster für eine solche Theorie eines offenen und komplexen Systems, mit der man die Tendenzen und Gegentendenzen der Informationstechnologie analysieren kann: auf der einen Seite den Aufstieg gigantischer Monopole, die Tauschwert aus dem Nichts generieren, technologische Arbeitslosigkeit befördern und damit die Ausweitung der Sektoren unterbezahlter Arbeit. Auf der anderen Seite die Entstehung freier, kooperativer Geschäftsmodelle außerhalb des Marktmechanismus.

Es sind immer noch die alten Tendenzen und Gegentendenzen, die Marx analysierte, aber heute wirken sie im Morgengrauen eines neuen Zeitalters. Eines Zeitalters der befreiten Maschinen, ein Zeitalter, in dem Gebrauchswerte nicht länger Träger von Tauschwert sein müssen, ein Zeitalter, in dem an vielen Fronten die Auseinandersetzung darüber geführt werden wird, wem der Gebrauchswert der Informationsmaschinen gehört. Marxisten fürchten sich nicht vor einem Produktionsprozess, in dem Maschinen so gut wie nichts kosten und so gut wie ewig halten. Marxisten sehen in Informationsmaschinen keine geheimnisvollen Quellen der Produktivität, wie die Zeitgenossen von Galileo und Adam

Smith sie in den Maschinen sahen. Sondern das Resultat gesellschaftlicher Arbeit. Aber diese perfekten Maschinen, deren Kommen Marx vorhersah, sind unvereinbar mit dem Kapitalismus.

1 http://echo.mpiwgberlin.mpg.de/ECHOdocuView? url=/mpiwg/online/permanent/ archimedes/galil_me cha_070_en_1665, abgerufen am 11.01.2017.

2 Hier müssen wir kurz auf den Unterschied zwischen Mehrwert und Profit eingehen – und damit auf eine Besonderheit der Marx'schen Theorie, die den bürgerlichen Ökonomen Kopfzerbrechen verursacht. Die nämlich stellen sich auf den Standpunkt eines Managers, der den Profit der Firma in Bezug auf das gesamte eingesetzte Kapital berechnet. Für seine Kalkulation macht es keinen Unterschied, ob das Geld für Maschinen, Rohstoff oder Arbeit ausgegeben wurde. Ein marxistischer Ökonom hingegen interessiert sich für den Mehrwert, also den Wert, den die Arbeiter – als variables Kapital – über den Marktwert ihres Lohnes dem Produkt zufügen.

Wenn also die Arbeitswerttheorie korrekt ist, dann muss die Profitrate mit mathematischer Gewissheit fallen, je größer der Wert der Maschinen, Rohstoffe und Energie im Vergleich zum Wert der eingekauften Arbeitskraft ist.

3 Eine ausführliche Analyse des Zusammenhangs der Krise von Neoliberalismus, Informationstechnologie, und postkapitalistischen Tendenzen findet sich in Paul Masons Studie *Postkapitalismus. Grundrisse einer kommenden Ökonomie*, Berlin 2016, Anm. d. Hg.

4 Vgl. https://www.genome.gov/sequencingcostsdata/, abgerufen am 11.01.2017, sowie: http://www2.del oitte.com/us/en/pages/center-for-the-edge/articles/shift-index-exponential-technology.html/, abgerufen am 11.01.2017.

5 Karl Marx: *Die deutsche Ideologie*, in: MEW 3:33.

Paul Masons Text wurde übersetzt von Mathias Greffrath.

ROBERT MISIK ÜBER KOOPERATION

Verunfähigt, etwas Selbständiges zu machen, entwickelt der Manufakturarbeiter produktive Tätigkeit nur noch als Zubehör zur Werkstatt des Kapitalisten. (...) Die Kenntnisse, die Einsicht und der Wille, die der selbständige Bauer oder Handwerker, wenn auch auf kleinem Maßstab, entwickelt, wie der Wilde alle Kunst des Kriegs als persönliche List ausübt, sind jetzt nur noch für das Ganze der Werkstatt erheischt. (...) Was die Teilarbeiter verlieren, konzentriert sich ihnen gegenüber im Kapital, (das ihnen) die geistigen Potenzen des materiellen Produktionsprozesses als fremdes Eigentum und sie beherrschende Macht gegenüber(stellt). Dieser Scheidungsprozeß beginnt in der einfachen Kooperation, (er) entwickelt sich in der Manufaktur, die den Arbeiter zum Teilarbeiter verstümmelt. Er vollendet sich in der großen Industrie, welche die Wissenschaft als selbständige Produktionspotenz von der Arbeit trennt und in den Dienst des Kapitals preßt.

Der kapitalistische Charakter der Manufaktur (MEW 23:382)

Das »Kapital« enthält, über viele Kapitelstellen verteilt, Stichworte für eine historische Anthropologie der Arbeit. Der Mensch, so zitiert Marx Benjamin Franklin, ist das »werkzeugmachende Tier«, weshalb wir die Epochen der Menschheitsgeschichte danach unterteilen, mit welchen Werkzeugen die Menschen ihren »Stoffwechsel mit der Natur« bewältigt haben. Heute würden Primatenforscher ergänzen: Der Mensch ist das kooperierende Tier. Von den Sklavenheeren der Ägypter über die Dorfgemeinschaft, die Armeen, die Manufakturen bis hin zu den nur noch über Computernetzwerke verbundenen Crowdworkern unserer Tage reicht die Geschichte der Kooperation und ihrer gesellschaftlichen Formen.

Der kooperative Arbeitsprozess hat die Produktivität ins Ungeheure gesteigert: Die extreme Zerlegung der Arbeit in der Manufaktur war Voraussetzung des Maschinensystems. In Marxens ebenso logischer wie historischer Abfolge wird Technik als die zu Stein, Metall und Disziplin geronnene Geschichte der gesellschaftlichen Arbeit erkennbar. Und genau wie das Gemeindeland in der »sogenannten ursprünglichen Akkumulation« wird dieser gesellschaftliche Charakter der Arbeit vom Kapital als »Gratisgabe« angeeignet. Aber: In der Fabrik entstand auch, während des Jahrhunderts der Arbeiterbewegung, jenes »enorme Bewusstsein« des »Gesamtarbeiters« (23:365), das den Reichtum der Gesellschaft als das eigene Produkt erkennt, und die Trennung von ihm als etwas »ungehöriges, zwangsweises« (Grundrisse, MEW 42:375). *Heute stehen wir angesichts der anstehenden Automatisierungswelle mitten in einem weiteren Formwandel der Kooperation. Und wieder wird nach neuen Formen des Widerstands gesucht werden müssen.*

ROBERT MISIK
MITEINANDER GEGENEINANDER ARBEITEN

»Das Wirken einer größern Arbeiterzahl zur selben Zeit, in dem selben Raum (oder, wenn man will, auf demselben Arbeitsfeld), zur Produktion derselben Warensorte, unter dem Kommando desselben Kapitalisten, bildet historisch und begrifflich den Ausgangspunkt der kapitalistischen Produktion« (MEW 23:341). So formuliert es Karl Marx in den Eingangspassagen des elften Kapitels des *Kapital* mit der knappen Überschrift: »Kooperation«.

Ja, klar, mag man jetzt denken: Kooperation, da können wir uns alle etwas vorstellen darunter. Kooperation, das ist etwas Schönes, hat einen freundlichen Beiklang. Keine weiteren Fragen. Aber es ist gar nichts einfach mit der Kooperation. Denn der Kapitalismus ist eine eigentümliche Sache. Die Fabrikanten wollen, dass ihre Arbeiter miteinander arbeiten, aber doch nicht so, dass allzu viele Solidaritätsgefühle entstehen. Die Unternehmer selbst konkurrieren miteinander, kommen zugleich aber auch nicht ohne einander aus. Es ist ein Miteinander, das zugleich ein Gegeneinander ist. So gebiert gerade der Kapitalismus auf vielen Ebenen die Kooperation, hemmt sie aber zugleich. Sie ist ambivalent oder mit dem Begriff, der sich wie ein roter Faden durch Marx' Werk zieht: Sie hat einen Doppelcharakter.

Im Laufe seiner Entwicklung zwingt der Kapitalismus immer mehr Menschen in den Produktionsprozess. Anders als der vorkapitalistische Handwerker, der sein Produkt von Anfang bis zum Ende formte, oder der Bauer, der sät, ackert, erntet, aufzieht, füttert, schlachtet, wird der Mensch zunächst in der Manufaktur, und dann in der Fabrik ins Räderwerk einer Apparatur gespannt. Die Art der Kooperation, die in der Fabrik – zumal der in Marxens Zeit – institutionalisiert wurde, ist eine Kooperation der Geist- und der Willenlosigkeit. Die Kooperierenden werden als Leiber, die man anleitet, in die Kooperation gepresst, so wie die Soldaten beim Exerzieren: Arbeiterheere, die im Zwangsregime der Fabrik zusammengespannt werden. Der Arbeiter, der in der Nadelfabrik nur den Draht walzt, Tag für Tag, Stunde für Stunde. Der andere Arbeiter, der die Maschine bedient. Die Aufspaltung der Arbeit in viele Schritte erhöht die Fähigkeiten der Arbeiterarmee als ganze, steigert die Produktivität ins vorher Ungeahnte, lässt aber zugleich die Fertigkeiten des einzelnen Arbeiters verkümmern. Diese Kooperation ist nicht die von wachen, kreativen Individuen, sondern eine des geistlosen ineinander befohlener Handgriffe.

Nichts ist einfach und simpel in diesem Prozess, sondern gegenläufig. Der Volksmund würde sagen: die Quadratur des Kreises. Es wäre übertrieben zu sagen, dass in der kapitalistischen Kooperation *nur* die Fähigkeiten des Menschen zum Gemeinschaftlichen angestachelt werden. Es wäre aber ebenso übertrieben und ungenau zu sagen, dass sie *nur* unterdrückt werden. Es ist ein Sowohl-als-auch. Eine widersprüchliche Gleichzeitigkeit.

Ebenso ist es mit der Arbeitsteilung, dem siamesischen Zwilling der Kooperation: Einerseits werden die Fertigkeiten verfeinert. Erst die Arbeitsteilung lässt so etwas wie ein virtuoses Ineinandergreifen von Akteuren zu, die sich in irgendeinem Teilaspekt der Tätigkeit wirklich spezialisieren, im besten Fall ihre Talente entfalten. So entsteht der Facharbeiter, der stolz ist auf seine Fertigkeiten. »Die Arbeit hoch!«, wird die frühe Arbeiterbewegung bald sagen, womit die Achtung gemeint war, die dem Arbeiter auch seiner Kompetenzen wegen zusteht. Zugleich ist die Fabrik auch der Geburtsort des ungelernten Arbeiters, der nicht mehr können muss als ein, zwei Handgriffe, in die er in ein paar Tagen eingewiesen ist. »In der Tat«, so schreibt Marx etwas gallig, »wandten einige Manufakturen in der Mitte des 18. Jahrhunderts für gewisse einfache Operationen ... mit Vorliebe halbe Idioten an.« (23:383)

Aufs Ganze gesehen ist die Fortschrittsgeschichte des Kapitalismus eine der immer dichteren Kooperation – Handgriff für Handgriff, Produktionsschritt für Produktionsschritt, auf immer höherer »Stufenleiter der Kooperation«, alles exakt ausgetüftelt von Leuten, die eben nicht diese Arbeiter waren. Eine Kooperation, in der die Kooperierenden nichts mitzureden haben, denn, so schreibt Marx, »die Kooperation der Lohnarbeiter ist ... bloße Wirkung des Kapitals, das sie gleichzeitig anwendet. Der Zusammenhang ihrer Funktionen und ihre Einheit als produktiver Gesamtkörper liegen außer ihnen, im Kapital, das sie zusammenbringt und zusammenhält. Der Zusammenhang ihrer Arbeiten tritt ihnen daher ideell als Plan, praktisch als Autorität des Kapitalisten gegenüber, als Macht eines fremden Willens, der ihr Tun seinem Zweck unterwirft.« Die Kooperation unter diesen Bedingungen ist »der Form nach despotisch« (23:351). Die Schlüsselbegriffe sind Planung, Kontrolle, Überwachung. »Ein einzelner Violinspieler dirigiert sich selbst, ein Orchester bedarf des Musikdirektors« (23:350), so charakterisiert Marx die technische Notwendigkeit der betrieblichen Organisation auf dieser Stufe.

Unter kapitalistischen Verhältnissen allerdings äußert sich die Kraft, die in diesem überindividuellen, kollektiven Zusammenwirken liegt, in verkehrter Form: »Die Produktivkraft, die der Arbeiter als gesellschaftlicher Arbeiter entwickelt, ist daher Produktivkraft des Kapitals. Die gesellschaftliche Produktivkraft der Arbeit entwickelt sich unentgeltlich, sobald die Arbeiter unter bestimmte Bedingungen gestellt sind, und das Kapital stellt sie unter diese Bedingungen. Weil die gesellschaftliche Produktivkraft der Arbeit dem Kapital nichts kostet, weil sie andrerseits nicht von dem Arbeiter entwickelt wird, bevor seine Arbeit selbst dem Kapital gehört, erscheint sie als Produktivkraft, die das Kapital von Natur besitzt, als seine immanente Produktivkraft.« (23:353) Die soziale Macht, die durch das Zusammenwirken entsteht, wird von den Kooperierenden nicht als ihre eigne, vereinte Macht, sondern als eine fremde, außer ihnen stehende Gewalt erfahren. Der Musikdirektor ist eben auch der Eigentümer, der an der Musik reich werden will.

Selbst in diesen frühen Epochen kapitalistischer Produktion gilt aber schon (eine Tatsache, die in späteren Tagen gänzlich unübersehbar wurde), dass die Vorteile dieser Kooperation nicht nur in der effizienten Kombination von Arbeitsschritten auf stetig höherer Stufenleiter liegen, sondern auch im eigensinnigen, wechselseitigen und kreativen Miteinander der Kooperierenden selbst. Mit Marx gesagt: »Abgesehen von der neuen Kraftpotenz, die aus der Verschmelzung vieler Kräfte in eine Gesamtkraft entspringt, erzeugt bei den meisten produktiven Arbeiten der bloße gesellschaftliche Kontakt einen Wetteifer und eine eigne Erregung der Lebensgeister (animal spirits), welche die individuelle Leistungsfähigkeit erhöhen.« (23:345)

Diese »Erregung der Lebensgeister« ist ja nicht der unwesentlichste Grund dafür, dass es zehn Leute, die zusammenarbeiten, weiterbringen werden als zehn Leute, die zeitgleich auf sich alleine gestellt arbeiten. Und zwar nicht nur, weil beispielsweise nur zehn Leute einen Felsen von einer Tonne Gewicht bewegen können, während das ein Einzelner niemals könnte, sondern weil diese zehn Leute vielleicht beim Austüfteln der besten Möglichkeiten, eine solche Aufgabe zu lösen, auf verschiedene Ideen kommen, die sie dann kombinieren, bis die beste Idee gefunden ist, die ein Einzelner niemals finden hätte können. »Dies rührt daher«, so Marx, »daß der Mensch von Natur, wenn nicht, wie Aristoteles meint, ein politisches, jedenfalls ein gesellschaftliches Tier ist.« Und weiter: »Im planmäßigen Zusammenwirken mit anderen streift der Arbeiter seine individuellen Schranken ab und entwickelt sein Gattungsvermögen.« (23:347/349) Indem er mit anderen gemeinsam tätig ist, erfährt er sich als Teil eines größeren und mächtigeren Ganzen – und gleichzeitig die Grenzen eines bloß individuellen Wirkens und Lebens.

Kein Unternehmer hat natürlich Arbeiter deswegen engagiert, damit das passiert. Aber wie so oft in der Welt entsteht auch in der Fabrik etwas, was kein Fabrikant so je geplant hat, genauso wie im Kapitalismus überhaupt Prozesse wirksam werden, die aus dem Zusammenspiel verschiedener Aktivitäten entstehen, die aber im strengen Sinne »niemand gewollt« hat, wie Friedrich Engels das einmal nannte, die also weder geplant noch vorausgesehen sind. Simpel gesagt: Die Kapitalisten tun irgendetwas, was zu Resultaten führt, die sich dann wiederum zu den Umständen ihres weiteren Tuns summieren. Oder, um das mit einem anderen berühmten Marx-Wort zu sagen: Das, was rauskommt, gestaltet sich hinter dem Rücken der Einzelnen. Die in der Fabrik zusammengepferchten Arbeiter erweisen sich eben nicht als bloße willenlose Arbeitsgäule, die anonym nebeneinander ihre Handgriffe erledigen. Beispielsweise entwickeln sie Gemeinschaftsgeist. Der Begriff des ›Kollegen‹ entsteht, der uns heute selbstverständlich erscheint. Aber was schwingt in diesem Begriff denn mit? Eine Gemeinsamkeit, auch ein Zusammenhalt, der weit über die bloße Verbundenheit hinausgeht, welche der Tatsache geschuldet ist, dass man zufällig in die gleiche Situation geworfen ist. Man hilft sich und steht füreinander ein.

Zwar lasen sich die frühen Fabrikordnungen meist wie Verbotslisten, die an Vorschriftenkataloge für Gefängnisinsassen erinnerten. So drohte etwa für »Bummelei« die sofortige Entlassung. Aber es schlichen sich doch bald allseitig respektierte Grauzonen ein. So wurde es üblich, dass kräftigere Arbeiter schwächere unterstützten. Arbeiter konnten sich in einem Eck ausschlafen – etwa jene, die gerade ein Haus für die Familie bauten und entsprechend erschöpft zur Arbeit kamen –, dafür arbeiteten die Kollegen eben einen Zahn schneller. Da jeder Arbeiter im Laufe eines Arbeitslebens einmal in die – wohlgemerkt: vorübergehende – Phase kam, in der die Familien- und Haushaltsgründung viel Kraft verzehrte, war unter den Kollegen klar, dass man sich wechselseitig unterstützte, weil man wusste, man bekommt das einmal zurück oder hat selbst schon profitiert, und die Unternehmensleitungen und Vorarbeiter akzeptierten solche Praktiken auch, sofern sie ihm Rahmen des Üblichen und somit Akzeptierten blieben. Noch im späteren Akkordsystem fanden sich schnell Möglichkeiten, mit denen die leistungsstärkeren Arbeiter die gerade schwächeren unterstützten. Praktiken dieser Art gingen über das bloße Anekdotische hinaus; aus dieser instinktiven Solidarität unter den Arbeitern wuchs etwas, das später Klassenbewusstsein heißen sollte.

Die in großer Zahl in der Fabrik konzentrierten Arbeiter entwickelten natürlich auch ein hohes Drohpotenzial, wie Marx erkannte:»Mit der Masse der gleichzeitig beschäftigten Arbeiter wächst ihr Widerstand und damit notwendig der Druck des Kapitals zur Bewältigung dieses Widerstandes.« (23:350) Bewältigung des Widerstandes … dafür gibt es mannigfaltige Varianten in der Geschichte. Die Kapitalseite hat den Widerstand mit Gewalt gebrochen; sie hat – was in der Praxis häufig geschah –

die Arbeiter entlassen oder durch willfährigere ersetzen; sie kann darauf bauen, dass die meisten Arbeiter sich aufgrund ihrer persönlichen Lage Eigensinn oder gar Protest nicht leisten können (weil sie vielleicht schlechter ausgebildet sind und damit weniger Alternativen haben, weil sie ihre Rechte nicht kennen, weil sie kein Selbstvertrauen haben usw.). Sie kann Arbeiter einstellen, die sich mit dem Unternehmen nicht so identifizieren, wie das Stammbelegschaften tun – auch wenn sich dann vielleicht herausstellen könnte, dass die Unternehmen, die eine solche Strategie bevorzugen, schlechtere Ergebnisse erzielen als jene Unternehmen, die ihren Beschäftigten mehr Möglichkeiten einräumen, den Arbeitsprozess so zu organisieren, dass sie zufriedener sind.

Unternehmensleiter wussten schon sehr früh, dass sie nicht alleine auf das Kommando setzen konnten, sie entwickeln zumeist schnell ein Gespür dafür, wie weit sie diesen Bedürfnissen nach Geselligkeit und Zusammengehörigkeit entgegenkommen müssen, wenn aus den Kollegen nicht die ›Genossen‹ einer revoltierenden Vereinigung werden sollen. Die scheinbare Despotie des Fabriksystems wurde so durch Eigensinn immer unterlaufen, und die gewohnheitsmäßigen Praxen waren die Ergebnisse von etwas, was man heute ›Aushandlungsprozesse‹ nennt – im einzelnen Betrieb, oder, von Gewerkschaften und Sozialpolitikern durchgesetzt, auf gesellschaftlicher Ebene.»Antagonistische Kooperation«, so hat das der kluge Sozialdemokrat Peter Glotz genannt.

Aber damit sind wir auch mitten in einem Thema, das immer implizit im Raum steht: Ist im Kapitalismus alles nur Kampf? Kampf der Arbeiter gegen den Kapitalisten? Oder ist er in der Praxis nicht viel häufiger auch eine Art von Kompromiss geworden? Marx und der Marxismus nach ihm hatten ein paar Grundprämissen, die ziemlich unumstößlich schienen: Der Kapitalismus ist eine fortschrittliche Gesellschaftsordnung, jedenfalls in Relation zu allen bisherigen Gesellschaften. Er entwickelt die Produktivkräfte, modernisiert die Gesellschaft, hebt den Wohlstandes, verfeinert die Sitten, verbreitet Bildung und Zivilisation, wenngleich er durch brutale Ausbeutung ganze Völker oder Bevölkerungsgruppen ins Elend stößt. Berühmt sind die Passagen des *Kommunistischen Manifestes* etwa, wonach die Bourgeoisie »durch die rasche Verbesserung aller Produktionsinstrumente, durch die unendlich erleichterten Kommunikationen, auch die barbarischsten Nationen in die Zivilisation« (*Kommunistisches Manifest*, MEW 4:466) reiße. Durch die Entwicklung der Produktivität schaffe der Kapitalismus die Voraussetzungen dafür, das ökonomische Problem, nämlich den Mangel, endgültig zu überwinden und durch eine Gesellschaft des Überflusses zu ersetzen, kurzum, durch einen weltlichen Garten Eden, wenn man das etwas romantisch ausdrücken mag. Bloß stünde der Kapitalismus und seine Produktionsverhältnisse, seine Art zu Wirtschaften sowie der damit verbundene organisatorisch-institutionelle Rahmen, diesem Ziel im Wege.

Marxisten sprechen in diesem Zusammenhang gerne vom Widerspruch von »gesellschaftlicher Produktion und privater Aneignung«. Was verbirgt sich hinter der Formel? Jeder Reichtum im Kapitalismus ist gesellschaftlich produziert, alle arbeiten hier kooperativ miteinander, weder dem Unternehmer noch dem Kapitalgeber kommt hier grundsätzlich eine privilegierte Funktion zu. Die Kapitalisten tragen etwas bei, aber nichts Außerordentlicheres als etwa der Schuldirektor, der die Schule organisiert, und der Lehrer, der die Schüler unterrichtet, und der Vorarbeiter, der die Lehrmädchen einschult und der Arbeiter, der die Maschine bedient, oder die Buchhalterin, die die Bücher führt, und die Putzfrau, die die Büros wischt. Es ist dieser gesellschaftliche Charakter, dieses kooperative Zusammenwirken, das Reichtümer schafft, das in seiner Komplexität, wie Marx bewundernd schreibt, beeindruckender ist als das Zusammenwirken tausender Arbeiter beim Bau der Pyramiden im alten Ägypten (vgl. 23:353). Und der – unter Gerechtigkeitsaspekten – große Skandal dieser sozialen Ordnung besteht darin, dass der Unternehmer oder Kapitalbesitzer den größeren Teil der Reichtümer als seinen privaten Besitz aneignet.

Aber für Marx ist die »private Aneignung« des gesellschaftlich Erarbeiteten nicht nur ein Skandal der Ungerechtigkeit, sondern eben auch die Achillesferse des Kapitalismus: Aus verschiedensten Gründen wird diese private Aneignung die Weiterentwicklung der ökonomischen Wohlstandsmaschine behindern, wird der Kapitalismus vom Motor des Fortschritts zur Fessel desselben, weil er kreative Energien nicht mehr freisetzt, sondern sie einkerkert. Weil viele Kräfte, die in der Kooperation liegen, brach liegen bleiben. Das betrifft zum einen die Kooperation zwischen den Unternehmen. Einerseits mag sie zur Anstachelung der Potenziale führen, aber zugleich behindert sie das Zusammenwirken: Man denke nur an den Wildwuchs an Patentrechten, die dazu führen, dass Unternehmen eine von anderen gemachte Entdeckung kaum weiterentwickeln, übernehmen oder mit anderen Entdeckungen zu einem Neuen kombinieren dürfen. Das hemmt den Fortschritt. Besonders wenn einmal marktbeherrschende Stellungen etabliert sind, werden Unternehmen eher versuchen, neue und effizientere Verfahren zu behindern und vom Markt zu kaufen, als sie zu entwickeln.

Aber auch in den Unternehmen selbst wird der Eigensinn der Beschäftigten nur in engen Grenzen geduldet oder gar angespornt – auch wenn die Managementpraktiken jetzt auch schon seit beinahe einem halben Jahrhundert auf semiautonome Teams setzen, innerhalb derer die Beteiligten selbst die besten Formen finden können, wie sie die vorgeschriebenen Unternehmensziele erreichen wollen. Bis dann, immer wenn die Umsatzzahlen sinken, McKinsey kommt – und alle Grauzonen und Freiräume ausmerzt und der scharfe Takt noch in die kleinsten Nebensächlichkeiten Einzug hält. Im Namen einer ›Effizienzsteigerung‹, von der viel geredet wird, aber mit der es so ist wie mit dem Yeti: Man hört bisweilen von ihr, aber gesehen hat sie noch niemand. Eher häufiger als seltener wird die »Erregung der Lebensgeister«, von denen Marx schrieb, abgetötet, und zurück bleiben unengagierte Arbeitnehmer, die nur mehr das tun, was man von ihnen verlangt. Mit Dienst nach Vorschrift – was ja eigentlich heißt: Im Zurückhalten der kooperativen Kräfte, für die der Kapitalist nicht bezahlt hat, verweigern sie jenes ›totale Engagement‹, das die neueren Management-Ideologien fordern – das Engagement für fremdes Eigentum.

»Gesellschaftliche Produktion und private Aneignung«, damit wird aber noch ein weiterer Widerspruch bezeichnet: der zwischen dem kooperativen Arbeitsprozess und dem Kampf um Anteile an der gesellschaftlichen Produktion, also Konkurrenz auf dem Markt. Und diese Konkurrenz erzwingt immer rationellere Produktionsverfahren, immer engere Kooperation, immer höhere Produktivität. Historisch führt das von der Manufaktur über die Fabrik in die Verbundproduktion, die Vernetzung von Fabriken, Zulieferern, Energiesystemen. Begrifflich führt es von der Zerlegung komplexer handwerklicher Prozesse in Teilprozesse und deren Maschinisierung und Re-Kombination in der Fließbandproduktion bis zum automatischen System. In ihm ist die Kooperation gewissermaßen in die Maschinerie gewandert – und die Arbeiter werden überflüssig. Dieser Schwelle nähern wir uns.

Auch früher verschwanden durch »schöpferische Zerstörung« alte und oft schlechte neue Jobs, dafür aber entstanden massenhaft neue und oft auch bessere. Wenn wir die vergangenen zwanzig Jahre einigermaßen nüchtern betrachten, müssen wir feststellen, dass es nur noch ein relativ geringes Wirtschaftswachstum gab, eine permanente Quasistagnation mit Miniwachstumsraten, explodierender Ungleichheit, Privatisierung von allem, mit endemischer Korruption, da realwirtschaftliche Profitmöglichkeiten immer geringer werden – und weiter mit daraus folgendem moralischen Niedergang und Desintegrationsprozessen ... Angesichts dieser Symptome, die allesamt Indizien für einen chronischen Niedergang sind, tun wir gut daran, die Frage zu stellen, wie die Gesellschaft von morgen gestaltet werden sollte, wenn die Krisenpropheten recht haben.

Womöglich ist ja auch ein langsamer, sukzessiver Übergang vom kapitalistischen Wirtschaftssystem zu einer anderen Wirtschaftsordnung denkbar. Und ja, vielleicht stecken wir schon in diesem Übergang. Das wäre natürlich die beste Möglichkeit. Indizien dafür gibt es. So wie sich in den Fabriken schon immer Kooperation und Kommando ergänzen und ins Wort fallen, Antagonismus und Kooperation, so haben wir seit vielen Jahrzehnten in kapitalistischen Gesellschaften längst eine gemischte Wirtschaft, die grob gesprochen aus drei Sektoren besteht: den privatkapitalistischen Unternehmen, dem staatlichen Sektor und einen dritten Sektor, den wir als kooperativen Sektor beschreiben können. Dieser Sektor umfasst alles Mögliche: Große Genossenschaften, die beinahe wie große Unternehmen funktionieren, nur dass sie nicht profitorientiert arbeiten; Abwasser-Genossenschaften, Wohnbaugenossenschaften, kleinteilige Hausprojekte oder auch Start-ups, bei denen junge Leute sich zusammenschließen, mit Gleichgesinnten eine Firma gründen und sich vielleicht mit anderen Firmen zusammentun, um bestimmte Kosten gemeinsam zu tragen. Freelancer, die sich mit anderen Freelancern vernetzen und gemeinsam agieren, Hilfsorganisationen, hinzu kommt der gesamte Bereich der solidarischen Ökonomie. Ein ganzes fluides Netz an Miteinander-Ökonomien, deren Ausformungen ganz unterschiedlich sein können, aber die weder wirklich zum privatkapitalistischen Kommerzsektor noch zum staatlichen Sektor zählen. Ökonomie, jenseits von Staat und Markt.

Orthodoxe Marxisten würden all das als Tropfen auf den heißen Stein charakterisieren, als Inseln im kapitalistischen Ozean, die nichts als Nischen sind, letztendlich unbedeutend. Marx selbst sah in den ersten Kooperationsfabriken seiner Zeit den praktischen Beweis dafür, »dass der Kapitalist ebenso überflüssig geworden ist, wie er selbst den Großgrundbesitzer überflüssig fand«. Diese Fabriken waren für ihn, ebenso wie die große Aktiengesellschaft »Übergangsformen aus der kapitalistischen Produktionsweise in die assoziierte«, sie seien »das erste Durchbrechen der alten Form«, der »Übergangspunkt zu einer neuen Produktionsform« (25:400/454f.), sie zeigten, wie er 1867 an die Delegierten der Internationalen Arbeiterassoziation schrieb, »dass das bestehende despotische und Armut hervorbringende System der Unterjochung der Arbeit unter das Kapital verdrängt werden kann durch das republikanische und segensreiche System der Assoziation von freien und gleichen Produzenten«. Freilich, so fügt Marx an, sei das Kooperativsystem allein »niemals imstande, die kapitalistische Gesellschaft umzugestalten«, dazu bedürfe es der »Veränderungen der allgemeinen Bedingungen der Gesellschaft, die nur verwirklicht werden können durch den Übergang der organisierten Gewalt der Gesellschaft, d. h. der Staatsmacht, aus den Händen der Kapitalisten und Grundbesitzer in die Hände der Produzenten selbst«. (*Instruktionen für die Delegierten des Provisorischen Zentralrats zu den einzelnen Fragen*, 16:195f).

Und heute? Heute schreibt der britische Wirtschaftsautor Paul Mason: »Es ist durchaus möglich, die Elemente des neuen Systems in kleinen

Schritten innerhalb des alten zusammenzufügen. Diese Elemente sind bereits vorhanden: die Kooperativen, die Genossenschaftsbanken, die Peer-Netzwerke, die Unternehmen, die ohne Management auskommen, und die Parallelwirtschaft der Subkultur. […] Ich glaube, dass sich hier ein Ausweg eröffnete – allerdings nur, wenn die Staaten ihr Verhalten grundlegend ändern und diese auf Mikroebene funktionierenden Projekte fördern und schützen.«[1] Mason sieht in Genossenschaften ›reale Utopien‹, die als kleine Nischen beginnen und sich zu Räumen ausweiten, wie kleine Steinchen, die man ins Wasser wirft, konzentrische Kreise ziehen können. Natürlich, nicht einfach so, nicht einfach in einem luftleeren Raum ohne Macht und Konflikt, aber indem man durch politische Kämpfe das Terrain ausweitet. Ob das geschieht, und wie: Auch das hat etwas mit der Geschichte der Kooperation unter dem Kapitalismus zu tun.

Und deshalb ist es jetzt Zeit, ein weiteres, vielleicht noch komplizierteres Problem anzusprechen – eines der Psychen und der Mentalitäten: Der Doppelcharakter der Kooperation, den Marx beschrieb, heißt ja auch: Einerseits haben die Fabrik und später auch das Büro in einer Art Kommandodiktatur die Geselligkeit und den Eigensinn der Menschen in den Dienst der kapitalistischen Produktion gezwungen. Andererseits haben sich die Menschen in der Geschichte dieser Kooperation auch verändert. Haben in dieser Arbeit ihre Fähigkeit zur Kooperation und zur Solidarität allererst gelernt und verfeinert. Von Epoche zu Epoche entstanden so neue Einstellungen zur Arbeit, neue gesellschaftliche Leitbilder, man könnte diese auch Wertvorstellungen nennen, etwa die Wertvorstellung, dass man aus seinen Leben etwas machen soll, dass es darum geht, seine Talente zu entwickeln, sich selbst zu verwirklichen, kreativ zu sein. Dieser Wert der Kreativität wird heute ganz generell hochgehalten, und die bloße Ausführung kommandierter Arbeitsschritte gilt nicht als etwas, was uns befriedigt. Daraus folgt nicht unbedingt, dass Kommando und Disziplinierung deswegen heute an Bedeutung verloren haben, sondern es entstand ein neuer Subjekttyp, der die Aufsicht, die früher externalisiert war, gleichsam internalisiert: das sich selbst disziplinierende, sich durch »Technologien des Selbst« beaufsichtigende Individuum, wie Michel Foucault das nannte.

Die Produktion produziere nicht nur einen Gegenstand für das Subjekt, sondern auch ein Subjekt für den Gegenstand, so hatte Marx in den *Grundrissen,* seiner monumentalen, dann beiseite gelegten Vorstudie zum *Kapital* diesen Vorgang beschrieben. Das heißt, das Wesen des Menschen ist nichts Essentielles, Vorgängiges, etwas was immer schon da ist jenseits seiner konkreten gesellschaftlichen Gemachtheit. Auch der kooperierende Mensch ist also, zumindest bis zu einem hohen Grade, gemacht, von Geschichte und Gesellschaft gewissermaßen produziert, formatiert, montiert. In einer Gesellschaft, in der wir eng mit anderen zusammenleben und -arbeiten, entsteht eben sowohl die Idee der Individualität als auch die Idee der Kooperation. Einerseits will man sinnvolle Tätigkeiten ausüben, sich selbst verwirklichen; andererseits braucht man die Aufgehobenheit und die Anerkennung in der Gruppe. Übrigens auch so ein Doppelcharakter: Das Individuum, das auf diese Weise gleichsam historisch produziert worden ist, hat von der Entwicklung seiner Talente auch nichts, wenn diese nicht von anderen anerkannt wird. Und wenn der Wert der Kreativität und der Selbstverwirklichung heute weit höher eingestuft wird als noch vor hundert Jahren, als man dafür wahrscheinlich nicht einmal noch ein Wort hatte, dann heißt das auch: Umso kränkender ist dann eine Existenzweise, ein Leben, das diesen Ansprüchen in den eigenen Augen nicht genügen kann.

Kooperation – so zitierten wir am Anfang unserer Überlegungen den Anfang des elften Kapitels des *Kapital* – Kooperation ist »das Wirken einer größern Arbeiterzahl zur selben Zeit, in dem selben Raum (oder, wenn man will, auf demselben Arbeitsfeld)«. Im selben Raum oder auf demselben Arbeitsfeld, da steckt das große Problem der näheren Zukunft: Das Arbeitsfeld der Kooperierenden hat sich im Laufe der kapitalistischen Jahrhunderte sehr verändert, vor allem aber sehr erweitert. Durch die Globalisierung kooperieren Arbeiter, die weit auseinander tätig sind, oft durch Ozeane getrennt. Und das Feld der Kooperation erweitert sich grad noch einmal durch die Informationstechnologie, die eine neue Dichte der Kooperation möglich macht, aber auch neue Formen der Ausbeutung, etwa durch *crowd working.* Wie die solchermaßen kooperierenden, aber voneinander Getrennten noch so etwas wie Solidarität oder Verhandlungsmacht entwickeln könnten – das steht in den Sternen.

Aber die Initiativen, NGOs, Firmen und Kooperativen, die in unserer Zeit entstehen, sind ja nicht nur Formen, die Krise zu überleben oder zu unterlaufen. In dem Netzwerk, das sie miteinander bilden, könnte man ja auch einen Nukleus eines Sozialismus neuer Art sehen. Eine Form von Gemeinwirtschaft, von Miteinander-Ökonomie, die völlig dezentral organisiert ist – einen Sozialismus, der nichts mehr mit dem bürokratischen Moloch früherer Staatswirtschaften gemein hat. Vielleicht müssen wir nur lernen, die Dinge richtig zu betrachten. Wie bei diesen berühmten Vexierbildern, bei denen man, wenn man sie von der einen Seite betrachtet, etwas völlig Chaotisches, Undefinierbares sieht, und erst, wenn man richtig hinschaut, ein Bild entsteht? Womöglich ist das mit unserer Wirtschaft nicht anders: Wir glauben, wir leben in einer Ökonomie, in der sich alles nur um Kommerz, Profit, materiellen Reichtum und den daraus resultierenden Status dreht. Alle anderen Formen von Wirtschaften erscheinen uns daher als irgendwie außerökonomisch, als Aktivität irgendwelcher Irrer mit komischen Spleens, als Beschäftigungstherapie für Gutmenschen. Seien es Selbsthilfegruppen, Tauschringe, Kooperativen oder altruistische Hilfsprojekte. Aber vielleicht sehen wir unsere Welt damit ja völlig falsch, in dieser Zwischenzeit, in der wir leben – in der das Alte nicht mehr geht, und das Neue noch nicht da ist.

1 Paul Mason: *Postkapitalismus. Grundrisse einer kommenden Ökonomie*, Berlin 2016, 314, 316.

DAVID HARVEY ÜBER
ENTWERTUNG

> Wollen Sie Ihrer Frau Gemahlin als zunächst lesbar die
> Abschnitte über den »Arbeitstag«, »Kooperation, Teilung der
> Arbeit und Maschinerie«, endlich über die »ursprüngliche
> Akkumulation« bezeichnen. Über unverständliche
> Terminologie müssen Sie den Aufschluß geben. Bei sonstigen
> Bedenklichkeiten stehe ich zur Verfügung.
> *Marx an Kugelmann, 30.11.1867* (MEW 31:575f.)

Die Warnung geht nicht nur an die politischen Freunde in Hannover. Im Vorwort zur ersten Auflage legt Marx allen »nicht in dialektisches Denken eingewohnten« Lesern nahe, die Wertformanalyse zu überspringen, die bis zum heutigen Tag vielen Lesern (und leider auch den Studenten der Volkswirtschaft) den Einstieg in die »Kapital«-Lektüre versperrt. In den nächsten hundert Jahren sollten viele populäre Darstellungen und wohlmeinende Lehrende (von Karl Korsch bis Louis Althusser) diesem Rat folgen und dem Leser empfehlen, mit dem vierten Kapitel »Verwandlung von Geld in Kapital« oder mit dem fünften Kapitel »Arbeitsprozess und Verwertungsprozess« anzufangen, danach erst einmal querzulesen und erst dann – oder gar nicht – auf diese ersten, ›philosophischen‹ Kapitel zurückzukommen.

In ihnen aber geht es um den eigentlichen Treiber des Prozesses. Und das ist eben nicht der Kapitalist (der erhält als Getriebener schon im Vorwort die Absolution), sondern der »sich selbst verwertende Wert« (23:329), oder, wie David Harvey es nennt, der ›Wert-in-Bewegung‹: das Kapital, das in Kreisläufen oder Spiralen von einer Form in die andere wechselt, von Geld in Kapital, in Arbeitskraft, in Rohstoffe und Produktionsmittel, in Waren, zurück in Geld usw. usw.

Nur, mit dem »allgemeinen Gesetz der kapitalistischen Produktion« in Band 1 ist die Darstellung ja noch lange nicht zu Ende. In Band 2 und 3 geht es um die Zirkulation der Waren durch Verkauf, um die Reinvestition des Gewinns, um das Verhältnis von Profit, Zins, von Finanzkapital und Produktion –

kurz, um die gesamte, nie stillstehende Bewegung und um ihre Störungen und Krisen. Es sollte eine Darstellung des Kapitals als »Totalität« werden (vgl. dazu den Beitrag von Michael Quante), die von der »Elementarform« der Ware und ihrem Widerspruch ausgeht und aus dem Innern heraus gleichsam Schicht für Schicht bis zur Oberfläche der Wirklichkeit, der Warensammlung, dem Elend, der Verschuldung und den Krisen vordringt und so »das Leben *des Stoffs ideell widerspiegelt« (23:27). Marx hat dieses »artistische Ganze«, wie er es bezeichnete (31:132), nicht mehr selbst vollendet. Die Bände 2 und 3 sind Stückwerk geblieben, aber erst in ihnen nähert sich die Anatomie der Oberfläche der Produktionsweise, auf der zur destruktiven Wirklichkeit kommt, was in der »Elementarform« schon ganz am Anfang präsent ist: der fundamentale Widerspruch im »Doppelcharakter« der Ware: von Gebrauchswert und Tauschwert, von konkreter und abstrakter Arbeit – und, wie David Harvey es in seinem knappen Durchgang durch den gesamten Zirkulationsprozess entfaltet: von Wert und Anti-Wert.*

DAVID HARVEY
DIE SCHWARZE MATERIE DES KAPITALS
Krisen, Schulden, Widerstand und die Dialektik von Wert und Anti-Wert

Weil ich schon seit einiger Zeit unzufrieden bin mit vielen Darstellungen, die Marx' Gedanken komplizierter machen, als er ohnehin schon ist, habe ich vor Kurzem eine Visualisierung entwickelt, um zu zeigen, worum es im *Kapital* geht. Von Haus aus war ich Geograf, da hat man es oft mit Visualisierungen des Wasserkreislaufs zu tun, in denen das Wasser in all seinen Erscheinungsformen und ihren Metamorphosen dargestellt wird: Ozeanwasser, Verdampfung, Niederschlag, Gas, fester Stoff, einiges fällt aufs Land, fließt in den Ozean zurück, einiges wird unterirdisch gestaut in Kavernen, bis jemand es herauspumpt, einiges wird in Eiskappen gespeichert. Das ganze System ist in ständigem Kreislauf. Angetrieben wird er von der Sonne, aber auch deren Energie kommt auf unterschiedliche Weise an unterschiedlichen Orten an, sodass auch das zu Veränderungen in diesem Kreislauf führt, weil Energie verloren geht, weil das Klima sich verändert etc. etc.

Ich habe dieses Bild nun auf Marx' Definition von Kapital bezogen: Wert in ständiger Bewegung, in ständigen Metamorphosen, im Kreislauf. Das hat zu dem Diagramm auf S. 190f. geführt. Es ist ein sehr einfaches Diagramm, aber im Wesentlichen stellt es folgende Bewegung dar:

– Geld wird zu Kapital, indem es Arbeitskraft und Produktionsmittel kauft, die zu einem Produktionsprozess zusammengebracht werden. Damit das passieren kann, muss schon ein relativ komplexes Geldsystem vorhanden sein, ein Arbeitsmarkt und ein Warenmarkt, auf dem ich Produktionsmittel kaufen kann. Wenn das vorhanden ist, kann der Kreislauf des Kapitals beginnen.

- Der Produktionsprozess schafft Wert und Mehrwert durch die Produktion von Waren. Die werden auf den Markt gebracht und verkauft: als Lohn-Güter, die in die Reproduktion der Arbeitskraft eingehen und deren Wert bestimmen; Luxusgüter; Produktionsmittel, die zurückgehen in die Produktion. In all diesen Formen wird der Wert der Produktion realisiert. Realisieren heisst: Es muss Menschen geben, die Geld haben, um kaufen zu können. Und sie müssen Bedürfnisse, Wünsche oder Begierden haben, die man mit Waren befriedigen kann.

- Wenn dann das Kapital in Geldform realisiert worden ist, wird es verteilt: einiges als Lohn, einiges als Profit des industriellen Kapitals, einiges als Rente an Grundbesitzer, einiges als Zins an Banken, einiges als Steuern an den Staat. Ein Teil dieses Geldes wird wiederum zu Nachfrage: an Lebensmitteln, an Luxuskonsum, an staatlichen Investitionen. Und ein anderer Teil geht zurück in die Produktion, als Reinvestition, die wiederum eine andere Form der Nachfrage hervorruft – das ist die produktive Konsumtion.

So funktioniert, kurz zusammengefasst, der Kreislauf. Der Wert durchläuft Metamorphosen: aus der Geld- in die Warenform, dann in der Realisierung zurück in die Geldform usw., und das Ganze ist ein kontinuierlicher Prozess – und da Kapitalismus auf Wachstum angewiesen ist und Mehrwert reinvestiert wird, in Spiralform.

Wenn man *Das Kapital* liest, sollte man mit dem Blick auf dieses – sehr grobe – Diagramm Folgendes beachten: In den drei Bänden geht es jeweils um ein anderes Segment oder Moment dieses Prozesses. Im ersten Band geht es um den *Produktionsprozess* des Kapitals, hier macht Marx die Annahme, dass sich alle Waren zu ihrem Wert tauschen. Es gibt also kein Realisierungsproblem (wegen Mangels an Nachfrage oder Produktion am Bedarf vorbei etc.). Es ist also ein beschränktes Modell, auf dessen Basis er das allgemeine Gesetz der kapitalistischen Akkumulation entwickelt. Viele lesen nun den ersten Band, auch sehr sorgfältig, und denken dann, das sei schon die ganze Geschichte des Kapitals. Aber das ist eben nicht die ganze Geschichte. Wenn man das Kapital verstehen will, muss man an den ganzen Kreislauf denken, an die, wie Marx sagt: gegensätzliche Einheit von Produktion und Realisierung des Wertes. Und es ist eben keine realistische Annahme, dass diese Realisierung konstant ist und neutral abläuft.

Im zweiten Band untersucht Marx dann im Wesentlichen den Prozess der *Realisierung* im Kreislauf des Kapitals, aber wiederum nimmt er hier an, dass alle Waren realisiert werden und zwar zu ihrem Wert. Aber selbst unter solchen Gleichgewichtsbedingungen wird sichtbar, was dazu erforderlich ist, und damit auch: was alles schiefgehen kann. Wieder also eine Untersuchung unter sehr speziellen Annahmen. Man muss das immer im Kopf behalten: Marx untersucht den Kapitalismus unter sehr spezifischen Annahmen. Aber viele, die *Das Kapital* lesen, nehmen nur Schnipsel und Zitate und verstehen die so, als wären es Aussagen über Gesetzmäßigkeiten, die unter allen Umständen gelten. Nein, es sind Gesetze, die unter bestimmten Annahmen greifen. Verändert man die, gilt das Gesetz nicht.

Das bringt uns zum dritten Band. In dem geht es wesentlich um die *Verteilung* des Mehrwerts unter den individuellen Kapitalisten, um den Ausgleich der Profitraten durch die Konkurrenz, um die Verteilungs- und Ausgleichsmechanismen zwischen Zins, Grundrente, Steuern usw. Und hier untersucht Marx, warum diese Formen für ein vollentwickeltes kapitalistisches System notwendig sind. Was sind die kapitalistischen Formen der Grundrente, von Zins, von Staat und Steuern usw.?

Das Diagramm umfasst also alle drei Bände des *Kapital*, Produktion, Realisierung und Distribution. Marx hatte vor, wie er es in den *Grundrissen* entwickelte, das Kapital als Totalität zu sehen und darzustellen. Aber es ist ein Torso geblieben. Das heißt, wenn wir sehen wollen, was Marx mit den unvollendeten Bänden 2 und 3 vorhatte, wenn wir wissen wollen, was ›Wert-in-Bewegung‹ ist, dann müssen wir alle diese Elemente und ihre Wechselwirkungen sehen, und wir müssen über den Zirkulationsprozess und über seine möglichen Störungen als ein Ganzes nachdenken. Und da gibt es gleich zu Anfang des Buches etwas Interessantes zu entdecken.

PRODUKTION UND REPRODUKTION DER MENSCHLICHEN NAT[...]

GRATISGABEN DER MENSCHLICHEN NATUR

Wünsche, Bedürfnisse
und Begehren

EFFEKTIVE NACHFRAGE DER KONSUM[...]

REALISIERUNG D[...]
WERTS IN GELDFO[...]

Lohngüter   Luxusw[...]

WARE[...]

Reproduktion
der Arbeitskraft

PRODUKTION VON WAR[...]
WERT UND MEHRWER[...]
VERWERTUNG

Arbeitskraft

WARE[...]

EFFEKTIVE NACHFRAGE DER PRODU[...]

ZIRKULATION DES KAPITALS

Nachfrage der Bourgeoisie

Staatsausgaben

Konsumnachfrage der Arbeiter

~~duktionsmittel~~

DISTRIBUTION

Löhne

Steuern

Industrieller Profit

Handelsprofit

Renten

Zinsen

Reinvestition

~~duktionsmittel~~

Zinstragendes Kapital

~~DKAPITAL~~

GRATISGABEN DER NATUR

~~DUKTION UND REPRODUKTION DER NATUR~~

© David Harvey

Anti-Wert: Die Theorie der Entwertung

Der erste Abschnitt des ersten Kapitels im ersten Band des *Kapital* endet mit den Worten: »Endlich kann kein Ding Wert sein, ohne Gebrauchsgegenstand zu sein. Ist es nutzlos, so ist auch die in ihm enthaltene Arbeit nutzlos, zählt nicht als Arbeit und bildet daher keinen Wert.« (MEW 23:55) Mit einem einzigen prägnanten Hieb macht uns Marx gleich zu Anfang darauf aufmerksam, dass die Zirkulation des Kapitals verwundbar ist, dass sie plötzlich zum Stillstand kommen kann. Der Übergang aus der Warenform in die Darstellung des Werts als Geld ist eine Passage voller Gefahren. Daher die Warnung gleich zu Beginn: Die Waren lieben zwar das Geld, aber »der wahren Liebe Weg war niemals leicht« (23:122).

Nun wäre es schon sehr ungewöhnlich, wenn Marx einen Schlüsselbegriff wie Wert entwickeln würde, ohne die Möglichkeit seiner Negation einzubeziehen. Und das nicht nur, weil er gelegentlich mit der Ausdrucksweise Hegels »kokettierte«, wie er selbst sagte. Dem bürgerlichen Geist war und ist die Dialektik »ein Ärgernis und ein Greuel«, so schreibt er, »weil sie in dem positiven Verständnis des Bestehenden zugleich auch das Verständnis seiner Negation, seines notwendigen Untergangs einschließt, jede gewordne Form im Flusse der Bewegung, also auch nach ihrer vergänglichen Seite auffaßt«. (23:27f.)[1]

Deshalb existiert der Wert bei Marx nur in Beziehung zum Anti-Wert. Diese Formulierung mag merkwürdig klingen, aber heute stützen sich Physiker auf die Beziehung zwischen Materie und Antimaterie, um grundlegende physikalische Prozesse zu verstehen. Hätte Marx, der häufig Parallelen zwischen seiner und der naturwissenschaftlichen Begriffsbildung anführte, diese Analogie zur Verfügung gestanden, so hätte er sie wahrscheinlich aufgegriffen. Denn die Entwicklungsgesetze des Kapitals hängen in ganz ähnlicher Weise von der sich entfaltenden Beziehung zwischen Wert und Anti-Wert ab, wie die Gesetze der Physik auf der Beziehung zwischen Materie und Antimaterie beruhen.

Die Negation des Werts am Punkt der Realisierung ist in keiner Weise mystisch oder verborgen. Alle Kapitalisten wissen, dass ihr Geschäft nur dann erfolgreich ist, wenn sie durch den Verkauf ihrer Ware einen Wert in Geldform erhalten, der größer ist als die ursprünglich für Löhne und Produktionsmittel ausgegebene Summe. Gelingt ihnen das nicht, sind sie keine Kapitalisten mehr. Aber der Begriff des Anti-Werts hat im *Kapital* eine allgegenwärtige Bedeutung. In der Vorstellungswelt von Marx stellt er nicht ein unglückliches Missgeschick oder das Ergebnis einer Fehlkalkulation dar, sondern bezeichnet eine grundlegende und beständige Eigenschaft dessen, was Kapital ist. Die Möglichkeit und die Realität des Nichtwerts sind ständig gegenwärtig. Der Anti-Wert muss ständig überwunden – gewissermaßen erlöst – werden, wenn die Wertproduktion die Mühen der Zirkulation überleben soll.

Kapital ist Wert in Bewegung, und jegliche Unterbrechung oder auch nur Verlangsamung dieser Bewegung, egal aus welchem Grund, bedeutet einen Verlust von Wert. Sobald das Kapital eine besondere Form annimmt und in ihr verharrt – im Produktionsprozess als auf seinen Verkauf wartendes Produkt, als zirkulierende Ware in den Händen des Handelskapitals, als Geldsumme, die noch übertragen oder reinvestiert werden muss –, dann ist das Kapital »virtualiter entwertet« (*Grundrisse* MEW 42:521). Das in einer dieser Phasen stillstehende Kapital wird von Marx abwechselnd als »negiert«, »brachliegend«, »ruhend« oder »fixiert« bezeichnet: »Solang das Kapital fixiert bleibt in der Gestalt des fertigen Produkts, kann es nicht als Kapital tätig sein, ist es *negiertes* Kapital.« (*Grundrisse* MEW 42:451) Diese »virtuelle Entwertung« wird überwunden oder aufgehoben, sobald das Kapital seine Bewegung wieder aufnimmt. Aus dieser Zusammenstellung seiner Formulierungen wird deutlich, dass Marx den Anti-Wert nicht als eine äußerliche Bedrohung betrachtet, die über dem Wert in Bewegung schwebt, sondern als eine permanente zerstörerische Kraft im Innersten der Kapitalzirkulation selbst.

Der Entwertungsbegriff lässt uns die ganze Tragweite erkennen, die der Aufrechterhaltung von Kontinuität und Geschwindigkeit der Zirkulation zukommt. Gelingt es nicht, eine bestimmte Geschwindigkeit der Kapitalzirkulation durch ihre verschiedenen Phasen der Produktion, der Realisierung und der Verteilung hindurch aufrechtzuerhalten, kommt es zu Problemen und Unterbrechungen, die mit einem Verlust von Wert verbunden sind. Krisen entstehen, wenn sich Vorräte anhäufen, wenn Geld länger als absolut notwendig brachliegt, wenn Lagerbestände für längere Zeit in der Produktion verbleiben, usw. Eine »Krise [entsteht] nicht nur, weil Ware unverkäuflich, sondern weil sie nicht in *bestimmtem Zeitraum* verkäuflich« ist (*Theorien über den Mehrwert*, MEW 26.2:515). Dasselbe Prinzip gilt mit gleicher Macht für die Arbeitszeit in der Produktion: Wenn koreanische Fabriken ein Auto in der Hälfte der Zeit produzieren können, die dafür in Detroit benötigt wird, so zählt die dort zusätzlich aufgewendete Zeit einfach nicht. »Solange es [das Kapital] im Produktionsprozeß verharrt, ist es nicht zirkulationsfähig; und virtualiter entwertet. Solange es in der Zirkulation verharrt, ist es nicht produktionsfähig ... Solange es nicht auf den Markt geworfen werden kann, ist es als Produkt fixiert; solange es auf dem Markt bleiben muß, ist es als Ware fixiert. Solange es sich nicht gegen Produktionsbedingungen eintauschen kann, ist es als Geld fixiert.« (*Grundrisse*, MEW 42:521)

Welche Umstände können es nun unmöglich machen, den Wert auf dem Markt zu realisieren? Zunächst einmal muss es jemanden geben, der an einem bestimmten Ort und zu einer bestimmten Zeit einen bestimmten angebotenen Gebrauchswert will, braucht oder begehrt. Andernfalls hat das Produkt keinen Wert und kann noch nicht mal als Ware bezeichnet werden. Außerdem müssen die potenziellen Käuferinnen über genügend Geld verfügen, um den Gebrauchswert bezahlen zu können. Wenn eine dieser beiden Bedingungen nicht erfüllt ist, verschwindet der Wert. Die Erzeugung und Steuerung neuer Bedürfnisse und Wünsche spielt in der Geschichte des Kapitalismus einfach eine enorme Rolle. Das, was wir gerne als die menschliche Natur bezeichnen, ist keine feststehende Gegebenheit, sondern wird dadurch notwendigerweise veränderlich und formbar. Das Kapital pfuscht nicht nur in unseren Köpfen herum, sondern auch in unseren Wünschen.

Dabei ist ein ganz bestimmtes Moment der Realisierung von großer Bedeutung. Die grundlegende soziale Beziehung ist hier die zwischen Käufer und Verkäufer. Selbst der am schlechtesten bezahlte Arbeiter betritt den Marktplatz ausgestattet mit dem heiligen Recht der Wahlfreiheit als Konsument. Das ist ein großer Unterschied zu der unfreien Beziehung zwischen Kapital und Arbeit im Prozess der Verwertung, der sich an den verborgenen Stätten der Produktion vollzieht. Dort kommt das Klassenverhältnis zwischen Kapital und Arbeit zur Geltung, nicht hingegen in der Sphäre der Realisierung. Hier verfügen die Käuferinnen von Waren, egal welcher Klasse sie angehören, über ein gewisses Maß an individueller oder kollektiver Wahlfreiheit. Im Allgemeinen stimmt es zwar, dass die Bedürfnisse und Wünsche der Käufer mit der Zeit durch alle möglichen Formen der direkten und indirekten Beeinflussung in die Bahnen eines vom Kapital definierten »rationellen Konsums« gelenkt worden sind – die Mode-Industrie und einige andere spielen deshalb eine Rolle in der Wertanalyse, und die Werttheorie muss das integrieren. Aber es gibt immer auch Nischen oder manchmal regelrechte soziale Bewegungen des Widerstands gegen solche Manipulationen. Die Widerstände können moralische, politische, kulturelle, ästhetische, religiöse oder sogar philosophische Gründe haben. In einigen Fällen richtet sich der Widerstand sogar ganz allgemein gegen die marktvermittelte Bewirtschaftung von grundlegenden Gütern und Dienstleistungen wie Ausbildung, Gesundheitsversorgung und Trinkwasser. In solchen Strategien der De-Kommodifizierung ist Anti-Wert nicht länger nur als technische Panne und Störung in der Zirkulation des Kapitals wirksam, sondern er nimmt die Form des aktiven Anti-Werts an: im politischen Widerstand gegen Kommodifizierung und Privatisierung.

Generell sind alle Bewegungen, die sich gegen die Verführung der Verbraucher und Ersatzbefriedigungen richten, eine politische Bedrohung der Realisierung des Werts – ob sie sich nun ausdrücklich als antikapitalistische Kämpfe verstehen oder nicht. Marx beschäftigt sich damit nicht weiter und erwähnt sie höchstens beiläufig. Aber hier zeigt sich, wie fruchtbar der von ihm geschaffene theoretische Rahmen ist, in dem er die Zirkulation des Kapitals darstellt.

Der realisierte Wert kann nur Kapital bleiben, wenn er wieder zurück in die Produktion fließt, um durch den erneuten Einsatz von Arbeit ›verwertet‹ zu werden. An diesem Punkt der Verwertung stößt das Kapital auf die andere hartnäckigste Gefahr seiner Negation: in Gestalt der entfremdeten und aufsässigen Arbeiter. Die Arbeiterklasse als solche (was wir auch immer darunter verstehen) ist die Verkörperung des Anti-Werts. Die Verweigerung der Arbeit (z. B. als Absentismus, Dienst nach Vorschrift, Sabotage, Anm. d. Hg.) ist der personifizierte Anti-Wert. Dieser Klassenkampf findet an den verborgenen Stätten der Produktion statt.

So wie Marx die Idee einer widersprüchlichen Einheit von Produktion und Realisierung vom Standpunkt der Kapitalakkumulation aus entwickelt, so müssen antikapitalistische Bewegungen die widersprüchliche Einheit der Kämpfe um die Produktion und der Kämpfe um die Realisierung begreifen. An der Oberfläche unterscheidet sich der Widerstand in den Sphären der Realisierung hinsichtlich ihrer sozialen Struktur und ihrer organisatorischen Form deutlich von dem in der Produktionssphäre. Von der Linken werden sie daher oft als völlig getrennte Kämpfe behandelt. Aber beide Arten von Kämpfen sind in die als Totalität zu betrachtende Gesamtlogik und -dynamik der Kapitalzirkulation eingebettet.

Wert und Anti-Wert beziehen sich also auf vielfältige Weise in der Zirkulation des Kapitals aufeinander. Aber dabei spielt der Anti-Wert nicht immer und nicht nur eine oppositionelle oder die Zirkulation unterbrechende Rolle. Er ist auch zentral für die Bestimmung und Sicherung der Zukunft des Kapitals. Der Kampf gegen den Anti-Wert hält das Kapital gewissermaßen auf Trab. Die Notwendigkeit, den Anti-Wert zu tilgen, ist eine treibende Kraft der Wertproduktion.

Die Schuldenökonomie

Damit komme ich zur Untersuchung der Rolle des Kredits als einer äußerst wichtigen Form des Anti-Werts. Im zweiten Band wirft Marx die Frage auf, warum und auf welche Weise der Kredit entsteht und welche Bedeutung er in einer perfekt funktionierenden kapitalistischen Produktionsweise haben könnte. Betrachten wir den Fall der langfristigen Investitionen in fixes Kapital. Kapital wird angelegt, um eine Maschine oder Anlage zu kaufen, die eine relativ lange Lebensdauer hat. Der Wertanteil der Maschine, der während ihrer Lebensdauer jährlich zurückfließt, muss zurückgelegt (gespart) werden, um nach dem Verschleiß der Maschine eine neue kaufen zu können. Als Schatz ist das Kapital jedoch tot und entwertet. Anti-Wert wird so in der Form negierten Kapitals jährlich akkumuliert, bis genug gespart worden ist, um eine neue Maschine zu kaufen, wenn die Zeit reif ist (*Das Kapital*, Bd. 2, Kap. 8). Ähnliches gilt für die Ersparnisse der Verbraucher für teure Anschaffungen wie Autos und Häuser. Enorme Mengen toten Kapitals (oder im Fall der Verbraucher brachliegende Ersparnisse, die sie unter ihren Matratzen verstecken) müssten sich als Schatz anhäufen, und dessen notwendige Größe müsste mit zunehmender Mechanisierung anwachsen. An dieser Stelle kommt das Kreditsystem zu Hilfe. Das zurückgelegte Kapital kann in einer Bank deponiert und an andere Kapitalisten verliehen werden. Der industrielle Kapitalist kann sich entscheiden: Entweder leiht er sich Geld für den Kauf der Maschine und zahlt seine Schulden ratenweise während ihrer Lebensdauer zurück, oder er bezahlt die Maschine sofort und legt die jährlichen Abschreibungen am Geldmarkt an, um Zinsen zu bekommen, bis er das Geld für die Anschaffung einer neuen Maschine braucht.

In beiden Fällen wird das Geld als Verliehenes oder als eingegangene Schuld zu einer Form des Anti-Werts, der nun innerhalb des Kreditsystems als zinstragendes Kapital zirkuliert, und der Handel mit Schulden wird zu einem schwunghaften Element des Finanzsystems. Dies schafft eine größere Liquidität im Gesamtsystem und vermeidet Störungen der freien Zirkulation, die von Kapitalien mit völlig unterschiedlichen Umschlagszeiten ausgehen: Einige Kapitalisten realisieren den Wert ihres Produkts alle zwei Tage, andere einmal im Jahr, andere alle drei Monate, einige produzieren mit Maschinen, deren Wert alle zehn oder zwanzig Jahre umschlägt. Daraus entstehen vielfältige und unterschiedliche Liquiditätsprobleme in einem ungeheuren Umfang. Ohne ein funktionierendes kapitalistisches Kreditsystem bliebe die Koordinierung unterschiedlicher Umschlagzeiten dem Zufall überlassen.

Es gibt eine lange Geschichte des Borgens und Leihens sowie der Schulden und des Kredits zusammen mit dem Wucher. Beziehungen zwischen Gläubigern und Schuldnern gehen dem Aufstieg des Kapitals zur vorherrschenden Produktionsweise lange voraus. »Aber Borgen und Leihen konstituiert ebensowenig den (kapitalistischen, Anm. d. Hg.) Kredit, wie Arbeiten industrielle Arbeit oder freie Lohnarbeit konstituiert. Als wesentliches, entwickeltes Produktionsverhältnis erscheint der Kredit historisch auch nur in der auf das Kapital oder die Lohnarbeit gegründeten Zirkulation.« (*Grundrisse*, 42:441) Die Evolution des Kreditsystems wird zum Schlüsselelement in der Geschichte des Kapitals, das die heutige Reproduktion des Kapitals als ökonomisches System vor ernsthafte Probleme stellt.

Der Kredit belebt das zum Schatz erstarrte und daher ›tote‹ Geldkapital und bringt es erneut in Bewegung. Aber damit werden die Schulden zum Anspruch auf zukünftige Wertproduktion, der nur durch Wertproduktion eingelöst werden kann. Der Anti-Wert der Schulden wird so zu einem der wichtigsten Anreize und Hebel zur Sicherung der weiteren Produktion von Wert und Mehrwert. Auf lange Sicht steht das Kapital vor ständig anschwellenden Ansprüchen auf zukünftigen Wert; es muss den Anti-Wert abgelten, der sich in der Schuldenökonomie und im Kreditsystem aufgestaut hat. Statt einer Akkumulation von Wert und Reichtum erzeugt das Kapital eine Akkumulation von Schulden, die abgegolten werden müssen. Die Zukunft der Wertproduktion ist blockiert. Kollisionen zwischen Wert und Anti-Wert innerhalb des Kreditsystems lösen immer wieder Geld- und Finanzkrisen aus.

Traditionellerweise wurde die Frage, welche Energie die Kapitalzirkulation antreibt, immer mit der Jagd nach Profit (der Gier) der individuellen Kapitalisten beantwortet. Sicher, die Figur des kleinen Geschäftsmanns und wagemutigen Unternehmers, der unter staatlicher Regulierung zu leiden hat, taucht immer wieder als Held auf, der den Kapitalismus angeblich so dynamisch macht. Diese Beschwörung ist wahrscheinlich inzwischen mehr eine rhetorische Maskerade, als dass sie der Realität entspricht.

Angesichts der immer größeren Kapitalmengen, die in Gang gesetzt werden müssen, und angesichts der sinkenden Profitraten ist (in der Keynes'schen Lösung) das Eingreifen des Staats immer wichtiger geworden, um die Akkumulation durch die Schaffung von effektiver Nachfrage und die Verbesserung der Realisierungsbedingungen anzukurbeln. Der Staat finanziert dies durch Steuern – also Umverteilung – oder durch Schulden. Staatliche und private Schuldenfinanzierung sind zu einem wichtigen In-

strument geworden, um die Kontinuität der Wertproduktion sicherzu-
stellen. Genau das geschah in den Jahren von 1945 bis 1980 im größten
Teil der kapitalistischen Welt. Die keynesianistische Politik schuf Markt-
anreize durch die schuldenfinanzierte Steigerung der effektiven Nachfrage.

Dieses System stand bald vor zwei Problemen. Erstens stärkte es –
durch die dadurch geschaffene höhere Beschäftigung – wichtige Teile der
Arbeiterklasse, deren antikapitalistische Haltung sich deutlicher äußerte.
Zweitens steigerte eine ständig größer werdende Abhängigkeit von der
Schuldenfinanzierung das Gewicht des Anti-Werts, weil die Ströme (und
Ansprüche) des zinstragenden Kapitals innerhalb des Zirkulationsprozes-
ses des Kapitals immer stärker anschwollen. Dadurch wurden Wechsel
auf die zukünftige Wertproduktion gezogen, diese war nun schon festgelegt und verpfändet und Alternativen der Entwicklung waren versperrt,
außer wenn sich durch massive Störungen die Möglichkeit eröffnete,
sich von diesen Verpflichtungen zu befreien. Daher die Schuldenkrisen,
die seit Mitte der 1970er Jahre eskalierten (beginnend mit der Haushalts-
krise von New York 1975 und einer bedrohlichen Welle von Schuldenkrisen in Entwicklungsländern, ausgehend von Mexiko 1982).

Zunächst hatte das Kapital den Anti-Wert der Schulden als eine Lösung für bestimmte Probleme kultiviert, wie die Gefahr der ausufernden
Schatzbildung aufgrund unterschiedlicher Umschlagszeiten des Kapitals
in verschiedenen Branchen. Diese konnten nur durch ein florierendes
Kreditsystem und einen freien Geldmarkt ausgeglichen werden. Die
Schulden-Kredit-Beziehung wurde damit zu einer grundlegenden Trieb-
kraft des Wert-in-Bewegung – und seiner Krisen.

Die Bildung und Zirkulation von zinstragendem Kapital ist faktisch
die Zirkulation von Anti-Wert. Es mag seltsam erscheinen, die großen
Finanzzentren des heutigen globalen Kapitalismus – wie die City of London, die Wall Street, Frankfurt, Shanghai usw. – als Zentren der Bildung
von Anti-Wert zu betrachten, aber genau das geschieht in diesen Schul-
denabfüllanlagen, von denen die Skyline dieser Weltstädte geprägt ist.
Wenn Marx über Banken, Finanzwesen und fiktives Kapital schreibt,
weist er auf die Gefahr hin, dass das Kapital – ohne eine gefestigte mate-

rielle Basis für das, was Geld überhaupt ist, und im Kontext politischer Kräfte, die von einer globalen Oligarchie beherrscht werden, die sich mit eigennützigen, aber falschen ökonomischen Theorien bewaffnet hat und aus ideologischen Gründen auf freie, nicht regulierte Märkte setzt – zu einem einzigen riesigen Ponzi-System verkommen kann, bei dem die Schulden eines Jahres getilgt werden, indem man sich nächstes Jahr noch mehr Geld leiht. Zur Zeit schaffen die Zentralbanken genügend neues Geld, um hier und heute die Börsengeschäfte und Vermögenswerte der Oligarchie zu stützen. Damit stehen sie vor dem Problem, wie sie die akkumulierten Schulden wieder aus ihren Büchern bekommen wollen. Das Szenario einer eskalierenden sozialen Ungleichheit, das Marx am Ende des ersten Bands des *Kapital* entwickelt, gewinnt eindrückliche Aktualität, auch wenn es diesmal auf finanziellen Manipulationen beruht. Durch diese werden die Reichen reicher, während die Armen ärmer werden, weil sie ihre Schulden zurückzahlen müssen (sowohl individuell als auch kollektiv wie bei der Staatsverschuldung). Die Verwertung scheint fast nebensächlich geworden zu sein und bleibt den ärmsten Ländern auf diesem Planeten überlassen.

Durch die Einführung der Mikrokredite in Indien sind heute zum Beispiel etwa zwölf Millionen Menschen dazu verdonnert, Schulden abzuzahlen, indem sie so viel Wert wie nur möglich produzieren. Gelingt es ihnen nicht oder weigern sie sich aus politischen Gründen, werden ihre Sicherheiten (meistens Boden und Liegenschaften) zwangsversteigert (das ist der berühmte Trick der Subprime-Hypotheken).[2] Schwache und marginalisierte Bevölkerungsgruppen mit Schulden zu überhäufen, ist also einfach eine Methode, um Schuldnerinnen zu disziplinieren und in produktive Arbeiterinnen zu verwandeln (produktiv im Sinne der Produktion von Wert, den sich das Kapital durch überzogene Zinsraten aneignen kann). Oder um näherliegende Beispiele zu nehmen: Hochverschuldete Studenten und Hausbesitzerinnen sind in ihren zukünftigen Freiheitsgraden extrem eingeschränkt. Nicht zufällig sind diese Methoden zur Sicherung der Wertproduktion in den Vordergrund gerückt, denn es fällt dem Kapital immer schwerer, die Wertproduktion auf konventionelle Art zu organisieren. Die antikapitalistische Opposition stellt dies vor Probleme. Wenn die Tentakel der Verschuldung immer weiter in die Gesellschaft vordringen und schließlich jede erfassen, sobald sie nur eine einzige Kreditkarte in ihrem Portemonnaie hat, wird es immer schwieriger, den Klassenfeind auszumachen.

Auch meine Rentenansprüche werden in Schulden investiert; in dem Glauben, dass diese Schulden getilgt werden.[3] Wenn es dazu aber nicht kommt, dann verschwindet der (fiktive) Wert meiner Rentenansprüche im schwarzen Loch des Anti-Werts. Wer sich mit der aktuellen Lage der Pensionskassen beschäftigt, stößt auf eine drohende Krise ungedeckter Verbindlichkeiten, die weit in die Zukunft reichen. Noch erschreckender scheinen die Staatsschulden zu sein. In der gleichen Weise, wie Individuen durch ihre Schulden diszipliniert werden, sind Staaten dem Druck des Anti-Werts ausgesetzt, den die Anlagegläubiger ausüben. Es besteht die Gefahr, dass das Wirtschaftssystem unter dem toten Gewicht des Anti-Werts zusammenbrechen könnte. Was Griechenland nach 2011 geschah, ist nur ein Beispiel im Kleinen. Wenn die Schulden so groß werden, dass keine zukünftige Wertproduktion sie tilgen könnte, dann herrscht die Schuldknechtschaft.

Die Bedeutung der Kombination von Wert und Anti-Wert in der Theorie von Marx wird in den Darstellungen zu diesem Thema entweder ignoriert oder nur beiläufig abgehandelt. Es wäre eine interessante Frage, ob sich Marx selbst über sämtliche Implikationen des Anti-Werts für das Verständnis der Krisen im Klaren war. Seine langatmige und oft verwirrende Untersuchung des britischen Banksystems im dritten Band zeigt, wie gut er verstanden hatte, dass »unter Akkumulation des Geldkapitals ... zum großen Teil nichts zu verstehn [ist] als Akkumulation dieser Ansprüche auf die Produktion« (25:486). Das Kreditsystem ist »eine immanente Form der kapitalistischen Produktionsweise« und eine der wesentlichen Kräfte, die die endlose Akkumulation des Kapitals antreibt (25:620).»Es ... beschleunigt daher die materielle Entwicklung der Produktivkräfte und die Herstellung des Weltmarkts ... Gleichzeitig beschleunigt der Kredit die gewaltsamen Ausbrüche dieses Widerspruchs, die Krisen, und damit die Elemente der Auflösung der alten Produktionsweise. Die dem Kreditsystem immanenten doppelseitigen Charaktere: einerseits die Triebfeder der kapitalistischen Produktion, Bereicherung durch Ausbeutung fremder Arbeit, zum reinsten und kolossalsten Spiel- und Schwindelsystem zu entwickeln und die Zahl der den gesellschaftlichen Reichtum ausbeutenden wenigen immer mehr zu beschränken; andrerseits aber die Übergangsform zu einer neuen Produktionsweise zu bilden, – diese Doppelseitigkeit ist es, die den Hauptverkündern des Kredits ... ihren angenehmen Mischcharakter von Schwindler und Prophet gibt.« (25:457)

Leider haben sich die heutigen ›Herren der Welt‹, wie die Banker der Wall Street oft genannt werden, eher und sehr viel besser als Schwindler bewährt, auch wenn sie das Handwerk der falschen Prophezeiungen kultivieren, um ihre Schwindeleien zu rechtfertigen. Und leider spricht nichts für Marx' Erwartung oder Hoffnung, dass die Entwicklung des Kreditsystems und die unübersehbar zunehmende Macht des zinstragenden Kapitals über die Zukunft zum Sprungbrett für den Übergang zu irgendeiner neuen Produktionsweise werden könnten.[4] Vielmehr entsteht vor unseren Augen das Bild einer Horde unersättlich gieriger Investoren, die mit ihrem vielen Geld fast jede ernsthafte Opposition aufkaufen können, während sie den Rest der Welt mit schwerverdaulichem Kreditgeld zwangsernähren.

Warum sollten Finanzleute den gewaltsamen Ausbruch von Krisen feiern? Auf den ersten Blick scheint dies paradox. Aber wenn es um die Zirkulation des Anti-Werts geht, ist eine Krise durchaus der Augenblick des Triumphs für die Kräfte des Anti-Werts, auch wenn sie all jene, die mit der Produktion und Realisierung des Werts befasst sind, verzweifeln lässt. »In der Krise«, bemerkte der Bankier Andrew Mellon schon 1920, »kehrt das Vermögen zu seinen rechtmäßigen Besitzern zurück«, also zu ihm.[5] Krisen hinterlassen üblicherweise eine Masse an entwerteten Vermögenswerten, die von denjenigen, die das nötige Geld (oder die privilegierten Beziehungen) haben, zu Spottpreisen aufgekauft werden können. Genau das geschah 1997/1998 in Ost- und Südostasien. Völlig gesunde Firmen gingen aus Liquiditätsmangel in Konkurs, wurden von ausländischen Banken aufgekauft und wenige Jahre später äußerst profitabel wieder veräußert.

Der Gesamtverlust (die Entwertung) von Vermögenswerten während der Wirtschaftskrise von 2007/2008 bewegte sich zum Beispiel in den USA in der Größenordnung von 15 Billionen US-Dollar (was nahezu dem Marktwert der jährlich produzierten Güter und Dienstleistungen entspricht). Dabei müssen Entwertung und Preisverfall nicht mit der physischen Zerstörung der Gebrauchswerte verbunden sein. Letztere können freie Güter werden, die der Wiederbelebung der kapitalistischen Akkumulation zur Verfügung stehen. Dies ist eine der Methoden, mit denen der Anti-Wert die Bedingungen der Wertproduktion wiederherstellen kann. Wenn ein U-Bahn-System bankrottgeht (Entwertung der U-Bahn und Preisverfall des investierten Kapitals), bleiben die Tunnel zurück, durch die wir noch heute fahren, wenn wir die London Underground benutzen. Der Preisverfall der Immobilienwerte in den USA während der Krise von 2007/2008 hinterließ die Gebrauchswerte unzähliger Häuser, die von Private-Equity-Firmen und Hedge-Fonds für ein Butterbrot aufgekauft werden konnten, um wieder Profit aus ihnen zu schlagen. Über solche Möglichkeiten war sich schon Marx völlig im Klaren. So schreibt er: Das Kapital »unternimmt dann *Anlagen*, die sich nicht rentieren und erst rentieren, sobald sie *entwertet* sind zu einem gewissen Grade. Daher die vielen Unternehmungen, wo der erste *mise de capital à fonds perdu* [Kapitaleinsatz ein Verlustgeschäft] ist, die ersten Unternehmer kaputtgehn – und erst in zweiter oder dritter Hand, wo das Anlagekapital durch die *Entwertung* geringer geworden, sich verwerten.« (*Grundrisse*, 42:438, siehe auch 25:114).

Die direkte Politik des Anti-Werts

Antikapitalistische politische Aktivitäten, die auf Entwürfen alternativer Lebensweisen außerhalb von Warenproduktion und Warentausch beruhen, werden zwar meistens nur in kleinem Maßstab praktiziert, sind aber weit verbreitet. Wenn wir mit Ollman[6] davon ausgehen, dass der Wert nichts anderes als das Produkt entfremdeter Arbeit ist, dann führt die politische Suche nach einer nichtentfremdeten Existenz zur aktiven und bewussten Negation des kapitalistischen Wertgesetzes im individuellen und kollektiven Leben. Projekte der solidarischen Ökonomie und Lebensgemeinschaften versuchen zum Beispiel, ihre eigene Reproduktion außerhalb der Wertproduktion zu organisieren.[7] Anarchistische Kommunen, religiös orientierte Gemeinschaften und indigene Sozialstrukturen bilden heterotopische Räume in den Zwischenwelten des kapitalistischen Systems, die nicht der Herrschaft des Wertgesetzes unterliegen. Es besteht immer die Gefahr, dass solche Nicht-Wert produzierende Aktivitäten entweder vom Kapital als Material seiner Wertproduktion angeeignet werden – zum Beispiel als »Gratisnaturkraft« (25:754) der menschlichen Natur – oder als eine Art Rückzugsgebiet für die Reproduktion einer industriellen Reservearmee zunehmend überflüssiger Arbeitskraft dienen.

Hier stoßen wir auf einige interessante politische Paradoxien. In neueren kritischen Kommentaren wurde intensiv versucht, ›Wissen‹ und Wissenschaft in die Wertberechnung einzubeziehen. Sind sie denn nicht auch eine Quelle von Wert? Marx beantwortet diese Frage in Analogie zur Maschinerie: Sie können keine Quelle von Wert im kapitalistischen Sinne sein, auch wenn sie zur Produktivitätssteigerung beitragen und damit zur Steigerung des relativen Mehrwerts. Der Wunsch, das bisher »Nichtbewertete« in das Regime der kapitalistischen Wertproduktion und -zirkulation einzubeziehen, ist wegen des positiven Beiklangs, den ein Begriff wie Wert hat, und des Wunsches, dasjenige ›wertzuschätzen‹, was allzu oft ignoriert wird, sehr verständlich. Aber politisch geht eine solche Strategie in die völlig falsche Richtung. Gerade aus den Räumen des Nicht-Werts und der nichtentfremdeten Arbeit und nicht durch deren Integration kann eine grundlegende und die Massen ergreifende Kritik der kapitalistischen Produktionsweise, seiner spezifischen Form des Werts und der entfremdeten Verhältnisse vorgetragen werden. Und von diesen Orten aus werden sich auch die Konturen einer postkapitalistischen Ökonomie wohl am besten ausmachen lassen. Denn, wie Marx schreibt, es ist »kein Glück, sondern ein Pech« (23:532), Produzent von Wert und Mehrwert in der kapitalistischen Produktionsweise zu sein.

Wissen, Information, kulturelle Tätigkeiten können kommodifiziert und in den Kapitalismus integriert werden. Zugleich bildet ihr Potenzial an freier Tätigkeit, ihre Suche nach Formen eines nichtentfremdeten Lebens ein beflügelndes Moment antikapitalistischer Politik. Aufgrund dieser widersprüchlichen Position können Kulturproduzenten eine wichtige Rolle in radikalen politischen Aktionen spielen, auch wenn ihre Produktionsbedingungen ein umkämpftes Terrain kapitalistischer Kontrolle sind. In ähnlicher Weise lässt die Tatsache, dass Hausarbeit nicht von der Wertberechnung erfasst wird, vermuten, dass auch sie ein potenzieller Ort für antikapitalistische Politik ist (vorausgesetzt, ihre inneren Widersprüche und Entfremdungsformen hinsichtlich Gender, Patriarchat, Sexualität, Kinderaufzucht usw. ließen sich aufheben). Auch wenn immer mehr Arbeitstätigkeiten im Haushalt in Waren verwandelt und auf den Markt gebracht werden (wie Fastfood-Lieferdienste, Nagelstudios oder Haareschneiden), nimmt die Arbeitszeit im Haushalt zu – und dies trotz (einige würden sagen wegen) der Einführung arbeitssparender Haushaltstechnologien wie Waschmaschinen und Staubsauger-Robotern. Aber die in Haushalten und solidarischen Netzwerken geleistete Arbeit für andere, und nicht für den Markt, in der es um die Produktion und Erhaltung von Gemeingütern (commons) geht, kann zu einem mächtigen Gegengift gegen die Herrschaft der kapitalistischen Warenproduktion und den mit ihr verbundenen gesellschaftlichen Beziehungen werden. Lohn für Hausarbeit zu zahlen (was zum Glück nicht realistisch ist), würde uns nur davon überzeugen, dass sich Hausarbeit prinzipiell in die kapitalistische Produktionsweise einbeziehen lässt, und ihr den Status entfremdeter Arbeit verleihen.

Ebenso wurde versucht, auch die »Gratisnaturkräfte« mithilfe von recht willkürlichen Bewertungsverfahren, wie sie zum Beispiel von Umweltökonomen vorgeschlagen wurden, in den Strom der Wertproduktion zu integrieren. Das läuft auf nichts anderes hinaus, als den Kapitalismus einem ausgeklügelten ›green-washing‹ zu unterziehen, und die Naturkräfte zu kommodifizieren, anstatt sie zum Ausgangspunkt eines scharfen Angriffs auf die Hegemonie der kapitalistischen Produktionsweise und ihrer (wie unserer) entfremdeten, warenförmigen Beziehung zur Natur zu machen. Wissenschaft, Kunst, Haushalt und Natur sind ausgezeichnete Orte, von denen aus sich eine antikapitalistische Kritik formulieren ließe. Aber die in der letzten Zeit vorherrschenden politischen Bewegungen möchten sie in das Gerüst der Werttheorie einbauen. Doch wenn die Produktion von Wert im Kapitalismus identisch mit entfremdeter Arbeit ist, warum in aller Welt sollten sich fortschrittliche Menschen dafür einsetzen, solch einem Regime unterworfen zu werden? Und schließlich trifft die Entwertung des Werts auch den Arbeiter als Träger der Ware Arbeitskraft. Löhne werden gekürzt, die Lebensqualität der Arbeiterinnen gefährdet, selbst wenn sie im Vollbesitz ihrer Arbeitsfähigkeit und Qualifikation sind. Während der faktischen Verstaatlichung von General Motors 2008 wurde zum Beispiel eine duale Beschäftigungsstruktur eingeführt, in der die älteren Arbeiter ihre Löhne und Zulagen behielten, während neue Arbeiterinnen zu sehr viel schlechteren Bedingungen eingestellt wurden. Wenn eine solche Entwertung der Arbeitskraft und der Preisverfall ihres Werts länger andauert oder sich verschärft, kann dies zur physischen Zerstörung der Arbeitsbevölkerung führen – wozu es das Kapital aus naheliegenden Gründen meistens nicht kommen lässt. Aber nichts davon geschieht, ohne dass es zu irgendwelchen politischen Reaktionen – auf individueller wie kollektiver Ebene – seitens der Arbeiter kommt.

Marx – das war eines seiner theoretischen Ziele – wollte eine Theorie der Krisenbildung formulieren. Es kann kaum überraschen, dass er das Konzept des ›Anti-Wertes‹ in dem kurzen Abschnitt über den Wert im Eröffnungskapitel des *Kapital* einführte. Die Beachtung dieser Komplementarität von Wert und Anti-Wert (Wertzerstörung) befreit uns von der Annahme harmonischer Gleichgewichte und lenkt unsere Aufmerksamkeit auf Entwertung und Zerstörung als fundamentale, im Inneren des Kapitals wirkende Kräfte. Marx sagt nicht direkt, dass es in seiner Arbeitswerttheorie darum geht. Aber es wäre sehr unmarxisch, wenn der dialektische Marx die Widersprüche des Anti-Werts nicht ins Zentrum seiner Arbeitswerttheorie gestellt hätte.

Die Macht des Anti-Werts muss in ihrer Verbindung mit der Werttheorie gesehen werden. Wenn es sich bei ihm, wie ich vermute, um den »tiefer liegenden Antagonismus« (23:149f.) in den Eingeweiden des als Wert zirkulierenden Kapitals handelt, dann ist die Herausarbeitung dieses Widerspruchs ein wichtiger Schritt, um uns der Schuldknechtschaft entgegenzustellen, die zunehmend in der Lage zu sein scheint, nicht nur unsere heutigen sozialen Verhältnisse und unser Wohlergehen, sondern auch unsere Aussichten auf ein zukünftiges Leben zu beherrschen. Der Anti-Wert weist auf den möglichen Zusammenbruch der kontinuierlichen Kapitalzirkulation hin. Er antizipiert, wie die Krisentendenzen des Kapitals verschiedene Formen annehmen und sich von einem Moment (z. B. der Produktion) zu einem anderen (z. B. der Realisierung) verlagern können.[8] Anders als viele meinen, läuten die Krisen für Marx nicht notwendigerweise das Ende des Kapitalismus ein, sondern schaffen die Voraussetzungen für seine Erneuerung. Hier wird die dialektische Rolle des Anti-Werts in der Reproduktion des Kapitals am deutlichsten.»Die Krisen sind immer nur momentane gewaltsame Lösungen der vorhandnen Widersprüche, gewaltsame Eruptionen, die das gestörte Gleichgewicht für den Augenblick wiederherstellen.« (25:259) In ihnen sehen wir die dialektische Funktion des Anti-Werts am deutlichsten – in der Wiederherstellung der Verwertungsbedingungen des Kapitals. Aber diese Wiederherstellung hat wiederum ihre Grenzen in Schuldenkrisen. Langfristig gesehen übersteigt die Akkumulation von Schulden (der Anti-Werte in der Form von Ansprüchen auf künftige Werte, die erst noch produziert werden müssen) die Fähigkeit zur Produktion und Realisierung von Werten und macht sie am Ende unmöglich. Selbst wenn die Schulden erfolgreich getilgt werden, blockiert die Verpflichtung zu ihrer Rückzahlung alle zukünftigen Alternativen. Schuldknechtschaft verbaut Menschen wie ganzen Ökonomien ihre Zukunft. Dass so viele es leichter finden, sich das Ende der Welt vorzustellen als das Ende des Kapitalismus, hat viel damit zu tun, dass die Zukunft der Kapitalakkumulation durch eine aufgetürmte Masse von Schulden als Anti-Wert verbaut ist. Für viele scheint die einzige Hoffnung darin zu bestehen, dass uns irgendein apokalyptisches Ereignis retten könnte. Das wird nicht passieren. Das einzige, was uns retten kann, ist die gezielte Abwicklung oder regelrechte Zerstörung des Schuldenturms, der uns die Zukunft diktiert.

1   Fred Moseley und Tony Smith (Hg.): *Marx's Capital and Hegel's Logic. A Reexamination*, Chicago 2014.

2   Ananya Roy: *Poverty Capital. Microfinance and the Making of Development*, New York 2011.

3   Robin Blackburn: *Banking on Death. Or Investing in Life*, London: Verso 2004.

4   Das war die Erwartung auf einen friedlichen Übergang zum Sozialismus, die der sozialdemokratische Marxist Rudolf Hilferding 1910 in seinem Buch *Das Finanzkapital* untersuchte, Anm.d.Hg.

5   Robert Wade und Frank Veneroso: »The Asian Crisis: the High Debt Model versus the Wall Street-Treasury-IMF Complex«, in: *New Left Review*, Nr. 228 (1998), 3–23.

6   Bertell Ollman: *Alienation. Marx's Conception of Man in Capitalist Society*, Cambridge 1976.

7   Peter Hudis: *Marx's Concept of the Alternative to Capitalism*, Chicago 2012.

8   David Harvey: *Das Rätsel des Kapitals entschlüsseln. Den Kapitalismus und seine Krisen überwinden*. Hamburg 2014, Kapitel 5.

Übersetzt von Christian Frings und Mathias Greffrath

ÉTIENNE BALIBAR ÜBER
REVOLUTIONEN

Die Gesamtheit dieser Produktionsverhältnisse bildet die ökonomische Struktur der Gesellschaft, die reale Basis, worauf sich ein juristischer und politischer Überbau erhebt, und welcher bestimmte gesellschaftliche Bewusstseinsformen entsprechen. Die Produktionsweise des materiellen Lebens bedingt den sozialen, politischen und geistigen Lebensprozess überhaupt (...) Mit der Veränderung der ökonomischen Grundlage wälzt sich der ganze ungeheure Überbau langsamer oder rascher um.

Zur Kritik der politischen Ökonomie (MEW 13:8f.)

Wie von den Demokraten das Wort *Volk*, zu einem heiligen Wesen gemacht wird, so von euch das Wort Proletariat.

Enthüllungen über den Kommunistenprozeß zu Köln (8:413)

Fast ausnahmslos standen sozialistische Bewegungen unter dem intellektuellen Anspruch, ihre Politik mit einer Geschichtstheorie theoretisch zu begründen. Praktisch hieß das: mit Rückgriffen auf die Marx'sche Theorie – oder mit Kritik an ihr. Die Passage aus dem Vorwort von 1859 gilt dabei als eine Art Grundsatzerklärung des »Historischen Materialismus«, und man könnte eine Darstellung der unübersehbar vielen Formen, die der »Marxismus« in 150 Jahren erfahren hat, um die Deutung des Wörtchens »bedingt« herum organisieren. Der ökonomistische Determinismus der Zweiten Internationale, die mit dem notwendigen Zusammenbruch des Kapitalismus rechnete, die Theorien der Weltrevolution, in deren Rahmen die ideologischen und realen Kämpfe des Kommunismus im 20. Jahrhundert stattfanden, aber auch die Revolutionstheorien und Praktiken eines reduzierten und dogmatischen »Arbeitermarxismus« – sie alle stützten sich mehr oder weniger differenziert auf eine Projektion der Analysen des »Kapital« in den ebenso geschichtsphilosophisch großräumigen wie propagandistisch eingängigen Rahmen des »Kommunistischen Manifests«.

Diese Lektüre hat gläubige Kommunisten erzeugt ebenso wie glühende Anti-kommunisten, aber auch demokratische Dissidenten und Anarchisten – wobei das Marx eigene polemische und politische Temperament lange Zeit eine »wissenschaftliche« Lektüre des »Kapital« erschwert hat. Aus der ökonomischen Theorie des Kapital aber lässt sich keine Theorie der Politik destillieren (dazu lohnte eher die Lektüre des »Achtzehnten Brumaire« und anderer Marx'scher realpolitischer Analysen). Étienne Balibar hat seit den siebziger Jahren zusammen mit Louis Althusser und anderen vieles zur begrifflichen Klärung dessen beigetragen, was bei Marx Philosophie, was Politik und was Ökonomie ist, ebenso wie zum Verständnis der wechselnden Wirksamkeit von Staat und Ideologien. Im letzten Beitrag dieser Sammlung bestimmt er einige der Anschlussstellen, die das Werk für eine Theorie des Übergangs bietet – und die große Bandbreite der politischen Konsequenzen, die man daraus ziehen kann.

ÉTIENNE BALIBAR[1]
DIE DREI ENDSPIELE DES KAPITALISMUS

»Die Expropriateurs werden expropriiert« (MEW 23:791).[2] Dieser Satz – sicherlich einer der berühmtesten Sätze im *Kapital* – gibt zugleich viele Rätsel auf. Ich möchte ihn hier nach allen Regeln der Kunst auslegen – und zwar literarisch, philologisch, philosophisch, politisch und sogar theologisch. Dies nicht aus bloßem Spaß an der Gelehrsamkeit (was nur für die entsprechenden Fachspezialisten und die ›Marxforscher‹ von Interesse wäre), sondern um wenigstens einige derjenigen Probleme zu benennen, denen das Nachdenken über eine Alternative zum Kapitalismus sich stellen muss – zumal in einer Zeit, in der dieser in eine Phase eingetreten ist, die man in vielerlei Hinsicht als ›apokalyptisch‹ oder als historischen Übergang zu einer Art von ›absolutem Kapitalismus‹ bezeichnen könnte (diese Art von Kapitalismus wird oft als *Neoliberalismus* bezeichnet; ich bevorzuge jedoch eine eher strukturelle Benennung, die sich nicht nur auf die gegenwärtig herrschende Ideologie bezieht, sondern auf objektive gesellschaftliche Merkmale). Meine Absicht ist es, den Sinn dieses Satzes zu erhellen, in dem ich erkläre, ›woher er kommt‹, und gleichzeitig zu begreifen versuche, ›wohin wir mit diesem Satz gelangen‹, hier und heute, an diesem Ort und in diesem Moment, und weiter: was an diesem Satz auf die Probleme verweist, die Marx in seinem großen Werk zwar in Angriff genommen, für die er aber keine Lösung gefunden hat. Im Hintergrund steht daher meine Leitfrage: Gibt es in diesen Problemen heute mehr Klarheit, oder hat sich – ganz im Gegenteil – ihr geheimnisvoller Charakter nur noch weiter verstärkt? Selbst wenn derartige Fragen der Marxinterpretation gewissermaßen einer Vergangenheit angehören sollten, die einfach vorbei ist – und die daher einfach nur noch »die nagende Kritik der Mäuse« verdienen,[3] selbst dann wäre es noch der Mühe wert sein, ihnen eine gründliche Untersuchung zu widmen – einfach angesichts der außerordentlichen Rolle, welche das Werk von Marx in unserer kollektiven Geschichte gespielt hat, sowie angesichts des Einflusses, den es immer noch ausübt – als ein Anziehungspunkt für revolutionäre Hoffnungen oder aber als ein Stein des Anstoßes für die herrschenden Gedanken. Wenn man also Marx schon ›beerdigen‹ muss (»Lasst die Toten ihre Toten begraben«, sagt das Evangelium), dann muss man doch jedenfalls ganz genau wissen, wie und warum man dies zu tun hat. Nehmen wir also als Ausgangspunkt den Kontext, in dem dieser berühmte Satz auftritt:

»Sobald dieser Umwandlungsprozeß nach Tiefe und Umfang die alte Gesellschaft hinreichend zersetzt hat, sobald die Arbeiter in Proletarier, ihre Arbeitsbedingungen in Kapital verwandelt sind, sobald die kapitalistische Produktionsweise auf eignen Füßen steht, gewinnt die weitere Vergesellschaftung der Arbeit und weitere Verwandlung der Erde und andrer Produktionsmittel in gesellschaftlich ausgebeutete, also gemeinschaftliche Produktionsmittel, daher die weitere Expropriation der Privateigentümer, eine neue Form. Was jetzt zu expropriieren, ist nicht länger der selbstwirtschaftende Arbeiter, sondern der viele Arbeiter exploitierende Kapitalist. Diese Expropriation vollzieht sich durch das Spiel der immanenten Gesetze der kapitalistischen Produktion selbst, durch die Zentralisation der Kapitale. Je ein Kapitalist schlägt viele tot. Hand in Hand mit dieser Zentralisation oder der Expropriation vieler Kapitalisten durch wenige entwickelt sich die kooperative Form des Arbeitsprozesses auf stets wachsender Stufenleiter, die bewußte technische Anwendung der Wissenschaft, die planmäßige Ausbeutung der Erde, die Verwandlung der Arbeitsmittel in nur gemeinsam verwendbare Arbeitsmittel, die Ökonomisierung aller Produktionsmittel durch ihren Gebrauch als Produktionsmittel kombinierter, gesellschaftlicher Arbeit, die Verschlingung aller Völker in das Netz des Weltmarkts und damit der internationale Charakter des kapitalistischen Regimes. Mit der beständig abnehmenden Zahl der Kapitalmagnaten, welche alle Vorteile dieses Umwandlungsprozesses usurpieren und monopolisieren, wächst die Masse des Elends, des Drucks, der Knechtschaft, der Entartung, der Ausbeutung, aber auch die Empörung der stets anschwellenden und durch den Mechanismus des kapitalistischen Produktionsprozesses selbst geschulten, vereinten und organisierten Arbeiterklasse. Das Kapitalmonopol wird zur Fessel der Produktionsweise, die mit und unter ihm aufgeblüht ist. Die Zentralisation der Produktionsmittel und die Vergesellschaftung der Arbeit erreichen einen Punkt, wo sie unverträglich werden mit ihrer kapitalistischen Hülle. Sie wird gesprengt. Die Stunde des kapitalistischen Privateigentums schlägt. *Die Expropriateurs werden expropriiert.* Die aus der kapitalistischen Produktionsweise hervorgehende kapitalistische Aneignungsweise, daher das kapitalistische Privateigentum, ist die erste Negation des individuellen, auf eigne Arbeit gegründeten Privateigentums. Aber die kapitalistische Produktion erzeugt mit der Notwendigkeit eines Naturprozesses ihre eigne Negation. Es ist Negation der Negation. Diese stellt nicht das Privateigentum wieder her, wohl aber das individuelle Eigentum auf Grundlage der Errungenschaft der kapitalistischen Ära: der Kooperation und des Gemeinbesitzes der Erde und der durch die Arbeit selbst produzierten Produktionsmittel. Die Verwandlung des auf eigner Arbeit der Individuen beruhenden, zersplitterten Privateigentums in kapitalistisches ist natürlich ein Prozeß, ungleich mehr langwierig, hart und schwierig als die Verwandlung des tatsächlich bereits auf gesellschaftlichem Produktionsbetrieb beruhenden kapitalistischen Eigentums in gesellschaftliches. Dort handelte es sich um die Expropriation der Volksmasse durch wenige Usurpatoren, hier handelt es sich um die Expropriation weniger Usurpatoren durch die Volksmasse.« (23:790f.)

Offensichtlich wird es dem deutschen Leser dieses Textes – in dem wir geradezu ein Modellbeispiel für die für den Marxismus charakteristische Kombination zwischen einer dialektischen Entwicklung des Gedankens und der Verwendung von ökonomischen, historischen und juristischen Kategorien finden – überraschend erscheinen, mit welchem Nachdruck hier ›Fremdwörter‹ [dt. im Original] verwendet werden, welche aus dem französischen Wortschatz der Politik stammen (»exploitieren«, »expropriiren«, »Usurpatoren«), und zwar auch dort, wo es selbstverständlich auch deutsche Wörter gibt, deren Marx sich hätte bedienen können. Ich denke nicht, dass es hier nur um eine stilistische Nachlässigkeit geht – denn der gesamte erste Band des *Kapital* (der einzige, den Marx zu seinen Lebzeiten, nach vielfacher Überarbeitung, publiziert hat) beweist seine Treffsicherheit in Wortwahl und sein Bemühen um einen Stil. Marx war ganz offensichtlich (und erfolgreich) bestrebt, ein ebenso bedeutender Schriftsteller wie ein bedeutender Wissenschaftler und ein erfolgreicher Verfasser politischer Essays zu sein. Außerdem bilden die zitierten Absätze auch den *politischen Schluss,* die Schlussfolgerung des gesamten Werkes – und genau auf dieses Weise sind sie in der gesamten sozialistischen Tradition im Gedächtnis behalten und benutzt worden. Aber genau hier beginnt bereits die Schwierigkeit: Denn es ist ja die die Frage, ob es sich hier wirklich und wahrhaftig um einen ›Schluss‹, um eine Schlussfolgerung, um einen ›Abschluss‹ handelt.

Diese Frage ist offensichtlich zu bejahen – in dem Sinne nämlich, dass die ›Dialektik‹ der Expropriation der Expropriateure (welche von Marx als »Negation der Negation« dargestellt wird) das Resultat eben desjenigen Prozesses bildet, den Marx als eine gewaltsame Transformation der gesellschaftlichen Verhältnisse durch den Kapitalismus beschrieben hat, als einen Prozess, der zu einer »Vergesellschaftung« der Ökonomie führt, auf welcher der Kommunismus aufbauen können wird, bloß mit der anderen Zielsetzung: alle Formen des Privateigentums abzuschaffen (und damit auch die entsprechenden Formen der Machtausübung über die Arbeit). Aus diesem Grund hat Marx seine These von der Expropriation der Expropriateure in höchst symbolisch bedeutsamer Weise durch eine Fußnote ergänzt, die auf das zwanzig Jahre zuvor, also im Jahre 1847, gemeinsam mit Engels verfasste *Manifest der kommunistischen Partei* verweist (das, offen gesagt, niemals wirklich in die Öffentlichkeit Eingang gefunden hatte):

»Der Fortschritt der Industrie, dessen willenloser und widerstandloser Träger die Bourgeoisie ist, setzt an die Stelle der Isolierung der Arbeiter durch die Konkurrenz ihre revolutionäre Vereinigung durch die Assoziation. Mit der Entwicklung der großen Industrie wird also unter den Füßen der Bourgeoisie die Grundlage selbst weggezogen, worauf sie produziert und die Produkte sich aneignet. Sie produziert also vor allem ihre eignen Totengräber. Ihr Untergang und der Sieg des Proletariats sind gleich unvermeidlich ... Von allen Klassen, welche heutzutage der Bourgeoisie gegenüberstehn, ist nur das Proletariat eine wirklich revolutionäre Klasse. Die übrigen Klassen verkommen und gehn unter mit der großen Industrie, das Proletariat ist ihr eigenstes Produkt. Die Mittelstände, der kleine Industrielle, der kleine Kaufmann, der Handwerker, der Bauer, sie alle bekämpfen die Bourgeoisie, um ihre Existenz als Mittelstände vor dem Untergang zu sichern ... sie sind reaktionär, denn sie suchen daß Rad der Geschichte zurückzudrehn.« (*Manifest der Kommunistischen Partei*, MEW 4:472f)

Mit anderen Worten besagt dies: Eben das, was einst eine bloße Prophezeiung zu sein schien (welche durch die blutige Niederlage der Revolutionäre von 1848 definitiv widerlegt worden war), war in Wirklichkeit ein durchaus realistischer Blick in die Zukunft. Die Analyse der »historischen Tendenz der kapitalistischen Akkumulation«, wie sie im *Kapital* auf der Grundlage seiner »Kritik der politischen Ökonomie« dargestellt wird, liefert ihm eine wissenschaftliche Grundlage dieser Prophezeiung, die sich damit nicht weiter in Frage stellen lässt: Die Erkenntnis des ›Entwicklungsgesetzes‹ des Kapitalismus und die Ankündigung der proletarischen Revolution kommen genau in diesem Punkt zusammen. Der ›Marxismus‹ – der manchmal als das Ergebnis einer ›Verschmelzung‹ oder auch ›Begegnung‹ zwischen der revolutionären Bewegung und wissenschaftlichen Theorie der Geschichte beschrieben wird – baut genau auf dieser Behauptung auf, und zwar sowohl im besten, wie im schlimmsten Sinne.

Aber dennoch ... Irgendetwas hinkt bei dieser Art und Weise, Marx zu lesen – und dies eröffnet uns den Zugang zu einem der großen Rätsel des Marxismus und ganz allgemein des modernen Sozialismus. Dieses störende Moment ist nämlich ganz einfach die Tatsache, dass diese ›abschließende revolutionäre Konsequenz‹, welche den Abschluss von Marxens gesamter Argumentation bildet ... sich keineswegs *am Ende des Buches* befindet! Sie ist nur der letzte Abschnitt des vorletzten Kapitels über das Thema der »sogenannten ursprünglichen Akkumulation«, in dem über die gewalttätigen Ursprünge des Kapitalismus berichtet wird: über die Enteignung der Kleinproduzenten im 17. und 18. Jahrhundert, also vor der industriellen Revolution, namentlich in England als dem ›klassischen‹ Land des Kapitalismus. Auf dieses vorletzte Kapitel folgt dann aber noch ein weiteres, welches die »moderne Kolonisationstheorie« kritisiert, und dem, wie wir zugeben müssen, die Leser des *Kapital* – vielleicht ja zu Unrecht – nicht viel Aufmerksamkeit gewidmet haben. Aber wie lässt sich nun diese Verschiebung erklären, aufgrund derer der inhaltliche ›Schluss‹ der Argumentation nicht den ›abschließenden‹ Platz einnimmt? In einem derart sorgfältig aufgebauten, geradezu ›komponierten‹ Werk wie dem ersten Band des *Kapital* können wir dies jedenfalls nicht auf irgendeine Art von Ungeschick zurückführen. Es muss vielmehr eine inhaltliche Interpretation dafür geben.

Man könnte diese Unstimmigkeit nun ganz einfach durch die Tatsache erklären, dass der Schluss des ersten Bandes nicht den wirklichen Schluss des gesamten Werkes bilden sollte: Marx plante zwei weitere Bände, die sich bei seinem Tod noch im Entwurfsstadium befunden haben und deren Herausgabe dann Engels übernommen hat. Ohne Zweifel hatte Marx gedacht, die Veröffentlichung dieser beiden Bände werde kurzfristig auf die des ersten Bandes folgen, woraufhin dann die *praktischen Lehren* aus dem gesamten Werk gezogen werden könnten. Aber dieser Erklärungsvorschlag schlägt sofort in sein gerades Gegenteil um: In Wirklichkeit hat Marx in eben dem Augenblick, in dem er nach vielen Jahren seiner (an den Arbeitstischen des Britischen Museums durchgeführten) Forschungen endlich zu einem zusammenhängend darstellbaren Ergebnis gelangt war, es für nötig befunden, die aus dem Gesamtwerk zu ziehenden Schlussfolgerungen vorwegzunehmen, die sich auf eine ›Überwindung‹ des Kapitalismus aufgrund der Auswirkungen seiner inneren Widersprüche beziehen, und dies um so mehr, als der Band kaum drei Jahre nach der Gründung der International Workingmen's Association (heute als die Erste Internationale bekannt), deren Sekretär Marx war, erschien. An diese Organisation und über sie vermittelt an die aktiven Kämpfer für eine Sache des Proletariats, die sich in voller Entwicklung befindet, hat Marx diese Beweisführung adressiert. Aber da stellt sich nun die Frage: Welchen Sinn hätte es dann ergeben, diese Ergebnisse in einem Kapitel im Inneren dieses Bandes zu ›verstecken‹?

Das Wort *verstecken* legt eine andere Erklärungshypothese nahe: Es handelt sich um eine bewusste Verstellung. Ich räume durchaus ein, dass mir diese Erklärung lange Zeit auch ausreichend zu sein schien. Sie bezieht sich ganz einfach auf die *Zensur*. Wie andere Revolutionäre auch hat Marx zeitlebens durchaus listenreich auf diese Institution Bezug nehmen müssen: Gelegentlich hat er dabei das praktiziert, was Leo Strauss später als die »Kunst« bezeichnet hat, »in Zeiten der Verfolgung« zu schreiben.[4] *Das Kapital (Band 1)* erscheint im Jahre 1867 bei einem Verleger in Hamburg, der seine Publikationen einer Vorabgenehmigung durch die preußische Zensur unterziehen musste. Es ist gar nicht unwahrscheinlich, dass Marx sich damals gedacht hat, diese Polizeibeamten würden sich nur den Anfang und den Schluss anschauen, nichts verstehen, überzeugt sein, sie hätten es mit einem ›wissenschaftlichen‹ Werk zu tun, das für das gemeine Volk völlig unzugänglich wäre, und das Werk dann die Zensur passieren lassen. Die Aktivisten der sozialen Bewegungen hingegen würden genauer hinsehen: Sie würden die Ankündigung der »Expropriation der Expropriateure« im Text entdecken, die direkt von ihren Hoffnungen und politischen Zielen handeln ... Ich bin heute nicht mehr gänzlich von dieser Erklärung überzeugt – nicht etwa, weil ich das beständige Ringen von Marx mit der Zensur ignorieren würde, sondern weil ich denke, dass es in Bezug auf die aus den Analysen des *Kapital* zu ziehenden Schlüsse eine *intrinsische Schwierigkeit* gibt, für deren Auflösung die ›dialektische‹ Form der Negation der Negation nicht hinreicht. Eben diese Verkürzung der Aussage, dass die historischen Entwicklungstendenzen des Kapitalismus zu einem revolutionären Ausgang führen würden, ist als Symptom dieser Schwierigkeit zu begreifen. Und eben diese Schwierigkeit hat dann aber in der Geschichte des Gebrauchs, der vom Marxismus gemacht worden ist, geradezu unermessliche Konsequenzen nach sich gezogen, deren Auswirkungen bis heute noch nicht wieder abgeklungen sind. Bis heute nicht, weil nämlich *Das Kapital*, trotz seines hohen Alters, immer noch nicht zu einem ›erkalteten‹ Text geworden ist. Es ist immer noch ein ›heißer‹ Text:[5] Auch heute noch bilden sich Projekte und Versuche einer gesellschaftlichen Transformation *mit* dem *Kapital* – und auch, wenn sie sich, gemäß dem Wortspiel des jungen Gramsci »gegen *Das Kapital*« wenden, können sie nicht einfach an seinen Analysen und seinen Prophezeiungen vorbeigehen.[6] Aus diesem Grund müssen wir den Schwierigkeiten und auch den Rätseln auf den Grund gehen, welche in der Formulierung von der »Expropriation der Expropriateurs« verborgen sind, und den Versuch zu unternehmen, mit einer symptomatischen Lektüre (wie Althusser gesagt hätte) die Unklarheiten und Unfertigkeiten der Beweisführung freilegen, die von dieser Formulierung verdeckt werden.

*

Ich möchte hier die These vertreten, dass es sich bei dem *Kapital* nicht bloß um ein Werk handelt, das von seinem Autor unvollendet hinterlassen worden ist, sondern um ein Werk, *dessen Vollendung* von Grund auf *unmöglich* gewesen ist – weil der interne Aufbau seiner Argumentation auf eine durchaus schlüssige Weise zu mehreren, miteinander völlig unvereinbaren Schlussfolgerungen hat führen können.[7] Ich möchte sogar noch ein bisschen weitergehen und die Auffassung nahelegen, dass sich Marx – jedenfalls in dem Maße, wie ihm dies klar geworden ist – keineswegs damit begnügt hat, diese Unmöglichkeit, zu einem ›definitiven Schluss‹ zu kommen, als passive Haltung hinzunehmen, also sich als deren Opfer zu sehen. Vielmehr hat er dazu eine *aktive* Haltung eingenommen, durch die er jedenfalls bestimmte *Alternativen*, auf welche sein eigenes Denken hinauslief, *offen als solche hervortreten* ließ – was mich dann zu der These veranlasst hat, dass er dadurch gewissermaßen selber *Das Kapital* zu etwas ›Unabgeschlossenen‹ gemacht hat, und es damit uns überlassen hat, daraus die nötigen Konsequenzen zu ziehen. Um das begreifbar zu machen, müssen wir zunächst auf die Bedeutungen zurückkommen, die in der Formulierung »Expropriation der Expropriateurs« enthalten sind, wenn wir sie *ganz wörtlich nehmen* und die vielfältigen historischen und symbolischen *Spuren* entschlüsseln, welche sich darin überlagern.

Ich habe bereits darauf hingewiesen, wie befremdlich in den Abschnitten, in welchen die »Expropriation der Expropriateurs« ihren Auftritt hat, die Häufung ›französischer‹, nur mehr oder minder eingedeutschter Ausdrücke wirken muss. Marx war in Trier geboren worden und in einer Region des Rheinlandes aufgewachsen, die geradezu durchdrungen war von französischen Einflüssen und in der die Erinnerung an die Zeiten der Revolution und des napoleonischen Kaiserreiches noch ganz frisch waren. Er sprach und schrieb fließend Französisch (in dieser Sprache hat er sogar eines seiner Hauptwerke verfasst, nämlich das *Elend der Philosophie* von 1847). Ganz wie einige seiner Freunde (Heinrich Heine und Moses Hess) dachte auch er, dass Frankreich das ›Land der Politik‹ sei, so wie England das Land der Ökonomie und Deutschland das der Philosophie. Aber dabei geht es um mehr als um die Feststellung eines kulturellen Einflusses oder um die Konstruktion einer nationalen Mythologie. Was sich im *Kapital* später Geltung verschafft bzw. weiterwirkt, ist ein Diskurs, der von den ›radikalen‹ bzw. ›proto-kommunistischen‹ Bewegungen der revolutionären Periode in Frankreich herrührt (insbesondere der Babouvisten und der »Enragés«[8]), und den er, vermittelt über die utopischen Sozialisten der ersten Hälfte des 19. Jahrhunderts (Saint-Simonisten, Fourieristen und Blanquisten) aufnimmt. In diesem Sinne spricht Marx von »Expropriateuren«, von »Exploiteuren« oder von »Usurpatoren«. Und dieser Liste von Ausdrücken muss man den eng verwandten Begriff der »Akkapareure« (Aufkäufer) hinzufügen, mit dem in den egalitären Aufständen der Bauernschaft die neue Klasse der Bourgeoisie bezeichnet worden war, welche sich beim Verkauf der Ländereien von Adel und Kirche bereichert hatte und dann auch noch durch Lieferungen an die Armee und die damit verknüpften krummen Geschäfte reich geworden war. Das Zitat aus dem *Kommunistischen Manifest* in der Fußnote gewinnt dadurch seine volle Bedeutung: Ganz gleich, ob dieses Wort fällt, wird der Gedanke einer »revolutionären Diktatur« eingeführt, welche als Gegenbewegung die eine Gewalttätigkeit durch eine Gewalttätigkeit unter entgegengesetzten Vorzeichen auslöschen soll. Damit markiert sie eine *Kontinuität* von den radikalen Tendenzen der bürgerlichen Revolution der Vergangenheit bis hin zur proletarischen Revolution der Zukunft und zugleich den Fortschritt, welchen diese Revolution in Bezug auf ihr ›Vorbild‹ darstellen wird: Denn in der Zwischenzeit hat die Entwicklung des Kapitalismus eine völlig unrealistische Zielsetzung (nämlich die Gleichheit der Produzenten) zu einer historischen Notwendigkeit und Möglichkeit gemacht: die Vergesellschaftung der konzentrierten und zentralisierten Produktionsmittel.

Diese erste Schicht einer Interpretation, wie sie von der zusammengesetzten, geradezu ›internationalistischen‹ Sprache nahegelegt wird, derer Marx sich bedient oder die er sogar erst erfindet, lässt sich nicht bestreiten. Es ist auch diejenige Schicht, welche am ehesten zu erwarten war und welche am besten zu dem Umgang mit dem *Kapital* passt, den die sozialistischen Parteien – und zwar ganz besonders die *Bolschewiki* – an den Tag gelegt haben. Diese Lesart liefert den Ursprung des großen ›Mythos‹, welcher der Verwendung des Revolutionsbegriffs im 19. wie im 20. Jahrhundert zugrunde lag.[9] Aber die an dieser Stelle von Marx verwendete *rhetorische Figur* ist damit keineswegs erschöpft: die »Expropriation der Exropriateurs« und die Rückwendung gegen eine Form der Gewalttätigkeit mit den Mittel eben dieser Gewalttätigkeit. An dieser Stelle muss noch auf ein anderes Register von Bedeutungen zurückgegriffen werden, welches aus dem Feld der ›reinen‹ Politik auf jenes andere wechselt, das wir mit Robert Esposito – der selber Thomas Mann zitiert – den Bereich des ›Unpolitischen‹ [dt. im Original] nennen können.[10] Wir haben es hier mit einem religiösen Element zu tun, das dem gemeinsamen Hintergrund der in jüdischen und christlichen Messianismen ausgedrückten Hoffnungen auf Befreiung entstammt, die immer wieder von apokalytischen und millenaristischen Bewegungen reaktiviert worden sind. Wie ich bereits bei anderer Gelegenheit habe hervorheben können,[11] beruht Marxens Formulierung auf der ›Übersetzung‹ einer Schlüsselpassage des Buchs Jesaja (also des großen Buchs der Bibel, in welchem es um die Erlösung Israels aus der babylonischen Gefangenschaft geht): »Eure Unterdrücker werden ihrerseits [von Euch] unterdrückt werden«.[12] Dieser Messianismus entfaltet sich bei Marx immer wieder, besonders dann, wenn es darum geht, die revolutionäre Mission des Proletariats anzusprechen, das als eine radikal jeden Besitzes enteignete Klasse in einer und derselben Bewegung die kapitalistische Ausbeutung beenden und allen historischen Formen der Klassenherrschaft ein Ende bereiten wird.[13] Der Nachdruck, mit dem dieser Ton in der ›Schlusspassage‹ des *Kapital* angeschlagen wird, ist um so bemerkenswerter, als ihr jene lange Argumentation über die »ursprüngliche Akkumulation« vorausgeht, in welcher die staatliche Gewalttätigkeit beschrieben wird, mittels derer die Expropriation der Produzenten durchgesetzt und der Weg für die Akkumulation des Kapitals freigemacht wurde. In dieser Erzählung findet sich noch eine andere Formulierung des messianischen Typus, die nämlich, dass die »Gewalt [...] der Geburtshelfer jeder alten Gesellschaft ist, die *mit einer neuen schwanger geht*« (23:779). Diese Formel wird in der marxistischen Tradition dafür herangezogen, um die Gewaltsamkeit des Endes mit der Gewaltsamkeit der Ursprünge zu vergleichen. Zusammengenommen machen es diese beiden Formulierungen daher auch möglich zu begreifen, warum der Gedanke der »Negation der Negation« nicht bloß eine logische Bedeutung hat, sondern – als Kennzeichen wie als Vorzeichen einer Revolution – eine Auflösung oder Zersetzung der institutionellen Formen von Recht und Politik heraufbeschwört (also eben das, was ich gerade als das ›Unpolitische‹ bezeichnet habe).[14]

*

Und dennoch bleibt hier ein Problem ... Denn diese Lektüre, welche die Interpretation der »geschichtlichen Tendenz« bis zum Gedanken eines im wirklichen Sinne *apokalyptischen* ›Endes der Geschichte‹ zuspitzt, ist keineswegs die einzig mögliche. Ihr steht eine reformistische oder zumindest evolutionistische Interpretation wie ein Doppelgänger zur Seite. In dieser erscheinen die Formen der Expropriation im Kapitalismus geradezu als *Vorwegnahme* oder sogar als mögliche *Instrumente einer kollektiven Aneignung* oder auch der Formen jener *Assoziation*, welche den Kommunismus auszeichnen wird. Um diese Möglichkeit zu entdecken, muss man im dritten Band des *Kapital*[15] eine Argumentation aufsuchen, die in gewisser Weise eine Zwillingsschwester des Gedankens einer »Expropriation der Expropriateurs« ist, aber mit der Dialektik der Eigentumsformen in ganz anderer Weise umgeht. Ich bestehe umso mehr auf diesem Zusammenhang, weil er heute eine ganz besondere Bedeutung gewonnen hat – und zwar aufgrund seiner Verknüpfung mit der Thematik des Finanzkapitals.[16] Diese Argumentation lautet:

Das Monopol »ist [...] die Aufhebung der kapitalistischen Produktionsweise innerhalb der kapitalistischen Produktionsweise selbst und daher ein sich selbst aufhebender Widerspruch, der prima facie als bloßer Übergangspunkt zu einer neuen Produktionsform sich darstellt. Als solcher Widerspruch stellt er sich dann auch in der Erscheinung dar. Er stellt in gewissen Sphären das Monopol her und fordert daher die Staatseinmischung heraus. Er reproduziert eine neue Finanzaristokratie, eine neue Sorte Parasiten in Gestalt von Projektenmachern, Gründern und bloß nominellen Direktoren; ein ganzes System des Schwindels und Betrugs mit Bezug auf Gründungen, Aktienausgabe und Aktienhandel. Es ist Privatproduktion ohne die Kontrolle des Privateigentums. [...] Das Gelingen und Mißlingen führen hier gleichzeitig zur Zentralisation der Kapitale und daher zur Expropriation auf der enormsten Stufenleiter. Die Expropriation erstreckt sich hier von den unmittelbaren Produzenten auf die kleineren und mittleren Kapitalisten selbst. Diese Expropriation ist der Ausgangspunkt der kapitalistischen Produktionsweise; ihre Durchführung ist ihr Ziel, und zwar in letzter Instanz die Expropriation aller einzelnen von den Produktionsmitteln, die mit der Entwicklung der gesellschaftlichen Produktion aufhören, Mittel der Privatproduktion und Produkte der Privatproduktion zu sein, und die nur noch Produktionsmittel in der Hand der assoziierten Produzenten, daher ihr gesellschaftliches Eigentum, sein können, wie sie ihr gesellschaftliches Produkt sind. Diese Expropriation stellt sich aber innerhalb des kapitalistischen Systems selbst in gegensätzlicher Gestalt dar, als Aneignung des gesellschaftlichen Eigentums durch wenige; und der Kredit gibt diesen wenigen immer mehr den Charakter reiner Glücksritter [...] Die Kooperativfabriken der Arbeiter selbst sind, innerhalb der alten Form, das erste Durchbrechen der alten Form, obgleich sie natürlich überall, in ihrer wirklichen Organisation, alle Mängel des bestehenden Systems reproduzieren und reproduzieren müssen. Aber der Gegensatz zwischen Kapital und Arbeit ist innerhalb derselben aufgehoben, wenn auch zuerst nur in der Form, daß die Arbeiter als Assoziation ihr eigner Kapitalist sind, d. h. die Produktionsmittel zur Verwertung ihrer eignen Arbeit verwenden [...] Die kapitalistischen Aktienunternehmungen sind ebensosehr wie die Kooperativfabriken als Übergangsformen aus der kapitalistischen Produktionsweise in die assoziierte zu betrachten, nur daß in den einen der Gegensatz negativ und in den andren positiv aufgehoben ist [...] Die dem Kreditsystem immanenten doppelseitigen Charaktere: einerseits die Triebfeder der kapitalistischen Produktion, Bereicherung durch Ausbeutung fremder Arbeit, zum reinsten und kolossalsten Spiel- und Schwindelsystem zu entwickeln und die Zahl der den gesellschaftlichen Reichtum ausbeutenden Wenigen immer mehr zu beschränken; andrerseits aber die Übergangsform zu einer neuen Produktionsweise zu bilden, – diese Doppelseitigkeit ist es, die den Hauptverkündern des Kredits von Law bis Isaak Péreire ihren angenehmen Mischcharakter von Schwindler und Prophet gibt.« (25:454–457)

Ich habe diesen Text ganz ausführlich zitiert, da diese Argumentation weit weniger bekannt ist, als die Gedankenentwicklung im ersten Band. Dieser Text ist niemals als ein ›Schluss‹ oder ›Abschluss‹ betrachtet worden – und doch finden sich in ihm Formulierungen, welche nicht nur [denen des ersten Bandes] sehr nahe kommen, sondern mit ihnen sogar in entscheidenden Punkten identisch sind: Es wird dieselbe Terminologie der *Expropriation* verwendet (und dies auch in derselben Art von französisiertem Deutsch), der dem Begriff der »Assoziation« gegenübersteht – was bei Marx eine der geläufigsten Benennungen für den ›Kommunismus‹ ist. Und es wird dieselbe Figur einer ›dialektischen Umkehrung‹ benutzt, um die Notwendigkeit einer Überwindung des Kapitalismus aufgrund der Entwicklung seiner inneren Widersprüche zum Ausdruck zu bringen. Vor allem liegt hier dieselbe Vorstellung zugrunde, dass das Wesen der revolutionären Veränderung in einem Wechsel von der Expropriation zur Appropriation bzw. Aneignung besteht, mittel derer die Individuen sich die Mittel zu ihrer Existenz und ihre eigenen produktiven Fähigkeiten, welche ihnen »entfremdet« worden waren, wieder aneignen. Der Kapitalismus produziert damit – entsprechend einer anderen eschatologischen Formulierung – seine »eigenen Totengräber«. Aber es gibt zwei wesentliche Unterschiede dieses Textes zu den Formulierungen des ersten Bandes: Der erste Unterschied liegt darin begründet, dass Marx hier – unter Berufung auf die finanziellen Mechanismen des Bankkredits – bereits innerhalb der Institutionen des Kapitalismus als solchen nach Formen sucht, welche als ›Vorläufergestalten‹ des Kommunismus »innerhalb der kapitalistischen Produktionsweise« fungieren. Der zweite besteht darin, dass die Strategie des Kommunismus vor dem Horizont einer Kombination – oder sogar einer »Versöhnung« – von zwei *heterogenen* historischen Erfindungen entwickelt wird, die beide als Formen der »Vergesellschaftung« (oder auch der Überwindung des Privateigentums) betrachtet werden können, aber doch aus gänzlich entgegengesetzten Gründen: nämlich die *Vergesellschaftung durch das Geld* und die *Vergesellschaftung durch die Arbeit*. Zusammengenommen heißt dies, dass die Überwindung des Kapitalismus nur dann stattfinden wird, wenn eine »Kraft« (welche noch zu definieren oder zumindest zu konstituieren ist) dazu in der Lage ist, diese Gegensätze zusammenzubringen – [nämlich] dasjenige, was am weitesten von der klassenlosen Gesellschaft entfernt ist (die Finanzwelt) mit dem, was sich ihr so weit annähert, wie dies unter den gegenwärtigen Bedingungen überhaupt möglich ist (die Arbeitergenossenschaften). Marx sagt uns gar nichts darüber, welcher Art diese Kraft sein soll und auf welche (staatlichen und nicht-staatlichen) Mittel sie zurückgreifen werden muss.

Diese zweite Fassung des Themas der Expropriation der Expropriateure ist heute von größter Aktualität – nicht nur, insoweit es darin um eine mögliche ›Variante‹ oder auch um ein Alternative zu dem vorausgegangenen messianischen Diskurs geht, sondern vor allem aufgrund der Resonanz, welche diese Fassung in einer Reihe von sozialistischen Projekten der Gegenwart oder auch der jüngeren Vergangenheit auslösen kann. Dabei müssen wir zugestehen, dass die beiden Bezugspunkte deren Annäherung bzw. deren Verschmelzung Marx gewünscht hat, zumeist voneinander getrennt geblieben sind. Der Gedanke der Genossenschaft (oder der ›neuen Commons‹) ist heute wieder sehr lebendig.[17] Aber paradoxerweise ist der Gedanke einer ›revolutionären‹ Nutzung der Struktu-

ren des Finanzkapitalismus dies keineswegs weniger. Haben wir doch vor
Kurzem sehen müssen, dass gewisse sozialistische Politiker, als die »Pen-
sionsfonds« für die Banken und für die amerikanischen *hedge funds* zur
hauptsächlichen Quelle der Mittel für spekulative Finanzoperationen geworden waren, auf die Idee kamen, den »Rückkauf« des Kapitalismus
durch die zu Aktionärsverbänden zusammengeschlossen Lohnabhängi-
gen vorherzusagen oder auch vorzuschlagen.[18] Und gegenwärtig kann
man verfolgen, wie marxistische (oder auch post-marxistische) Theoretiker der »Liquidität« Strategien austüfteln, mittels derer die aktiven Bürger innerhalb der Börsenkreisläufe »die Macht übernehmen« können.[19]
Auf diese Arte und Weise zeichnet sich erneut, im Verhältnis zur ›großen‹
revolutionären Tradition nach Moll transponiert, eine reformistische –
genauer eine »transformistische«[20] – Lektüre der von Marx erfundenen
Dialektik ab. Ich bin überzeugt, dass es sich dabei ganz offensichtlich
nicht um eine bloße *Unschärfe* der Theoriebildung handelt, sondern um
eine *Alternative*, die in der Entgegensetzung von ›privatem‹ und ›öffentlichem‹ Eigentum angelegt ist. Bevor ich daraus eine Lehre für die Gegenwart ziehen kann, muss ich die Liste möglicher Darstellungen der
kapitalistischen ›Entwicklungstendenz‹, die man aus Marxens Text ›her-
auslesen‹ kann, noch etwas erweitern und komplizieren.

*

Wenn wir einmal stark vereinfachen, wie der Text die Dialektik von Kapital und Arbeit entwickelt und auf allen Stufen der Darstellung immer
wieder von Neuem formuliert – dann ist das zentrale Thema des *Kapital*
die Artikulation des *Widerspruchs* und des *Konflikts* (oder auch des *Antagonismus*). In diesem Widerspruch treten sich Tendenzen als Gegensätze
gegenüber, welche gleichzeitig in der Funktionsweise der Wirtschaft wirksam sind und sie periodisch in die Krise stürzen.[21] Dieser Konflikt findet
zwischen den Klassen statt (dabei vor allem zwischen der kapitalistischen
Bourgeoisie und dem Proletariat bzw. der Arbeiterklasse), oder eben zwischen ›Fraktionen‹ dieser Klassen, welche aufgrund ihrer antagonistischen
Interessen im Streit liegen, sei es nun im Bereich der Produktion oder in
anderen Bereichen des gesellschaftlichen Lebens. Damit sich aber eine »ge-

schichtliche Tendenz« herausbilden kann, welche dann zu Transformationen oder auch zu Brüchen führt, ist es erforderlich, dass die Widersprüche (und die Krisen) eine Intensivierung des Konfliktes auslösen, dieser Konflikt dann wiederum zu einer Verschärfung oder aber, ganz im Gegensatz dazu, zu einer Verlagerung des Widerspruchs führt. Als eine *politische* Theorie der Geschichte gelesen, hat die Marx'sche Theorie keinen anderen Gegenstand. Und ohne jeden Zweifel geht es in den von mir zitierten Texten ganz genau um diese Artikulation von Tendenzen und Krisen oder auch um die Bedingungen, welche darüber entscheiden, welche Auswirkungen sie haben. Aber wenn wir dies nun aus einem weniger engen Blickwinkel betrachten, dann sehen wir, wie sich erneut alternative Möglichkeiten herausbilden – und sogar Möglichkeiten, die sehr voneinander abweichen.

In diesem Sinne begnügt sich das lange Kapitel von Marx über »Den Arbeitstag« (23, 8. Kapitel) nicht etwa damit, den Begriff des »absoluten Mehrwerts« exemplifizierend zu bebildern, welcher als der Überschuss an Wert definiert ist, den das »Produkt« im Verhältnis zum Wert der in seinem Produktionsprozess verbrauchten »Arbeitskraft« aufweist (und dementsprechend, in äquivalenter Weise, den Überschuss der zur Produktion der Waren gesellschaftlich notwendigen Arbeitszeit im Verhältnis zu der Arbeitsmenge, die notwendig ist, um die Konsumtionsmittel der Arbeiterklasse zu produzieren, also das, was man heute als den ›Reallohn‹ bezeichnen würde). Dieses Kapitel zeigt auch auf, wie die Höhe dieser »Rate des Mehrwerts« ihrerseits zum Gegenstand eines permanent ausgetragenen Antagonismus wird. In diesem Konflikt liegt das *Interesse des Kapitals* darin, die *Mehrarbeit* auszuweiten und daher die tagtägliche Arbeitszeit (oder auch die wöchentliche, jährliche oder auf das gesamte Leben bezogene Arbeitszeit) zu verlängern – und zwar über jegliche Beschränkungen hinweg. Das Interesse der Arbeiterklasse zielt dagegen auf eine *Begrenzung* der Arbeitszeit, was dann auch eine Reduzierung des Anteils der ›unbezahlten‹ Arbeit mit sich bringt, sowie einen Schutz der lebendigen Arbeitskraft (ihres Organismus, aber auch ihrer Familie usf.) gegen eine völlige Erschöpfung. Marx beschreibt diesen Konflikt als »ein(en) langwierige(n) Bürgerkrieg zwischen der Kapitalistenklasse und der Arbeiterklasse« (23:316). Er zeigt, wie dieser Konflikt im Zuge eines die gesamte erste Hälfte des 19. Jahrhunderts in England einnehmenden Kampfes für die Forderung nach einem »Normalarbeitstag« dazu geführt hat, dass sich die Kräfteverhältnisse verschoben haben. Zu dieser Entwicklung haben vielfältige Faktoren beigetragen, namentlich der Organisationsgrad der Arbeiter (welche in diesen Konflikten trotz einer gewalttätigen Repression das Recht, sich in Gewerkschaften zu organisieren, erobern konnten), der Stand der öffentlichen Meinung, die durch die Berichte der »Fabrikinspekteure« und die gerade entstehende Arbeitssoziologie beeinflusst war, aber auch die Interessen der Gesamtheit der Kapitalisten, welche eben nicht mit denen einzelner Unternehmer zusammenfallen – sowie schließlich und vor allem der Staat, der sich selbst die Funktion zuschreibt, den Klassenkampf zu »regulieren« und die Widersprüche des Kapitalismus in erträglichen Grenzen zu halten. Was hier offensichtlich interessant wirkt, ist der Umstand, dass eine derartige Problembeschreibung – auch wenn einige historische Gegebenheiten heute anders formuliert werden – in keinem Punkt ihre Aktualität verloren hat, insbesondere deswegen, weil die »wilden« Formen der Ausbeutung der Arbeitskraft, wie sie im kapitalistischen »Zentrum« aufgrund des inzwischen entwickelten Arbeitsrechts, der Gewerkschaftsbewegung und der demokratischen Entwicklung der Gesellschaft mehr oder minder überwunden sind, sich in die Peripherie verlagert haben (bevor sie dann jüngst ins »Zentrum« *zurückgekommen* sind – in dem Maße nämlich, wie die sozialen Errungenschaften und die Durchsetzungsmacht der Gewerkschaften durch die globalisierte Konkurrenz, sowie durch die Bekehrung einst reformistisch ausgerichteter Staaten zu einem kämpferischen Neoliberalismus geradezu in Schutt und Asche gelegt wurden).

Man könnte versucht sein, hier von Reform bzw. von Reformismus zu sprechen, aber wenn man sich vor Augen führt, welche großen Schwankungen die Kräfteverhältnisse in der langen Frist aufweisen, liegt es nahe, auf die Formulierung von Marx zurückzugreifen, dass es sich um einen »Bürgerkrieg« (oder auch um einen mehr oder minder gemäßigten sozialen Krieg) handelt, der mehr oder weniger verdeckt oder offen geführt wird, sich gelegentlich auf das Äußerste zuspitzt, dann aber wieder in die Schranken eines »gesellschaftlichen Kompromisses« zurückführen lässt (wozu in Europa die Sozialdemokratie viel Arbeit geleistet hat). Dieser Bürgerkrieg hat aber keine vorab festgelegte *Zielvorstellung* – ganz im Gegensatz zu der Vorstellung von der »Expropriation der Expropriateurs«, ob nun in der einen oder der anderen Variante. Was sich hier bei Marx zeigt, könnte man als eine ›machiavellistische‹ Auffassung vom Klassenkampf und von seinen Ergebnissen bezeichnen.

Die Feststellung ist aber geradezu schlagend, dass Marx hier einmal wieder auch eine Perspektive entwickelt hat, welche dazu in geradem Gegensatz steht. Dazu müssen wir zwar erneut auf einen unveröffentlichten, wenn auch heute schon sehr bekannten Text zurückgreifen: auf das unveröffentlichte Kapitel des *Kapital*, welches als Fragment zu den Manuskripten von 1863–1865 gehört, und das Marx dann schließlich doch nicht in den 1867 erschienenen ersten Band des *Kapital* aufgenommen hat, obwohl es ursprünglich dessen *letzten Abschnitt* hatte bilden sollen – also noch *nach* den abschließenden Texten, von denen ich weiter oben gesprochen habe.[22] Unter den Kommentatoren dieses Kapitels gibt es eine enorme Debatte darüber, warum Marx diese Gedankenentwicklung im Jahre 1867 nicht in seine Endredaktion des ersten Bandes aufgenommen hat – was dann für mehr als ein Jahrhundert das Verständnis dieses Buches bestimmt hat. In diese Diskussion bringen alle Beteiligten natürlich sehr unterschiedliche Auffassungen davon ein, wie Marx theoretisch gearbeitet hat. Ohne deswegen andere Elemente leugnen zu wollen, neige ich dem Gedanken zu, dass ein ganz entscheidender Grund dafür in Folgendem liegt: Aus der Behandlung der Widersprüche und Konflikte, der Formveränderungen des Kapitalismus und den Möglichkeiten des Klassenkampfes in diesem Kapital geht hervor, dass die Entwicklungstendenz des Kapitalismus als solche *nihilistisch* ist. Tatsächlich kann man hier die Entwicklung des Gedankens finden (zu der sich bei Marx sonst nichts Gleichwertiges finden lässt), dass der Kapitalismus sich von einer *formellen Subsumption* der Arbeitskräfte unter das Kapital (in welcher die Arbeiter eine relative, auf ihrer professionellen Kompetenz beruhende Autonomie behalten, die ihrem Widerstand gegen Ausbeutung und ihren Emanzipationsversuchen Nahrung gibt) zu einer *reellen Subsumption* entwickelt, gemäß welcher sich das technologische System die Arbeitskräfte vollständig ›einverleibt‹ und es vermittels des Maschinensystems und der Arbeitsorganisation den Arbeitern völlig unmöglich macht, ihre Arbeitskraft außerhalb der Unterwerfung unter das Kapital zu nutzen. In diesem Kapitel wird sogar skizzenhaft der Gedanke umrissen – der später bei den Theoretikern der ›Gesellschaft des Massenkonsums‹ und der durch sie geschaffenen ›entfremdeten Bedürfnisse‹ eine große Karriere machen sollte –, dass der Kapitalismus sich nicht länger damit begnügt, *den Produktionsprozess zu organisieren*, sondern auch noch die Reproduktion des Lebens und des Alltags den Gesetzen der Warenform und des Profits unterwirft und sie zu einer ergänzenden ›Industriebranche‹ ausgestaltet. Man kann dann nicht mehr nur von einer reellen Subsumtion, sondern muss geradezu von einer totalen Subsumtion sprechen, welche eine Art der ›freiwilligen Sklaverei‹ mit sich bringt, eine erschöpfende Kontrolle, die das Kapital über die gesamte Existenz der Bürger ausübt (ob sie nun Arbeiter sind oder Nicht-Arbeiter). Es könnte so scheinen, dass Marx hier – mit Verzweiflung – in seiner Analyse der kapitalistischen Entwicklung die Möglichkeit sich hat abzeichnen sehen, dass dieser sich zu einem totalitären System entwickelt, in welchem dann der Klassenkampf *neutralisiert* wird oder in völliger Ohnmacht der Arbeiterklasse (oder der Bürger) endet, indem jede Regung schon vorab vom Kapitalismus instrumentalisiert oder unter Kontrolle gehalten wird, wo immer erforderlich, auch unter Einsatz von Gewalt. Das ist dann das absolute Gegenteil zu dem »permanenten Bürgerkrieg«, über den man in dem Kapitel über den »Arbeitstag« lesen kann – und ganz gewiss der totale Gegensatz zu jeglicher Vorstellung von einer revolutionären Auflösung der Widersprüche des Kapitalismus.

Es gut begreiflich (oder auch vorstellbar), dass Marx es unter diesen Voraussetzungen vorgezogen hat, dieses Argument zu ›verdrängen‹ bzw. seine nähere Untersuchung auf später zu verschieben, und dass er an dessen Stelle die ›optimistische‹ Schlussfolgerung gesetzt hat, dergemäß die Entwicklung der Eigentumsverhältnisse dann letztlich doch – *in extremis* – zum Szenario einer »politischen Revolution« oder der Machtübernahme führt, ganz gleich, ob in der säkularen Variante oder mit messianischen Konnotationen.

Wenn wir alle diese Interpretationen bedenken, die sich alle im Marx'schen Werk finden lassen (auch wenn sie von Marx selber in ganz ungleichem Maße für gültig erklärt worden sind), kommen wir damit schlussendlich zu einem ganzen Bündel von strategischen Perspektiven, zu denen, neben dem Szenario der »Expropriation der Expropriateurs« (das selber wiederum zwei unterschiedliche Lektüren erlaubt), das politische Szenario des »langwierigen Bürgerkriegs« und das nihilistische Szenario der vollständigen Unterwerfung gehören. Und so stellt sich denn Marx als Autor des *Kapital* heute deutlich unbestimmter, aber auch viel reichhaltiger als die »marxistische« Tradition.

*

Ich befürchte, diejenigen unter den Lesern verwirrt zu haben, die auf der Suche nach der *richtigen Lesart* des *Kapital* sind; vielleicht habe ich sie auch mit Beobachtungen eines pedantischen Philologen geradezu erschlagen. Falls dies zum Glück nicht der Fall sein sollte: Zu welchen Schlussfolgerungen könnte dieser Leser denn nun gelangen? Meiner Auffassung nach müsste er zu dem Schluss kommen, dass *Das Kapital,* »so wie die Geschichte in ihm wirkt und es verändert«, nicht nur ein unvollendeter Text ist, sondern ein *offen gebliebenes Werk* (wie Umberto Eco das nennen würde), und daher auch ein Werk, das verschiedene Problemstellungen erhellt und aufschließt – und zwar nicht nur rein theoretische. In der Tat können wir beobachten, wie Marx in seiner Analyse des Kapitalismus gerade unablässig in *Bifurkationen* verfallen ist, wenn es um die Interpretation seiner Entwicklungstendenzen und der dafür möglichen politischen Lösungen ging. Aber diese Gabelungen, welche er ins Auge fasst, sind kein Ausdruck subjektiver Setzungen, sondern sie entsprechen realen *Möglichkeiten* bzw. wirklichen Entwicklungstendenzen des Kapitalismus, deren aktuelle Durchsetzung dann von den jeweils gegebenen Umständen und von den Rückwirkungen seiner eigenen Tendenzen abhängt.

Der Kapitalismus, mit dem wir es heute zu tun haben, ist immer noch von der Logik der unendlichen Akkumulation des Kapitals und der Maximierung des Profits bestimmt, deren Begriffe Marx in seiner Kritik der politischen Ökonomie ausgearbeitet hat. Aber die Institutionen und die gesellschaftlichen Formen dieses Kapitalismus haben sich ganz beträchtlich verändert – insbesondere, weil er sich vollständig *globalisiert* hat (was Marx, trotz aller seiner Bemerkungen über die Kolonisierung als eine Alternative zur Revolution, nicht wirklich zu Ende gedacht hat – was dann manche unter seinen Nachfolgern gegen ihn haben betonen müssen).[23] Und weiter: weil er sich am Ende dieses Globalisierungsprozesses auch vollständig *finanzialisiert* hat, wodurch er den Krisenmechanismus tiefgreifend modifiziert hat, auch wenn er die Krisen nicht hat abschaffen können. Und weil er vielleicht sogar – ich selber tendiere mehr und mehr zu dieser Annahme, die mir unverzichtbar zu sein scheint, wenn man erklären will, was gemeinhin als *Neoliberalismus* bezeichnet wird – die *sozialistischen* Experimente als Anstoß und Material nutzt, um die eigene Modernisierung betreiben zu können. Dieser ›post-historische‹ und sogar ›post-sozialistische‹ Kapitalismus erscheint in mancher Hinsicht als unüberwindlich und unbesiegbar, weil er die klassischen Formen und Vorstellungen vom Klassenkampf und der revolutionären Transformation hat auflösen können, die um Motive wie die »Expropriation der Expropriateurs« gruppiert waren. Aber das lässt ihn keineswegs stabil oder endgültig befriedet werden. Ganz im Gegenteil ist der Kapitalismus äußerst gewalttätig, geradezu organisch verknüpft mit unerträglichen Weisen einer endemischen Kriegführung, der Aufspaltung der Menschheit in Geistesarbeiter und Handarbeiter, in Sesshafte und Migranten, in ›nützliche‹ und in den ›Abfall‹ gehörige Menschenwesen, in ›Leistungsträger‹ und ›Unangepasste‹ – mit anderen Worten: mit einer verallgemeinerten Konkurrenz unter den Individuen wie unter den Völkern. Die Postmarxisten, die wir sind, stehen nun vor der großen Frage, wie wir die Möglichkeiten von ›Gabelungen‹ definieren und die Alternativen konkretisieren können, welche die verschiedenen Pfade mit sich bringen. Für diese ebenso geistige wie politische Arbeit ermöglicht uns das genaue Durchdenken der ›Wege‹, die Marx in unterschiedlichen Momenten mehr oder weniger vollständig eingeschlagen hat, eine ganz unvergleichliche Erfahrung, auch wenn diese Lektüre zur Lösung unserer Aufgaben keineswegs hinreicht. Wir müssen die Arbeit *erneut machen*, die Marx geleistet hat, aber in dieser Neuauflage werden wir ihn unaufhörlich immer wieder an unserer Seite antreffen, als einen guten Weggenossen.

1 Übersetzung durch Frieder Otto Wolf

2 Karl Marx, *Das Kapital,* Erster Band, 24. Kapitel, § 7, in: Marx-Engels Werke, Dietz Verlag: Berlin 1975 [=MEW], Band 23, 791. [Zusätze des Übersetzers stehen in eckigen Klammern, Anmerkungen des Übersetzers sind darüber hinaus mit Anm.d.Ü. gekennzeichnet.]

3 Ein Ausdruck, dessen sich Marx bekanntlich bedient hatte, um zu begründen, warum seine Manuskripte zur *Deutschen Ideologie* (1945 [vgl. den neuen MEGA-Band I.5 »Manuskripte und Drucke zur Deutschen Ideologie«, der klargestellt hat, dass es nicht ein Manuskript für eine Buchpublikation gegeben hat, sondern eine ganze Sammlung von Manuskripten für ein Aperiodikum], die er zusammen mit Engels verfasst hatte, unveröffentlicht geblieben waren, nachdem sie die Funktion erfüllt hatten,»in der Tat mit unserm ehemaligen philosophischen Gewissen abzurechnen« (MEW 13:10).

4 Leo Strauss: *Persecution and the Art of Writing*, Chicago 1952.

5 In dem Sinne, wie Ernst Bloch in seinem großen Werk über das *Prinzip Hoffnung* [3 Bde., Berlin (DDR) 1954–1959; Frankfurt/M. 1959] von dem»Wärmestrom« des Marxismus und der gesellschaftlichen Kämpfe gesprochen hat – im Gegensatz zum»Kältestrom« des institutionalisierten Marxismus.

6 Gramsci, der damals noch ein junger Theoretiker des italienischen Sozialismus gewesen ist, begrüßte die russische Revolution von 1917 in einem Artikel unter dem Titel»Die Revolution gegen das *Kapital*«, also mit einem ganz außerordentlichen Wortspiel.

7 Damit bin ich offenbar weder der Einzige noch der Erste, vgl. etwa Fredric Jameson: *Representing* Capital. *A Reading of Volume One*, London 2011.

8 [Vgl. die klassische Darstellung durch Maurice Dommanget: *Les Enragés dans la Révolution française*, Paris 1987), die Textsammlungen von Claude Guillon: *Notre patience est à bout : 1792–1793, les écrits des Enragé(e)s*, Paris 2009) und Jacques Roux: *Scripta et acta,* hg. v. Walter Markov, Berlin 1969), sowie die neuere Überblicksdarstellung bei Denis Richet,»Enragés«, in dem von François Furet und Mona Ozouf herausgegebenen *Dictionnaire critique de la Révolution française*, Paris 1988 – Anm.d.Ü.]

9 Reinhard Koselleck: *Vergangene Zukunft. Zur Semantik geschichtlicher Zeiten*, Frankfurt/M. 1979 (»historische Kriterien des neuzeitlichen Revolutionsbegriffs«).

10 Thomas Mann: *Betrachtungen eines Unpolitischen*, Berlin 1918; Roberto Esposito: *Categorie dell'impolitico*, Bologna 1999.

11 Étienne Balibar: *Violence et civilité*, Paris 2010, 139–140, sowie *Gleichfreiheit*, Berlin 2012, 146-147 [Frz. *La proposition de l'égaliberté*, Paris 2010, 108–109].

12 Diese Formulierung findet sich Jesaja 14, 1–4, und wird 27, 7–9 wiederholt. In der Übersetzung von Luther, mit der Marx wie jeder [gebildete] Deutsche vertraut gewesen ist, lauten diese beiden Textstücke folgendermaßen:»Denn der HERR wird sich über Jakob erbarmen und Israel noch fürder erwählen und sie in ihr Land setzen. Und Fremdlinge werden sich zu ihnen tun und dem Hause Jakob anhangen. Und die Völker werden sie nehmen und bringen an ihren Ort, daß sie das Haus Israel besitzen wird im Lande des HERRN zu Knechten und Mägden, und sie werden gefangen halten die, von welchen sie gefangen waren, und werden herrschen über ihre Dränger«;»Es wird dennoch dazu kommen, daß Jakob wurzeln und Israel blühen und

grünen wird, daß sie den Erdboden mit Früchten erfüllen. Wird er doch nicht geschlagen, wie seine Feinde geschlagen werden, und wird nicht erwürgt, wie seine Feinde erwürgt werden; sondern mit Maßen richtest du sie und lässest sie los, wenn du sie betrübt hast mit deinem rauhen Sturm am Tage des Ostwinds.« Rufen wir uns in Erinnerung, dass Marx kein Hebräisch konnte und von seinen kulturellen Wurzeln als Jude – zumindest auf der Ebene seines Bewusstseins – abgeschnitten worden war und zwar dadurch, dass sein Vater zum Protestantismus übergetreten war, als Marx selber noch ein Kind war.

13 Ich habe in meinem Essay über »Le moment messianique chez Marx« (in *Citoyen Sujet, essais d'anthropologie philosophique*, Paris 2011) einen früheren Augenblick des revolutionären Messianismus von Marx behandelt. Siehe auch die [einschlägigen] Arbeiten von Michael Löwy, allen voran sein Buch *La théorie de la révolution chez le jeune Marx*, Paris 1970.

14 Das Potenzial an außerinstitutioneller Gewalt, wie es implizit in dem Gedanken einer Revolution enthalten ist, welche das definitive Ende der Geschichte der Ausbeutung mit sich brächte (und auf die dann der Eintritt in das »Reich der Freiheit« folgen würde [MEW 25:828] – also genau das, was in der theologischen Tradition als »der Ruhm« bezeichnet wird), ist dann von unterschiedlichen Autoren kommentiert worden, die daraus den Schlüssel für die Verwendung der Dialektik im Feld des Politischen gewonnen haben – und zwar von genau den Formulierungen ausgehend, welche wir hier diskutieren: Dies gilt einerseits für Engels im *Anti-Dühring* und in seiner Schrift über *Die Rolle der Gewalt in der Geschichte* (1887–88, MEW 21: 405–461) und in seinem Gefolge für Lenin, *Was sind die ›Volksfreunde‹ und wie kämpfen sie gegen die Sozialdemokraten?* (1894, LW 1, 119–338), und auf der anderen Seite für Hannah Arendt, *Macht und Gewalt*, München und Zürich, 1970 [Originalausgabe: *On Violence.* New York 1970].

15 Der – wie wir uns doch alle erinnern – von Engels aus Manuskripten aus Marxens Nachlass zusammengestellt worden ist, die demgemäß vor dem ersten Band des *Kapital* abgefasst worden waren, auch wenn sie erst nach dem Tod von Marx veröffentlicht worden sind. [In der MEGA² sind inzwischen die Marx'schen Manuskripte zum Kapital vollständig veröffentlicht, so dass Engels' Redaktionsarbeit heute kritisch nachvollzogen werden kann.]

16 Vergleiche hierzu die Kommentare von David Harvey in *A Companion to Capital*, Volume II, London 2013.

17 Vgl. Michael Hardt und Antonio Negri: *Commonwealth*, Cambridge (MA) 2009.

18 Vgl. Michel Aglietta: »Le capitalisme de demain«, Mitteilung der *Fondation Saint-Simon*, November 1998.

19 Robert Meisner: »Liquidity«, in: *Derivatives and the Wealth of Society*, hg. v. Benjamin Lee und Randy Martin, Chicago 2016.

20 [Im Sinne des italienischen ›trasformismo‹. Anm.d.Ü.]

21 Beispielsweise die Intensivierung der Ausbeutung und das Sinken der Profitrate, welche Marx alle beide mit den dem Kapitalismus inhärenten Revolutionierungen der Technologie in Verbindung bringt.

22 Karl Marx: *Resultate des unmittelbaren Produktionsprozesses. Sechstes Kapitel des ersten Bandes des »Kapitals«* (Entwurf). Zusammenfassung des ersten Bandes des »Kapitals«. Verfasst vom Autor, mit einem Vorwort von Rolf Hecker, Berlin 2009.

23 Ich denke hier an die TheoretikerInnen des Imperialismus, aber vor allem an Rosa Luxemburg (*Die Akkumulation des Kapitals,* Berlin 1913), von denen die TheoretikerInnen der ›Weltökonomie‹ wie Immanuel Wallerstein und Giovanni Arrighi ihren Ausgang genommen haben.

ÜBER DIE AUTOREN

Elmar Altvater, geboren 1938, ist emeritierter Professor für Politische Ökonomie. Er ist arbeitet im wissenschaftlichen Beirat und ist Gründungsmitglied des Instituts Solidarische Moderne. Mit zahlreichen Werken zur Kritik der politischen Ökonomie, zur Globalisierungskritik und zur Entwicklungstheorie trug er maßgeblich zur Entwicklung der politischen Ökonomie in Deutschland bei.

Das Ende des Kapitalismus, wie wir ihn kennen. Eine radikale Kapitalismuskritik, Münster 2005

Der große Krach: oder die Jahrhundertkrise von Wirtschaft und Finanzen, von Politik und Natur, Münster 2010

Marx neu entdecken, Hamburg 2012

Engels neu entdecken, Hamburg 2015

Étienne Balibar, geboren 1942, ist emeritierter Professor für politische Philosophie und Philosophie der Moral an der Universität Nanterre, gegenwärtig Inhaber des Jubiläumslehrstuhls für europäische Philosophie der Gegenwart an der Kingston Universität in London. Sein mit Louis Althusser und verfasstes Werk *Das Kapital lesen* hat seit den Siebziger Jahren die Diskussion über den wissenschaftlichen Charakter des Marx'schen Werkes stark beeinflusst. Balibars Schwerpunkte in den letzten Jahren sind die Theorie der Politik und der Demokratie und die Zukunft Europas

Das Kapital lesen, Vollständige Neuausgabe: Louis Althusser et al., Münster 2015

Rasse Klasse Nation. Ambivalente Identitäten (mit Immanuel Wallerstein), Hamburg 2014

Gleichfreiheit. Politische Essays, Berlin 2012

Europa: Krise und Ende? Münster 2016

Mathias Greffrath, geboren 1945, ist Soziologe, Essayist und Journalist. Er war Redakteur bei Sender Freies Berlin und der *Zeit* und Chefredakteur der *Wochenpost.* Seit 1994 schreibt er als Freelancer für Rundfunk und Zeitungen über politische und kulturelle Themen.

Attac – was wollen die Globalisierungskritiker (mit Chistiane Grefe und Harald Schumann), Berlin 2002

Montaigne heute: Leben in Zwischenzeiten, Zürich 2014

David Harvey, geboren 1935, ist Humangeograf, Stadtforscher und Sozialtheoretiker. In zahlreichen Arbeiten hat er die *Kritik der poliitischen Ökonomie* für eine Analyse des Zusammenhangs von sozialen Prozessen und räumlichen Formen nutzbar gemacht. Seit 2001 lehrt Harvey an der City University New York. Neben einer Reihe von Büchern über die Marx'sche Theorie hat er Vorträge zur Einführung in die Lektüre des *Kapital* ins Internet gestellt.

Der neue Imperialismus, Hamburg 2005

Räume der Neoliberalisierung: Theorie der ungleichen Entwicklung, Hamburg 2007

Rebellische Städte. Vom Recht auf Stadt zur urbanen Revolution, Berlin 2013

Siebzehn Widersprüche und das Ende des Kapitalismus, Berlin 2015

John Holloway, geboren 1947, lehrt seit 1993 an der Universidad Autónoma de Puebla in Mexiko. Geprägt von der Entfremdungstheorie des frühen Marx, der Frankfurter Schule und den sozialen Kämpfen in Mexiko setzt er in seinen Arbeiten gegen die kommunistischen oder sozialdemokratischen Versuche, den Kapitalismus zu verändern, eine Untersuchung der subversiven und widerständigen Subjektivität, der kreativen Macht von nicht-kapitalistischen Lebensweisen und Bewusstseinsformen.

Die Welt verändern, ohne die Macht zu übernehmen. Münster 2020

Kapitalismus aufbrechen, Münster 2010

Paul Mason, geboren 1960, ist Autor und Journalist. Von 2001 bis 2016 arbeitete er als Fernsehreporter und Redakteur für die BBC, zuletzt 2014 für den Privatsender Channel 4 als Verantwortlicher für Kultur und Wirtschaft. Seit 2016 ist er wieder freier Journalist. Er berät Jeremy Corbyn, den Vorsitzenden der Labour Party.

Live Working or Die Fighting: How the Working Class Went Global, London 2007

Why is it Still Kicking Off Everywhere: The New Global Revolutions, London 2013

Postkapitalismus. Grundrisse einer kommenden Ökonomie, Berlin 2016

Robert Misik, geboren 1966, ist Journalist und Schriftsteller. Er arbeitet für österreichische und deutsche Medien, ist Kurator der Vortragsreiche »Genial dagegen« des Wiener Kreisky-Forums, und hat zahlreiche Bücher über Ökonomie, Sozialismus, und Globalisierung verfasst.

Halbe Freiheit. Warum Freiheit und Gleichheit zusammengehören, Berlin 2012

Kaputtalismus. Wird der Kapitalismus sterben, und wenn ja, würde uns das glücklich machen? Berlin 2016

Michael Quante, geboren 1962, ist Professor für Praktische Philosophie an der Westfälischen Wilhelms-Universität Münster. Seine Schwerpunkte sind die Philosophie des Deutschen Idealismus, die biomedizinische Ethik sowie die Rechts- und Sozialphilosophie. Er ist Mitherausgeber der Hegel-Studien. In der Marx-Forschung hat Quante die philosophischen Grundlagen der Marx'schen Theorie und die Kontinuitäten zwischen dem Frühwerk und dem Karl Marx des *Kapital* untersucht.

Menschenwürde und personale Autonomie. Demokratische Werte im Kontext der Lebenswissenschaften, Hamburg 2010

Die Wirklichkeit des Geistes. Studien zu Hegel. Frankfurt am Main 2011

Marx-Handbuch Leben – Werk – Wirkung, (Co-Hrsg.), Stuttgart 2015

Hans-Werner Sinn, geboren 1948, ist emeritierter Präsident des ifo Instituts und Professor an der Ludwig-Maximilians-Universität München. In den letzten Jahren beschäftigte er sich vor allem mit dem Euro, Griechenland, der Europäischen Zentralbank, grüner Energie und der Migration. Sinn bezeichnet seine wirtschaftspolitische Position als ordoliberal im Sinne von Erhard und Eucken. Im *FAZ*-Ökonomenranking ist er »Deutschlands einflussreichster Ökonom 2015«.

Das Marx'sche Gesetz des tendenziellen Falls der Profitrate. In: Zeitschrift für die gesamte Staatswissenschaft, 131, 1975

Der Kasino-Kapitalismus. Berlin 2009

Der Schwarze Juni – Brexit, Flüchtlingswelle, Euro-Desaster – Wie die Neugründung Europas gelingt, München 2016

Wolfgang Streeck, geboren 1946, war Direktor am Kölner Max-Planck-Institut für Gesellschaftsforschung und arbeitete dort an vielen Fallstudien zum Verhältnis von Politik und Ökonomie. In den letzten Jahren hat er die neoliberalen Strategien der Deregulierung und Verschuldung untersucht und in zahlreichen Publikationen Überlegungen zum möglichen Ende der Allianz von Demokratie und Kapitalismus verfolgt.

Gekaufte Zeit. Die vertagte Krise des demokratischen Kapitalismus, Berlin 2013

How Will Capitalism End? Essays On A Failing System, London 2016

Sahra Wagenknecht, geboren 1969, ist Ökonomin, Publizistin und Politikerin. Sie ist seit 2009 Mitglied des Bundestages und seit 2015 Fraktionsvorsitzende ihrer Partei *Die Linke*. In ihren Analysen bezieht sie sich auf die ordoliberalen Positionen der theoretischen Begründer der Sozialen Marktwirtschaft.

Freiheit statt Kapitalismus. Über vergessene Ideale, die Eurokrise und unsere Zukunft, 2., erweiterte Auflage, Frankfurt am Main 2012

The Limits of Choice. Saving Decisions and Basic Needs in Developed Countries. (Dissertation), Frankfurt am Main 2013

Reichtum ohne Gier. Wie wir uns vor dem Kapitalismus retten, Frankfurt am Main 2016

ZUM WEITERLESEN ...

... keine Literaturliste – sie müsste angesichtes des Kontinents Marx und der vielen Lesarten des *Kapital* subjektiv und *unvollständig* bleiben.

Zu einem ersten, schnellen Überblick über den Aufbau und die Begriffe der *Kritik der politischen Ökonomie* seien folgende knappe Einführungen empfohlen:

Michael Heinrich: *Kritik der politischen Ökonomie. Eine Einführung*, Stuttgart 2005

Elmar Altvater, *Marx neu entdecken. Das hellblaue Bändchen zur Einführung in die Kritik der politischen Ökonomie*, Hamburg 2015

Im Internet abrufbar sind die Stichwörter des *Historisch-kritischen Wörterbuchs des Marxismus*: **www.inkrit.de**